# 入門 国際機構

Introduction to International Organizations

横田洋三 【監修】

滝澤美佐子
富田 麻理
望月 康恵
吉村 祥子 【編著】

法律文化社

# はしがき

　本書は、国連をはじめとする国際機構の入門書である。今日人類が直面する諸問題は、安全保障から経済、人権、環境、文化、交通、通信、衛生など多岐にわたるが、そのほとんどすべてにおいて、地球規模の、あるいは地域的な国際機構が、大きな役割をはたしている。紛争の平和的解決や人権・難民問題と取り組む国連、貿易や金融の分野で活動する世界貿易機関（WTO）や世界銀行、エボラ出血熱や鳥インフルエンザなどの感染症拡大の防止に努める世界保健機関（WHO）、世界遺産の指定と保護を推進する国連教育科学文化機関（UNESCO）など、私たちの生活に密接に関係する国際機構も少なくない。これらの国際機構が生まれた背景からその後の発展の歴史、さらには国際機構の組織構造やそこで働く人たちの採用や処遇、そしていろいろな分野で活動する国際機構の紹介とそれらが抱える課題を、わかりやすく解説することが本書の主要な目的である。

　従来国際機構に関する書物は、国際法や国際政治学の専門研究書として、あるいは法学部や政治経済学部などの専門学部の専門科目の教科書として出版されてきた。それらはこれまで学問の発展に寄与し、受講する学生の知識向上に役立ってきた。

　しかし、今日の人々の日常生活への国際機構の広範な浸透を考えると、国際機構に関する知識や情報は、一部の研究者や専攻学生の範囲に留めておくことは適当ではなくなってきた。新聞やテレビで特定の国際機構の名を目や耳にした人は、その機構の性格や活動についてもっと知りたいと思うに違いない。たとえば、世界遺産登録のニュースでUNESCOのことを知った読者は、UNESCOがどういう国際機構でどのような活動をしているのか、また、特定の文化財や自然が世界遺産に登録される仕組みや意義について、もっと知りたいと思うかもしれない。

　本書はそのような一般の人にも分かりやすい国際機構の入門書として企画さ

i

はしがき

れた。したがって、一方では専門の学生にも役立つよう内容的に最新の情報を
十分に取り入れることに努めたが、他方で文章はできるだけ平易にし、理解を
助けるために各章の冒頭には簡潔な概要（「この章で学ぶこと」）を記載した。ま
た、特定の事項を解説する「コラム」を適宜挿入し、章末には「参考文献」
を、巻末には「さらに学びたい人へ」をあげた。本書を通して、国際機構に関
する知見が深まるとともに、国際機構を身近に感じ、世界各地で戦乱や災害に
苦しむ人々を救済したり、地球温暖化防止に取り組んだり、感染症の撲滅に貢
献する国際機構の存在と活動を知り、さまざまなかたちで支援・協力する読者
が1人でも多く出てくることを期待している。また、将来国際機構で働き、世
界の平和と繁栄、人類の健康と福祉のために協力したいと考える人が1人でも
多く出てくることを願っている。

　ところで国際機構は、それ自身が発展途上にあり、日々変化するとともに、
多くの組織上、活動上、法律上、そして資金や人材面の課題を抱えている。こ
れらの問題の克服には多くの多様な研究者の協力が欠かせない。読者の中か
ら、国際機構を、国際法や国際政治学からだけでなく、経済学、経営学、社会
学、人類学、行政学などの社会科学全般、さらには生物学、物理学、化学、工
学、海洋学、医学、薬学などの自然科学や宗教学、比較文化学、歴史学などの
人文科学からも研究する人たちが生まれてくることを期待している。なぜな
ら、たとえばWHOが抱える課題の克服には医学、薬学、生物学などの知識が
不可欠であるし、UNESCOの文化遺産、自然遺産の保存継承活動には、人類
学、宗教学、比較文化学、歴史学などの分野からの分析が欠かせないからであ
る。

　本書の企画・編集にあたっては、法律文化社編集部の舟木和久氏の熱心なご
協力とご支援をいただいた。ここに深甚からの謝意を申し上げる。


2016年1月15日

監修者

横 田 洋 三

## 目　　次

はしがき

# 第1部　国際機構の成り立ちとしくみ

## 第1章　国際機構の歴史　2

1　なぜ国際機構か　2
2　なぜ国家は国際機構をつくったか　5
3　国連システム──国際機構のネットワークとは何か　12
4　国際機構とはどのような団体か　15
5　本書で学ぶこと　16
　　　**コラム1：カントの平和思想と国際連盟**　11

## 第2章　組織としての国際機構　19

1　国際機構にはどのような形態があるか　19
2　国際機構はどのような種類に分けられるか　21
3　国際機構の内部機関とは何か　24
4　国際機構へ参加するにはどうすればよいか　29
　　　**コラム2：ILOとドラマ『ダンダリン』**　23

## 第3章　国際公務員　35

1　国際公務員はどのようにして現れてきたか　35
2　国際公務員の法的地位とはどのようなものか　39
3　国際公務員法はどのように発展してきたか　42
4　国際公務員の具体像──国連事務局と国連職員　46
　　　**コラム3：国連事務総長の任命と解任**　48

## 第4章　国際機構の財政　51

1　国際機構の財政にはいかなる重要性・政治性があるか　51

iii

目　次

　2　国際機構の財政収入とはどのようなものか　53
　3　国際機構の財政支出とはどのようなものか　59
　4　国際機構の財政上の課題とは何か　65
　　　コラム4：国連の2つの主要予算分担金における分担率の比較　54

## 第5章　国際機構の意思決定　68

　1　国際機構の意思決定はどのようなしくみか　68
　2　意思決定は、国際機構の機能や活動にどのように作用するか　75
　3　意思決定における課題とは何か　78
　　　コラム5：オブザーバーの地位　70
　　　コラム6：サウジアラビアが安保理の非常任理事国選出を辞退　79

# 第2部　国境を越えた共通問題への共同処理

## 第6章　安全保障・軍縮　82

　1　国連の集団安全保障とは何か　82
　2　PKOとは何か　86
　3　平和構築とは何か　90
　4　軍縮・軍備管理の分野において国際機構はどのような活動を
　　　しているか　91
　5　地域的国際機構は安全保障・軍縮分野でどのような取組みを
　　　しているか　94
　　　コラム7：国連によるスポーツ制裁とドラガン・ストイコビッチ　84

## 第7章　人権・人道　99

　1　日本の人権問題は国際的にみてどう考えられるか　99
　2　国連による人権の保護・促進はどのようなものか　100
　3　地域的国際機構も人権の保護・促進を行っているか　107
　4　国際労働機関の活動はどのようなものか　107
　5　国連難民高等弁務官事務所はどのように難民を保護しているか　109
　6　国際刑事裁判所とはどのようなものか　113
　7　国際機構が人権を扱うことの意義とは何か　116

iv

目　次

# 第8章　経済・貿易・通貨・開発　118

1　国際経済は私たちの日常生活とどのようにつながっているか　118
2　国際経済において国際機構は影響力をもっているか　120
3　国際社会での「自由貿易」はどうなっているか　122
4　通貨の安定に国際機構は有効か　125
5　開発における国際機構の役割とは何か　127
6　これから国際機構にはどのような役割が期待されているか　132
　　　コラム8：WTO における紛争解決の具体例　123
　　　コラム9：「リーマン・ショック」と国際機構の存在意義　126

# 第9章　文化・知的協力　134

1　平和のための知的国際協力はどのように誕生・展開したか　134
2　国連教育科学文化機関とその活動とはどのようなものか　137
3　文化のグローバル化は国際機構での交渉にどのように影響したか　139
4　国連教育科学文化機関において文化的諸価値はどのように実現されて
　　きたか　144
5　文化・知的協力において国際機構はどのような意義を有するか　149
　　　コラム10：危機に瀕している世界の諸言語　140

# 第10章　環　　境　152

1　環境問題の特徴とは何か　152
2　国連人間環境会議の前はどうであったか　153
3　国連によって開催された環境会議にはどのようなものがあるか　154
4　環境関連の国連システム諸機関にはどのようなものがあるか　159
5　地球規模問題に対して国際機構はどのような役割を果たせるか　168
　　　コラム11：COP ／ MOP　167

# 第11章　運輸・通信　171

1　国際標準化とは何か　171
2　国際標準化はどのように使われるか　174
3　国際標準化は内容（コンテンツ）にも及ぶか　180
　　　コラム12：インターネット・ガバナンスと国際機構の取組み　182

v

目　次

## 第12章　保健衛生　187

1　なぜ保健衛生のために国際機構が必要になったか　187
2　保健衛生分野ではどのような国際機構が活躍しているか　188
3　保健衛生にはどのような活動分野があるか　192
4　グローバルヘルスとは何か　201
　　　　コラム13：エボラ出血熱　193
　　　　コラム14：たばこ規制枠組条約　200

## 第13章　紛争解決　203

1　紛争を平和的に解決するとはどのようなことか　203
2　裁判以外の方法でも紛争は解決されるか　205
3　裁判を通じての紛争の解決にはどのような特徴があるか　209
4　国際社会における紛争解決の意義とは何か　214
　　　　コラム15：日本とWTO　208
　　　　コラム16：国際司法裁判所における法律上の紛争の解決　211

## 第14章　国際機構のパートナー──NGO・企業・市民社会・個人　216

1　新しい「スーパーパワー」とは何か──市民社会の出現　216
2　近代的な「国際社会」の成立とそのアクターとは何か　217
3　国連はなぜ民間団体を重視したか　221
4　国際機構による民間企業への支援はなぜ拡大してきたか　224
5　グローバル社会で国際機構はどうなってゆくか
　　──これからの国際機構と非国家主体　227
　　　　コラム17：国際赤十字　219
　　　　コラム18：国連グローバル・コンパクト（UNGC）　226

目　次

# 終章　国際機構と日本　228

1　国際機構と日本の関係はいつから、どのように始まったか　228
2　日本の国際機構外交はどのような展開をみせてきたか　230
3　国際機構を生かすために日本が果たすべき役割とは何か　236

あとがき

【巻末資料】
　国連システム機構図、国連 PKO の展開状況、主要な地域的国際機構

【さらに学びたい人へ】

【索　　引】

vii

# 第1部
## 国際機構の成り立ちとしくみ

# 第1章　国際機構の歴史

> **【この章で学ぶこと】**
> 　国際機構とは何だろう。いつ誕生し、なぜつくられたのだろう。実は国際機構の歴史は長い世界史の中でみればそれほど古くはない。この章では、国際機構が身近な存在であることを紹介し、その誕生から現在までの歴史を概観しよう。国際機構のいう「国際」とは何か、「機構」とはどのような団体なのかについても理解していこう。

## 1　なぜ国際機構か

### （1）私たちのくらしと国際機構

　国際機構という言葉を聞いたのは、大学の講義に出て初めてという学生は珍しくないかもしれない。このグローバル化した世界で国際機構は私たちのくらしにかかわっている。

　携帯電話や無線 LAN を使わない日はない、という人は多いであろう。携帯電話も無線 LAN も実は電波が届かなければ利用できないが、その電波にかかわる周波数は、スイスのジュネーブに本部をおく国際電気通信連合（ITU）が管理し、加盟国に割り当てている。ITU は、携帯電話やコンピュータ等の情報通信技術（ICT）を、コミュニケーション手段の拡大支援という ITU の目的に合致するものとして、開発途上国向けに普及支援を続けている。電波という意味ではラジオもこの ITU の管理のもとにある。

　クリスマスカード等をエアメールで送る時、日本の切手で世界中に届けることができるというのも、万国郵便連合（UPU）があってのことである。UPU ができるのが遅ければ、世界は長距離の情報伝達に古き伝書鳩や伝達師、様々な音の信号等に頼る時代が続いたかもしれない。

　一杯のコーヒーにも国際機構が関係している。国際コーヒー機関（ICO）と

いう国際機構がイギリスのロンドンにある。ICO の構成国はコーヒーの輸出国と輸入国であり、コーヒーの値段を安定させ、コーヒーの消費促進や生産支援を行っている。コーヒーのように生産して加工されないまま取り引きされる一次産品の多くは開発途上国が生産国であり、農産物など気象の影響を大きく被る。安定した貿易には支援が必要である。ココアの原料カカオ豆に関して、国際ココア機関（ICCO）もある。その他の一次産品、石油、鉄、ゴム、小麦、砂糖、木材等々に関する国際機構も存在している。新聞やテレビで時々報道されるものに石油輸出機構（OPEC）がある。国際熱帯木材機関（ITTO）は、木材の中でも熱帯雨林の保護のための国際機構であり、日本の横浜市に本部をおいている。

## （2）平和のために活躍する国際機構

国際機構の中には、ノーベル平和賞を受賞する栄誉に預かったものも少なくない。

国際機構というと真っ先に**国際連合（国連）**の名前があがる。国連は、アメリカのニューヨークに本部をおいている国際機構の代表格であるが、これまで、5回、ノーベル平和賞を授与されている。国連全体とコフィ・アナン第7代事務総長に対して2001年に、そして国連の諸機関、国連難民高等弁務官事務所（UNHCR）に2回（1954年、81年）、国連児童基金（UNICEF）（1965年）、さらに国連平和維持軍（1988年）の功績である。国連のために、あるいは国連を通じて平和のために活躍した個人の受賞もある。たとえば、国連の創設時に活躍したコーデル・ハル米国務長官（1945年）がいる。さらに、ラルフ・バンチ国連調停官（1950年）、コンゴ国連軍の視察の途中飛行機事故で殉死を遂げたダグ・ハマーショルド第2代国連事務総長（1961年）が続く。ハマーショルド国連事務総長とともに国連平和維持活動（PKO）を考案創設し国連総会議長も務めたカナダの外務大臣レスター・ピアソンに対しても1957年に同賞が与えられた。

国連以外にも国際平和のためにさまざまな角度から活躍する国際機構がある。国際原子力機関（IAEA）と同事務局長モハメド・エルバラダイも2005年にノーベル平和賞を受賞し、核兵器の不拡散への貢献が評価された。

第1部　国際機構の成り立ちとしくみ

　最近では、2012年に欧州連合（EU）に対して第二次世界大戦後の欧州に長期にわたる平和をもたらしたとしてノーベル平和賞が授与された。EU は地域的な国際機構の1つであるが、ヨーロッパの平和のため、欧州共同体（EC）の時代から約半世紀をかけて今日の形に発展した。2013年にはオランダ・ハーグにある化学兵器禁止機関（OPCW）に対し、化学兵器廃棄と拡散防止の理由で同賞が授与された。OPCW の場合は、化学兵器禁止条約（CPC）のもとにつくられた条約実施のための機関であって、実は国際機構には分類されない。赤十字国際委員会（ICRC）は、その創設者アンリ・デュナンが1901年に第一回のノーベル平和賞を受賞し、のちに ICRC 自体も3度の受賞をする人道団体であるが、ICRC は非政府間機構（Non-Governmental Organizations；NGO）であり、国際機構にはあたらない。しかし、OPCW や ICRC は、国連や他の国際機構と協力をする重要なパートナーである。

　以上の例は、国際機構がノーベル平和賞の目指す平和のビジョンに合致する活動をし、平和に最善の貢献をしてきたことを示している。


## （3）日本と国際機構

　国際機構についてなじみのある人には、国際機構が開発途上国の支援を行うものというイメージがあるかもしれない。国連をはじめとして、実際に、開発途上国支援に活動の多くを割いている国際機構は数多い。すると国際機構において、日本のような先進国と呼ばれる国々は、資金を提供する側にばかり回るのだろうか。

　日本は、現在では国連の中で第2の分担金拠出国であるが、第二次世界大戦後、復興のために、国際機構からさまざまな支援を得てきた。日本の東海道新幹線と東名高速道路は、世界銀行からの融資を受けて完成したものである。また、愛知用水も世界銀行からの融資を受けた上水道である。

　人道的な支援については、日本は世界1、2位の支援国であるが、もう一方で、古くは関東大震災、伊勢湾台風の際に UNICEF より毛布や食料など人道支援物資の提供を受けてきた。また、2011年3月11日に起きた東日本大震災の被災に対しては、同年の国連の人道支援の米ドルベースでの支援額において、スーダン、ソマリアに次ぐ第3位の被支援国にもなった。

第1章　国際機構の歴史

　国際機構の側からすると、日本という国は、国連からの支援を継続的に受けなくても自力で国を運営し、また他の国を支援する力をもつ責任を分担できる国だと映る。ほとんどの場合、日本は国際機構を通じた支援を行ってきている。しかし、そのような先進国であっても支援を受ける側に立つのである。

　さらには、国際機構に加盟しているというだけで、政府は会議に参加することで多国間外交の機会を得て、交渉を効率的にすすめ、多国間の政策やルール形成に参画できる。その過程で多数の情報をも獲得できる。これは先進国、開発途上国の区別がない無形の利益ともいえる。

## 2　なぜ国家は国際機構をつくったか

### （1）国家の誕生と国際協調の始まり

　次に歴史の中で国際機構をみてみよう。

　国際機構がいつなぜ生まれたかを問う前に、国際社会の秩序の基礎となる主権国家体制についておさえておきたい。今日の主権国家という統治体制は17世紀から18世紀のヨーロッパで確立し、20世紀までかけて世界に広がった。

　主権国家が誕生する以前の中世ヨーロッパは、秩序統一のために自然法によって神から与えられたキリスト教を権威として、諸民族からなるキリスト教国家による統一を目指した。しかし、宗教改革を経たキリスト教世界では、新教（プロテスタント）と旧教（カトリック）を軸とする宗派をめぐる争いが広がった。神聖ローマ帝国においては、より大規模な三十年戦争が起きた。1618年から1648年まで繰り広げられたこの長きにわたる新旧キリスト教勢力間の戦争は、決着がつかず、宗教戦争の性格の上にヨーロッパの覇権争いにもなった。この間、オランダのグロチウスにより神の自然法を離れ、宗教的権威から離れた国際法に基づく平和構想も生まれた。戦争による決着がつかなかった中世後期のヨーロッパは、新旧いずれかのキリスト教国家による秩序維持ではなく、新たな秩序、すなわち主権国家が並存して分権的な秩序を形成していく主権国家体制を選択する。

　三十年戦争に終止符を打った1648年の**ウェストファリア講和条約**は、宗教対立を終結させ、神聖ローマ帝国を解体し、ドイツとオーストリアの分離、ドイ

第1部　国際機構の成り立ちとしくみ

ツにおける領邦国家の誕生、オランダやスイスの独立を認めた。このウェスト
ファリア講和条約を端緒とし、18世紀にかけてヨーロッパに主権国家が形成さ
れ、政治共同体の基本単位となった。国家は、他に優越する権威をもたず、政
府が統治権をもち、領域と人民があり、互いに不干渉を保ち、独立である。こ
うした国家を**主権国家**という。18世紀にヨーロッパに成立した近代国際秩序
は、主権国家を単位とし、それぞれが政治的にも経済的にもまた文化的にもお
おむね自己充足的な単位として成立した。しかしこの誕生期の国家においては
相互の交流は例外的だったといえる。また今日のような国家間の協力や協調は
みられなかった。

　ところが、18世紀から19世紀にかけてイギリス、フランスを中心に産業革
命、市民革命が進みヨーロッパ各地に及ぶとともに、アメリカ大陸でも独立戦
争が起きた。市民革命によって人民を主体とする政治制度が普及し、移動の自
由、職業選択の自由、経済活動の自由を享受するようになった。産業革命によ
る科学技術の発展や交通運搬手段の発達により、通商、貿易はますます盛んに
なる。日本にオランダやイギリスの商人が来航し、また、浦賀にペリーの黒船
がやってきたのも19世紀のことである。これを契機に日本にも1868年に明治国
家というヨーロッパの国家にならった近代国家が誕生することになった。ヨー
ロッパにおける主権国家体制は、やがて世界大に広がっていく。それに伴い外
交関係の開設、人やモノの移動が広がっていく。この国際関係の広がりは、植
民地獲得のための帝国主義という形になってもあらわれ、植民地化された国々
が国家として独立するのには20世紀後半まで待たなければならない。

　しかしながら、ここで、国際機構の歴史の源流という意味でより重要なの
は、**国境を越えた共通問題への共同処理**がヨーロッパにおいて必要になり、国
家は、共通問題の共同処理のために多国間の外交と国家間に「団体（機構）」
をつくるという方法で対処したという歴史的事実である。主権国家体制では対
処ができない問題が出てきたし、主権国家とは別の対処のしくみとして国際機
構が考えられたのである。国境を越えた共通問題への共同処理も世界大に広
がっていった。国際関係は、対立や戦争の歴史を持ちながら、同時に、どんな
に敵対している国と国の間にも互いに国際協力が必要とする共通の問題があ
り、そこに国際機構が必要とされた。

6

第1章　国際機構の歴史

### （2）国際河川をめぐるヨーロッパ諸国の協力──19世紀の国際河川委員会

ヨーロッパにおいて必要とされた国境を越えた共通問題への共同処理は、国際河川から始まった。19世紀のヨーロッパ諸国で共通問題とされたのは国際河川の自由航行だった。ライン川、ドナウ川、エルベ川など複数の国家をまたぐ国際河川をいくつも有するヨーロッパでは、河川の航行の自由や管理が、管理する国ごとに分断されていた。そのために1814年から1815年のウィーン会議において、「諸国を貫流する河川の航行に関する議定書」が署名され、国際河川の自由航行の原則が確認された。1815年には、ライン河中央委員会がライン河規則によって署名され、細かな法的規則の確認を経て1931年には設置に至り、ライン川の自由航行とその管理が委員会によって行われることになった（第3章「国際公務員」参照）。この経験から、国際河川の自由航行の管理促進が**国際河川委員会**によって可能となり、航行にかかわる紛争の処理、航行上の規則の採択などが行われた。ライン河中央委員会は、その後1919年のベルサイユ条約を根拠として継続され、1996年には150周年を迎え、現在も活動している。

国際河川委員会は、その後、1819年にはオーデル川とニーメン川に、1821年にはエルベ川に、1856年にドナウ川にもそれぞれ設置された。

国際河川委員会は、地域も分野もヨーロッパと国際河川に限定されるもので、その後の国際機構の原型となるものではない。しかし、条約を基礎として、国家とは別個の機関を設置し、それを通じて諸国に共通する問題を処理するという新しい国際協力の方法を誕生させた。

### （3）広がる専門・技術分野の協力──国際行政連合（1865〜1914年）

国際河川の分野に加えて、19世紀後半以降にヨーロッパ諸国において、通信、郵便、交通、技術などの共通問題を、国際会議を開いて討議し、処理する動きが出てきた。

当時では画期的な長距離通信手段となったモールス信号等の電信手段の統一のために、1865年に万国通信連合が設立された。これは冒頭にあげた1934年設立のITUの前身である。1874年に一般郵便連合（後に1878年には万国郵便連合となる）、1875年の国際度量衡連合、1883年の工業所有権保護同盟、1886年の国際著作権同盟、1890年の国際鉄道運送連合などが次々と設立された。19世紀後

7

第1部　国際機構の成り立ちとしくみ

半から20世紀初めにかけて設立されたこれらの組織は**国際行政連合**と呼ばれる。各種の国際行政連合の設立は、産業革命を経て、資本主義の進展により、国境を越えた経済活動の展開と通信交通手段の発達を背景としている。同時に、これらは、通信、郵便、度量衡等、専門的、技術的、行政的な問題を扱うこと、国際会議を定期的に開いてこれらの問題を討議するという共通点があった。また、常設的な事務局が設けられ、国際会議の間をつなぐ継続性もある程度出てきた。

　国際行政連合を上記の分野で国家が次々と設置した目的には大きく2つある。1つは、国内法で定められた基準や規則、規格をヨーロッパにおいて共通化するという目的である。2つめに、国際行政連合に加盟する国々が、共通化によって経済の円滑化が促進され相互に利益を受けることである。

　しかしながら、国際行政連合の加盟国は、各国の主権を国際行政連合に譲るという性格はなく、全会一致のもとで行われる定期的な国際会議による国際協力という性格が強かった。そのため、国際行政連合は、国際機構の萌芽とできる面があるものの、国際機構と呼ぶことはできない。

　国際行政連合と並行するように、人道、宗教、経済、教育、科学、平和等の国内民間団体同士が国際団体を組織する動きも出てきた。国際赤十字運動、世界反奴隷会議、国際農業協会、国際法協会、国際平和会議などである。1909年の時点ですでに176の国際民間団体が存在したといわれる。これらは今日、非政府間機構（NGO）と呼ばれている。

## （4）国際秩序と平和のための協力
### ——ヨーロッパ協調とハーグ国際平和会議（1815〜1914年）

　国際機構には**多国間外交**の枠組みの提供という重要な側面があることを述べた。多国間外交が歴史的に展開されたのは、早くもナポレオン戦争後のウィーン会議（1815年）であった。オーストリアのメッテルニヒを議長として8カ国がパリ平和条約に署名をした。オーストリア、プロシア、ロシアならびにイギリスの4カ国は、同会議においてヨーロッパの秩序構築のための主要な決定を行った。のちに、敗戦国フランスもこの多国間外交の枠組みに加わり、当時のヨーロッパの主要5大国による会議外交による紛争の解決の枠組みが成立し

8

た。この枠組みが**ヨーロッパ協調**である。中小国は決定を左右することはできなかったが、中小国の参加によって決定が支持されることが必要とされた。

多国間外交はその後、オランダのハーグにおける1899年第1回と1907年第2回の**ハーグ平和会議**においても展開された。ロシア皇帝のニコライ2世のイニシアティブのもと、招請された国々の内訳の多くはヨーロッパとはいえ、第1回には日本、中国などアジア4カ国を含む26カ国が、第2回は19のラテンアメリカ諸国と第1回同様アジア4カ国を含め44カ国が参加した。この会議において、国際紛争平和処理条約やハーグ陸戦条約などの戦争法規、常設仲裁裁判所の設置など、国際法の起草採択、国際裁判による紛争の平和的解決という手法が採用された。ハーグ平和会議は、その後、第一次世界大戦の勃発により開催されなかったが、第2回平和会議では、議題の設定や会議規則の作成、定期的な開催による紛争の防止や国際法の制定のため、組織化を図ることが合意されていた。

### （5）国際機構の誕生──国際連盟と国際労働機関

さて、ここで歴史上初めてつくられた常設の国際機構が登場する。それが国際連盟と国際労働機関である。

すでにみたように19世紀以降、国際河川委員会や国際行政連合は専門的、技術的分野における共通問題の共同対処を試みた。さらに、ヨーロッパ協調やハーグ平和会議の多国間外交による秩序維持と平和の達成も試みられた。しかし第一次世界大戦では、ヨーロッパを舞台の中心としたものの、日本やアメリカなど非ヨーロッパの国々も含めての世界大戦を経験することとなり、専門的、技術的分野に加えて平和の問題が世界共通の課題となったのである。

第一次世界大戦（1914～1918年）後、1919年のベルサイユ条約で設立された初めての国際機構である**国際連盟**と**国際労働機関**（ILO）は、世界大に加盟が開かれているという点でも、技術的専門的な分野から平和と安全という一般的政治的な問題にかかわるという意味でも画期的であった。この国際機構の誕生には、国際行政連合に至る半世紀にわたる経験とヨーロッパ協調やハーグ平和会議の多国間外交の経験が生かされたとみることができる。

国際連盟は、アメリカのウッドロー・ウィルソン大統領の政治的イニシア

第1部　国際機構の成り立ちとしくみ

ティブのもとで実現し、スイスのジュネーブに本部がおかれ、1920年に発足した。

　国際連盟は全加盟国から成る連盟総会、一部の加盟国から成る連盟理事会、さらに、常設連盟事務局から構成される。この総会、理事会、事務局という構成は、今日の国際機構の基本的な組織構成のひな形である（第2章「組織としての国際機構」参照）。

　連盟総会は、全加盟国の代表が出席する審議機関として設置された。それまで多国間外交会議だったものが国際連盟の1機関として位置づけられることで、会議開催地が定められ、定期的開催はもちろんのこと必要に応じた開催も可能となった。連盟総会は国際連盟の権限の範囲のすべてと世界の平和に影響する問題について審議することができるとされた、連盟理事会は、連盟総会とは異なり、一部の加盟国の代表によって構成され、連盟総会よりも少数の構成国で国際連盟の権限の範囲と世界の平和に影響する問題について審議を行うものとされた。4常任理事国（イギリス、イタリア、フランス、日本）と3年を任期とする4非常任理事国の計8カ国が当初構成国とされたが、後に6常任理事国と9非常任理事国の15カ国まで拡大された。このような一部の国による意思決定が加盟国全体に及ぶという理事会の仕組みは、歴史上かつてない試みであった。

　常設連盟事務局は、事務総長を長とし、加盟国出身の多国籍から成る600名ほどの職員から構成された。事務総長は総会の過半数の表決を経て連盟理事会により任命され、国際連盟に付託された紛争の調査を行うものとされ、連盟総会、連盟理事会においてその資格において行動する権限を有していた。また、事務局員は、加盟国からは独立した存在として事務総長の指揮下にあり、特権免除を有し、国際公務員としての特徴を備えた。

　ILOは、経済、社会分野でも殊に労働者の保護に関する国際協力のために創設された国際機構である。ILOは、総会、理事会、事務局という構成を取っているという点で国際連盟と同様であるが、総会と理事会の代表に、加盟国代表のみならず、それに加えて各加盟国の民間から使用者代表と労働者代表も同じく構成員になり、意思決定に参加するというところが際立った特徴となっている（第5章「国際機構の意思決定」参照）。これをILOの三者構成というが、ILO

のこの斬新な試みは、19世紀末の国際民間団体の発展との関係がある。労働の分野ではILOという国際機構の誕生よりも先に、労働者保護国際協会などの国際労働組合が前身となり、そうした運動がILOを設立するにあたり大きな影響を与え、さらには組合までが代表権も獲得した。ILOは、1946年からは国連の専門機関（後述）として国連との関係ももちながら今日も存続し、労働者の人権、児童労働などの分野で活動をしている。

国際連盟規約（ベルサイユ平和条約第1篇）は、第一次世界大戦の反省から、諸国が戦争に訴えない義務を確認し、国際協力の促進と諸国間の平和の完成という目的を前文で明示している。国際連盟の最大の特徴は、総会、理事会、事務局という国際機構の組織構造を背景として、その活動の鍵となる集団的安全保障のしくみを打ち出したことである。これは、ウィルソン大統領の平和のための十四カ条の条文14の考えに基づくものであるが、これは、切っても切れない友情を意味するアレクサンドル・デュマの著作『三銃士』のモットー、「すべては1人のために、1人はすべてのために」を引いたものといわれる。すなわち、戦争の脅威は国際連盟の加盟国いずれかに直接影響あると否とを問わ

---

### コラム1：カントの平和思想と国際連盟

　国際機構が誕生するよりもはるかに早く、ヨーロッパの思想家たちは種々の平和構想の中で国際機構を唱えていた。イマニュエル・カントは、1795年に、『永遠平和のために』を発表し、「自由な諸国家の連合制度」を提案した。平和と安全の維持を目的とする普遍的国際機構の構想であり、国際連盟や国際連合として現実のものとなった。カントは、平和のために世界国家を構想することは、「積極的理念」であるが、かえって戦争（世界国家内の内戦）を助長することになるとして否定した。カントによれば「消極的な代替物」として、独立した国家を単位とした「平和連合」と名づけることのできる国際機構を構想している。カントは、平和条約は「1つの戦争の終結をめざす」が、平和連合は、「すべての戦争が永遠に終結するのをめざすことにある」という。ウィルソン大統領は、カントの平和論を平和のための十四カ条の参考にしたといわれる。

第1部　国際機構の成り立ちとしくみ

ず、すべて国際連盟全体の利害関係事項となる（国際連盟規約11条）、として、すべての加盟国はいずれの一国に対する侵略の脅威にも対応するべきこととされたのである。しかしながら、国際連盟は、ウィルソン大統領のリーダーシップにもかかわらずアメリカの加盟国としての参加は見送られ、1933年には日本とドイツの脱退を招いた。すべての国家を構成国とできなかったことで、国際連盟の構想は失敗し、第二次世界大戦に対しても力を発揮できなかった。

## 3　国連システム——国際機構のネットワークとは何か

### （1）国連設立の背景

　国際連盟は、平和と安全を目的としながら、第二次世界大戦を防ぐことができず失敗に終わった。しかし、第二次世界大戦という試練を経て、20世紀後半の世界は、国際機構の世紀とも形容できるほど多数の国際機構を誕生させた。

　その筆頭が、1945年10月24日、国連の誕生である。国連憲章は、前文で、この国際機構によって二度の世界大戦で経験した「戦争の惨害から将来の世代を救」うといっている。国連は、国際連盟を引き継ぎ、総会、理事会、事務局の3部構成をとる国際機構として設計された。また、国連は国際連盟の反省から平和のための制度をさまざまに発展させたため、国連憲章の規定は国際連盟規約よりはるかにの詳細で法的にも整備された内容となった。理事会には安全保障理事会（安保理）、経済社会理事会、信託統治理事会と分野に分けて3つを設けた。とくに国連では、大国小国問わず「すべての平和愛好国」に広く加盟を開放して**主権平等原則**により国家の平等を達成した。同時に、国連には大国が必ず入り、平和と安全のために一致して役割を果たすとする、**大国一致原則**も取り入れた。安保理においては、アメリカ、イギリス、ソ連（現ロシア）、フランス、中国の5大国が常任理事国としての地位を常時もち、任期のある非常任理事国とともに審議するしくみがとられた。国連本部は国際連盟の時には非加盟だったアメリカに移り、ニューヨークにおかれた。総会や理事会の審議では一国一票の多数決による表決が行われることで、意思決定も進展をみた。

　国連の設立条約である国連憲章は、第二次世界大戦のさなかにアメリカ、イギリス、ソ連（現ロシア）、フランスの4大国の間で青写真がつくられたが、多

数の民間団体による国連憲章草案の提案も参考にされた。ダンバートン・オークス会議での憲章案の交渉を経て、サンフランシスコにおける「国際機構に関する連合国会議」で国連憲章が採択された。1945年6月26日に署名され、51カ国が原加盟国となった。これは、第二次世界大戦の終結以前、日本が1945年8月にポツダム宣言を受諾する6週間前のことであった。

　国連憲章は1945年10月24日に発効してスタートし、主要大国を含む多くの国々の加盟を得た。日本は第二次世界大戦後の1956年12月にようやく国連加盟を果たした際、外交政策の柱の1つとして国連中心主義を掲げた（終章「国際機構と日本」参照）。2016年3月現在の加盟国数は193カ国であり、直近の加盟は、2011年、新国家の南スーダンである。

　国連は2015年で創設70周年を迎えた。敵国条項や信託統治理事会など今日では不要となった規定もあるが、国連憲章は国際の平和と安全の法的基礎を提供している。憲章2条4項によって武力による威嚇と武力の行使を国際法上禁止して、戦争を含めたあらゆる武力行使を違法化したことは国際関係において画期的であった。また憲章6章の紛争の平和的解決、7章の集団的安全保障、8章の地域的取極、また、人権分野や経済社会的発展の分野も平和と安全の前提として憲章目的と活動内容に積極的に取り入れたことも国際連盟からの大きな発展といえる。憲章71条では民間団体（NGO）が経済社会理事会の権限内の事項を協議できるとしたが、この短い規定にもかかわらず4356（2014年9月）ものNGOが経済社会理事会と協議資格をもつに至っている。さらにPKOなど国連憲章起草時に想定されなかった制度も憲章の目的に必要な範囲で追加されてきた。


### （2）国連と専門機関、関連機関

　国連は普遍的な国際機構で活動の範囲も平和、経済社会など包括的であるため、創設の時に、それまでに存在していたILOなどの国際機構をすべて吸収することもできたはずである。しかしそのような道は取られなかった。国連は、すでに存在した国際機構や新設の国際機構と協力関係を構築する方向を取った。

　国連の設立と並行して、新しい国際機構も創設された。経済の分野の国際協

力のための国際機構から紹介しよう。世界銀行、国際通貨基金（IMF）および関税と貿易に関する一般協定（GATT）である。これらの国際機構や条約は、第二次世界大戦の戦災からの復興や通貨の安定、同大戦の原因となった経済のブロック化を防ぎ自由貿易を推進することである。世界銀行、IMF は国際経済機構といわれ、ニューハンプシャー州のブレトンウッズで交渉と設立が行われたため別名**ブレトンウッズ機構**、ブレトンウッズ体制ともいう。

　1944年から46年にはその他の経済、社会分野においても国際機構が次々と誕生した。国際民間航空機関（ICAO）、世界保健機関（WHO）、国連食糧農業機関（FAO）、国連教育科学文化機関（UNESCO）などである。国連憲章63条は経済社会理事会が専門機関（Specialized Agencies）と連携関係をもつことができると規定する。国連は一般的な性格をもつ国際機構であるが、経済的、社会的な特定問題と取り組む国際機構のうち、国連経済社会理事会と連携協定を結ぶものがある。国連憲章の起草と並行してできた上記の国際経済機構や経済的、社会的分野の国際機構は、それぞれ国連からは独立した国際機構であるが、憲章63条のもとで連携協定を結び専門機関として国連の活動と連携、協力または調整を行っている。ILO、ITU、UPU など国連より前に設立された国際機構も同様の連携協定を結んでいる。

　専門機関としての連携協定をもってはいないが、国連と協力関係をもつその他の国際機構も多数創設されてきた。たとえば世界貿易機関（WTO）、IAEAなどがあげられる。

　以上の専門機関、関連する国際機構は国連との間に密接な協力関係が構築され近接した関係としてファミリーを形成していると形容される。この国連と専門機関、関連国際機構とをあわせて**国連システム**と呼び、それらの機関を国連システム諸機関と呼んでいる（巻末資料の資料４を参照）。

　また20世紀後半、国連創設以来、多くの植民地が独立国して、主権国家の数も相当に増えていった。新独立国は、経済的な自立を必要とし、その他にも平和と安全の目的から地域的国際協力の必要が生じ、**地域的国際機構**が設立された。欧州共同体（EC）を出発とした EU、欧州安全保障協力機構（OSCE）、米州機構（OAS）、アフリカ統一機構（OAU）から発展したアフリカ連合（AU）、東南アジア諸国共同体（ASEAN）などがそれである。また第二次世界大戦直後

からの冷戦構造を反映して、軍事同盟としても機能する北大西洋条約機構（NATO）が創設された。開発途上国への経済的支援は普遍的国際経済機構のみならず地域的な国際経済機構によっても担われ、アジア開発銀行、欧州復興開発銀行、アフリカ開発銀行、最近ではアジアインフラ投資開発銀行が発足した。国際司法裁判所（ICJ）、国際刑事裁判所（ICC）などの国際裁判機構も設置された。

　第二次世界大戦前後から今日までに、政治、経済はもちろん多くの分野で、普遍的な国際機構から地域的国際機構まで各種の国際機構がつくられてきた。各国際機構は普遍的、地域的な加盟国間の協力や問題解決のためのみならず、非加盟国との対話も行う。また、異なる国際機構同士も個々の活動の関連から対話・協力が行われ、ネットワークを構成し、連携するなどして活動することもしばしばである。平和、開発、人道等多くの分野で国連システム諸機関の連携、他の国際機構との連携が行われている。

　このように今日では、国境を越えた共通問題への共同処理が、国際機構を通して、あるいは国際機構と国家や国家以外のアクターとの連携・協力によっても行われている。

# 4　国際機構とはどのような団体か

　ここまで読んできて気づいた人もあると思うが、国際機構の「国際」とは、何を指すのかは、国際機構とは何かを知るうえで大切である。「国際」という言葉は実は、一定の幅をもって使われている言葉だと思う。まず、「国際」という言葉の前提には、国家が存在しなければならない。そして多数国間という意味での国際（International または Multinational）という使い方、これが、国際機構の国際を意味するところとなる。別言すれば政府間（Inter-governmental）ということである。したがって、国際機構とは、**政府間国際機構**のことであり、国家を構成員としている。

　しかし、「国際」という場合には、国境を越えた国家以外のアクターのつながり、人と人のつながり、トランスナショナルという意味をいう場合もある。非政府間機構すなわち**NGO**の中に国際的な NGO があるがそのような場合が

第1部　国際機構の成り立ちとしくみ

典型であろう。この場合は、国際 NGO の例としては先にあげた ICRC があ
る。このような NGO は政府間国際機構には含まれない。しかしながら、ILO
を先駆的な存在として、今日の国際機構は、国際、国内を問わず NGO や民間
セクターとのパートナーシップをますます強化している。したがって、今日の
国際機構において、政府間という意味での「国際」の要素を基礎としながら
も、**NGO などの国家以外のアクター**との連携の要素が欠かせないものが増えて
いる。

　本書では、このような、国際機構の国際性の要素が、政府間のみならず、非
政府間にもますます及んでいることにも着目していくこととする。

　本書で用いる国際機構とは、①構成員には複数の国家を含むこと（多数国
間）、②特定の目的をもっていること、③国際条約によって設立されているこ
と、④加盟国とは区別された自立性をもつ固有の存在であること、そして⑤常
設的な機関を備えていること、である。したがって、ここでは、国際機構を次
のように定義をしておこう。国際機構とは、**複数の国家**によって、**共通の目的
達成のために、条約に基づいて設立された常設的な団体**、である。

# 5　本書で学ぶこと

　国連は世界政府、国連事務総長は世界政府の大統領と勘違いしてしまってい
たかもしれない。しかし、世界政府は存在していない。国際社会は200近い主
権国家が独立した単位となる分権的な社会である。国連さえも世界政府ではな
く、国際機構は政策決定ができたとしても、その政策を主権国家に強制するこ
とは一部の例外を除いてできない。

　そのような国際社会に国際機構が必要とされたのはなぜだろうか。その答え
の1つめは、すでに述べた「国境を越えた共通問題への共同処理」である。こ
のことが、諸国間の利益と見なされているし、私たちの利益や未来世代の利益
である分野もある。2つめに、国際機構は、正当な形でものごとを決定するた
めに必要である。国際機構で共通問題を共同で決定する方が、有力な国が単独
で全体の配分を決めてしまうより、正当性がある。3つめに、常設の機関をも
ち国際公務員制度を設けることで、共通問題への共同処理を継続的・効果的に

担うことが期待される。

しかし、こうした回答を本書では問い直してもいきたい。国家といえば、先進国と開発途上国と二分できた時代はもう終わり、開発途上国には先進国に匹敵する経済的発展を遂げる新興国、さらには国家として統治があやうい脆弱国家もある。そのような中で、国際機構は、共通の問題をどのように定められるのだろうか。各分野の共通目的に正当性ある決定と活動を行っているのだろうか。必要な資金や能力が国際機構に十分なのか。また、国際機構は重要な問題に継続性をもって効果をあげてきたのだろうか。国際機構と目的を共有する活動をしている NGO などの国家以外のアクターも出現している。多様な加盟国、国家以外のアクターが、国際機構を通じて、あるいは国際機構を使うことで、連携は生まれ問題解決が容易になっているのだろうか。

以上のような問いをもちながら、私たちは、国際機構とはどのような存在なのか、成り立ちとしくみを正確に知ることから始めよう。本書の前半では、国際機構がどのような組織や人、財を得て成り立っているのか特徴を学び、また、国際機構において国家がどのように意思決定をするのか、国家以外のアクターがどのように参加できるのかを理解しよう。第 2 章の組織としての国際機構で、国際機構とは何か、設立の仕方や定義、内部機関、主権国家である加盟国との関係、さまざまな国際機構について理解をし、国連システムについても知ろう。第 3 章の国際公務員では、国際機構ならではの事務局の長と職員から成る国際公務員制度の内容と意義を理解して、国際機構の活動を遂行する国際公務員の資質や待遇などもみてみたい。第 4 章の国際機構の財政では、その収入と支出がどのように行われているのか、政府だけでなく民間の役割・影響は何か、財政の重要性・政治性や課題なども考察する。第 5 章の国際機構の意思決定では、国際機構での決議や決定がいかになされるのか、いくつかの代表的な意思決定のプロセスについて学ぶ。

国際機構とはどのような組織なのかを学んだら、次は、今日国際問題とされる国境を越える共通問題への共同処理について学ぼう。共通問題の分野は多岐にわたる。本書の後半では、国際機構の主要な活動分野として、安全保障・軍縮（第 6 章）、人権・人道（第 7 章）、経済・貿易・通貨・開発（第 8 章）、文化・知的協力（第 9 章）、環境（第10章）、運輸・通信（第11章）、保健衛生（第12章）、

第 1 部　国際機構の成り立ちとしくみ

紛争解決（第13章）について取り上げ、それぞれの分野で国際機構の果たす役
割を知ろう。そして、どの分野においても国際機構のパートナーとして大きな
存在となってきた NGO や企業などの役割を概観する（第14章）。最後に国際機
構と日本の関係についてふりかえり、課題を展望していこう。

**♣参考文献：**

明石康『国際連合──軌跡と展望』岩波書店、2006年
加藤俊作『国際連合成立史──国連はどのようにしてつくられたか』有信堂高文社、2000年
イマニュエル・カント（宇都宮芳明訳）『永遠平和のために』岩波書店、1985年
篠原初枝『国際連盟──世界平和への夢と挫折』中央公論新社、2010年

# 第2章　組織としての国際機構

【この章で学ぶこと】
　テレビや新聞のニュースなどで、**国連**や**国連児童基金（UNICEF）**、**国連教育科学文化機関（UNESCO）**などの国際機構の名称を聞くことはよくある。しかし、国際機構はどのようなしくみになっているのか、メンバーになるにはどうすればよいのか、国際機構と NGO などとの違いは何か、などについてはあまり知る機会がないのが実際だろう。この章では、国際機構の定義や種類、内部機関、さらに加盟する条件等、国際機構を組織する上での基本的な考え方や概念を学んでみよう。

## 1　国際機構にはどのような形態があるか

### （1）日本人とさまざまな形態の国際機構

　国際機構で活躍した日本人の中で、今日多くの人に知られているのは、1991年から10年間にわたり国連難民高等弁務官を務めた緒方貞子であろう。また、第一次世界大戦後に設立された国際連盟の事務次長を務めた新渡戸稲造は、五千円札の肖像としても登場していたので、見たことがあるという人も多い。

　ところで、国際協力機構（JICA）の元理事長（2003～2012年）である緒方は、まず国連における日本政府代表部公使を務め、その後 UNICEF 執行理事会の議長に就任し、国連人権委員会における職務を行った後に、国連難民高等弁務官に就任している。これらの機関は「国連」という名称がついているが、詳細に見ると国連代表部は政府機関、国連人権委員会は経済社会理事会の補助機関、UNICEF や**国連難民高等弁務官事務所（UNHCR）**は国連総会の補助機関であり、それぞれ機能や活動内容が異なる組織であることがわかる。

　今日における国際機構にはどのような種類があり、どのような特徴があるのだろうか。また、国際機構の内部機関はどのようになっているのだろうか。国

19

際機構に参加するためにはどのような条件が必要なのだろうか。

## （2）国際機構とは

**国際機構**（International Organization）を、複数の国において活動する組織体ととらえるとすれば、国連のような国々が集まっている組織体に加え、トヨタやソニーのような多国籍企業や、国境なき医師団のような **NGO** も含まれるとする考え方がある。一方、条約法に関するウィーン条約は、「国際機関」とは、政府間機関をいう（"international organization" means an intergovernmental organization）、と定めている（2条 (i)）。すなわち、狭い意味では、政府が代表する国家によって形成されている組織体が「国際機構」であるとされ、多国籍企業や NGO は含まれない。たとえば、国連は、193カ国（2016年3月現在）という複数の国家によって成り立っており、政府間機関である国際機構といえる。また、米国との間に国連本部協定が締結されているなど、国際法主体としての「国連」が認められているといえる。国際機構とは、「複数の国家によって、共通の目的達成のために、条約に基づいて設立された常設的な団体」と定義しよう（第1章「国際機構の歴史」4参照）。

今日においては、**アジア太平洋経済協力（APEC）**のように、法的拘束力のない宣言に基づいて複数の国家や地域が定期的に協議したり、共通の取組みを行うといった、ゆるやかな形での国際協力の枠組みも存在する。このような国際的な協力体制や枠組みは、狭い意味での国際機構の定義には完全には当てはまらない。しかし、**東南アジア諸国連合（ASEAN）**のように、その活動実態に即し、国際機構に準ずる組織体として扱われてきたものもある。2007年にASEAN は、基礎となる諸原則や将来の共同体の創設を規定した ASEAN 憲章を採択し、2015年には ASEAN 経済共同体（AEC）を発足させ、さらにより組織体制を強化し政治や安全保障、社会や文化の領域も含んだ「国際機構」となる方向へと動いている。このように、現在はゆるやかな形での国際的な協議や協力といった枠組みでも、実態は国際機構に準ずる活動を行っていたり、国際機構への発展を遂げようとしているものもある。

# 2 国際機構はどのような種類に分けられるか

## （1）加盟している国家に基づく国際機構の種類

　今日、国際機構の数は大幅に増加し、主な国際機構だけでも100を超えるとされる。さまざまな分野で活動しており、規模の大小もある国際機構は、どのように分類できるのだろうか。

　まず、どのような国家が加盟できるかという基準に基づいて分類する方法がある。この場合、世界のほとんどの国に加盟を開放している国際機構（普遍的国際機構）と、地理的な条件を設けて加盟を制限している国際機構（地域的国際機構）、特定の基準を設けて基準を満たした国にのみ加盟を限定している国際機構、に分けられる。

　世界のほとんどの国に加盟を開放している国際機構の例としては、世界中のほぼすべての国家が加盟している国連があげられる。国連の基本文書である国連憲章は、「この憲章に掲げる義務を受諾し、且つ、この機構によってこの義務を履行する能力及び意思があると認められる他のすべての平和愛好国に開放されている。」（4条1項）と規定する。

　また、労働者の権利保護などの目的で、第一次世界大戦後の1919年に設立された**国際労働機関（ILO）**も、普遍的国際機構である。ILO憲章は、国連の加盟国となった国はILOの加盟国となることができるとしており（1条3項）、国連と同様、世界中の国に加盟を認めている。ILOの加盟国は187カ国（2016年3月現在）にのぼる。

　地理的な条件により加盟を制限している国際機構の例としては、**欧州連合（EU）**があげられる。2016年3月現在、EUの基本文書であるリスボン条約は、EUへの加盟について、人権の尊重、民主主義、平等および法の支配の尊重といった「諸価値を尊重し、これらを促進することを約束する欧州の国家は、連合への加盟を申請することができる。」（49条）と規定している。このため、EUに加盟できるのはヨーロッパの国家のみに限定されており、それ以外の地域の国家、たとえばアジアやアフリカの国家は加盟することができない。

　特定の条件に基づいた国家のみに加盟を認めている国際機構の例には、**経済**

**協力開発機構（OECD）** がある。基本文書である OECD 条約には、加盟国となる特段の条件は規定されていない。しかし、実際に加盟するためには、その国家が高度の経済成長と雇用・生活水準の向上達成、途上国支援および非加盟国の経済拡大への貢献、多角的かつ無差別の世界貿易拡大への貢献、というOECD の目的を推進できなければならない。また、資本移動の自由化やサービス貿易のようなモノではない貿易の自由化に関する国際規約など、OECDが作成した規約などを受諾する必要がある。このため、実質的に OECD の加盟国となることができるのは、民主主義体制下の市場経済体制国家で「先進国」の水準に達している国家に限定されている。OECD の加盟国は34カ国（2016年3月現在）であり、「先進国クラブ」とも称されるように、実質的には非常に限られた国家のみが加盟できる国際機構である。

　なお、地域的国際機構が形成される要因としては、地理的に近い国々の方がその地域の事情を良く知っているという理由、いくつかの国家がまとまって国際機構を形成した方がより自らの主張を国際社会にアピールすることができるという理由、既に普遍的国際機構ができる前に同じ分野で地域的国際機構が存在していたという理由がある。一方、地域的国際機構の中には、北大西洋条約機構（NATO）のように、東西冷戦を背景として設立されたため、大西洋をはさんで北米とヨーロッパの国々で形成されるなど、必ずしも地理的に隣接していない地域的国際機構もある。今日においても、国際社会における「地域」とは何かという考え方はいまだ一致していないため、さまざまな形態の「地域的」国際機構が存在するのが事実であろう。

　それでは、普遍的国際機構と地域的国際機構が類似の活動を行っている場合、それらの相互関係はどうなっているのだろうか。

　仲裁や調停などの紛争の平和的解決と安全保障については、国連憲章上に規定がある。まず紛争の平和的解決については、国連加盟国は安全保障理事会（安保理）に付託する前に地域的な機構によって解決するよう努力しなければならないとしており、地域的な国際機構が先に行うよう促されている（52条2項）。一方、武力行使のような強制行動については、安保理の許可がなければ、地域的な機構によってとられてはならない、と規定されている（53条1項）。すなわち、強制措置については、地域的国際機構が行動をとる前に、安保理の許

第2章　組織としての国際機構

可が必要になる。

　また、国連憲章上に規定が存在しなくとも、平和維持活動（PKO）のように、地域的国際機構と普遍的国際機構である国連が協力して活動したり、監視を行ったりする場合もある。その他にも、国際協力を目的とする地域的国際機構が、類似の活動内容の普遍的国際機構と連携関係をもつなど、政策調整を行うことがある。

　普遍的国際機構と地域的国際機構は、時にその姿勢が対立することもある。しかし、お互いの持ち味を活かした協力関係を築くことができれば、それぞれ

---

### コラム2：ILOとドラマ『ダンダリン』

　最近、カットやパーマに加え、ハンドケアやネイルもできる美容室が増えている。カットやネイルのついでに、美容師さんやネイリストさんにどんな雇用形態や労働条件で働いているか聞いてみると、自分は知らない、聞いても難しそうだし自分では判断することもできないという人が多い。時に、美容室の経営者も働く人たちも労働者の権利や保護のしくみについて知っておいた方がいいのではないかな、と感じつつ、お礼をいってお店を後にする。

　第一次世界大戦後に設立されたILOは、労働者に関する国際的な基準を作成し、労働者の権利保護に貢献している。また、日本国内では、労働者の保護や労働法規実現のため、ILO81号条約に基づき労働基準監督官が置かれている。2013年には、サービス残業、内定切り、パワハラ・セクハラ、偽装請負契約など労働者に関連する法令違反を、主人公の労働基準監督官・段田凛らが知恵と行動力で解決していくドラマ『ダンダリン・労働基準監督官』が放送された。労働基準監督署や監督官の仕事はあまり知られていなかったが、就職活動を控えた学生などはかなり熱心に見ており、一般の人々に知ってもらうきっかけとなったようだ。

　よく行く美容室のネイリストさんは、労働基準監督官やその仕事は知らなかったが、ドラマの名前と出演している俳優・女優さんは知っていた。そのため少々親しみがわき、まず自分がどのような労働条件で働いているか調べてみようという気になったようだ。

　2019年にILOは設立から100周年を迎える。これからもますます働く人たちのために頑張ってもらいたい国際機構である。

第1部　国際機構の成り立ちとしくみ

にないところを補完することができ、よりよい結果がもたらされるであろう。

### （2）活動分野に基づく国際機構の種類

　国際機構は、多岐にわたるさまざまな分野で活動しているか、それとも特定の分野に的を絞って活動しているか、という観点から分類することもできる。

　まず、国際機構の中には、幅広くさまざまな分野にわたって活動しているものがある。たとえば国連は、安全保障、軍縮、人権、開発、人道支援、環境、国際法など、多岐に渡る分野で活動を行っている。また、地域的な国際機構の中にも、EU のように、貿易や金融政策、農業と漁業、環境、消費者保護、運輸、エネルギー、技術開発および宇宙など、多様な分野を活動の範囲とする国際機構もある。普遍的か地域的かを問わず、このような国際機構は一般的・包括的な活動を行う国際機構と分類される。

　他方で、特定の分野に的を絞って活動を行う国際機構もある。たとえば、194カ国（2016年3月現在）が加盟する**世界保健機関（WHO）**は、感染症撲滅、疾病対策などの医療や保健分野を中心とした活動を行っている。WHO の活動は、鳥インフルエンザやエボラ出血熱の国際的な感染症の拡大への対応などでも広く知られるようになった。また、マニラ（フィリピン）に本部を置き、67ヵ国（2016年3月現在）で構成されている**アジア開発銀行（AsDB）**は、アジア・太平洋地域の貧困撲滅を目的として、貸付などの「金融」を中心にした活動を行っている。このように、一般的・包括的な国際機構と、専門的かつ特定の分野で活動を行う国際機構とを分類する方法もある。

## 3　国際機構の内部機関とは何か

### （1）国際機構の主要な内部機関

　通常、学校や会社など、人が集まって作っている組織体は、内部でいくつかの部署などに分けられ、それぞれの部署などが各々の役割を担うことにより、組織体全体としての活動が行われている。大学を例にとれば、通常大学は法学部、経済学部、文学部、理工学部、教養学部などの学部に分かれており、その学部ごとに独自のカリキュラムや教育方針がある。さらに大学には、入学試験

第2章　組織としての国際機構

などを行う入学センターや、学生の就職支援を行うキャリアセンター、レポート・卒論作成や研究を行う上で欠かせない図書館などがある。これらの内部機関がその目的や方針に従って活動を行い、その結果が大学組織全体の活動となるのである。

　国際機構も、その目的を達成するために、基本文書に従って内部機関を置いている。内部機関の名称や権限は、各々の国際機構によって異なっているが、一般的に、加盟国全体で審議を行う機関、一部の加盟国により構成され、特定事項の審議を行ったり決定を実施したりする執行機関、会合の準備や運営を行う事務局が置かれている。また、場合によっては、特定分野の活動に特化した補助機関や、国家間の紛争解決あるいは国際公務員の雇用問題の解決など、紛争が生じた場合にそれを解決するための裁判所がおかれる場合もある。

### （2）国連における内部機関の事例

　現在、もっとも良く知られている国際機構の１つである国連には、主要機関として**総会、安全保障理事会**（安保理）、**経済社会理事会、信託統治理事会、事務局、国際司法裁判所**がおかれている。これらの内部機関はどのような役割を果たし、構成はどのようになっているのだろうか。

　①総会

　国連総会は、国連加盟国193カ国（2014年４月現在）すべての政府代表によって構成される最高の意思決定機関である。国連総会は、国連憲章の範囲内にあるすべての問題や事項について討議し、また国連への加盟や財政など国連の運営についても審議を行う。

　国連総会においては、毎年９月の第３週から年末までに実質的な審議を行うことが決まっている。国家の代表などにより立場や方針が示される一般討論演説では、大統領や総理大臣、外務大臣などのハイレベルな代表により、各国の方針が示される。その後、各議題について審議し、決議の採択が行われる。国連総会において採択された決議は、一般的には「勧告」としての効力しかもたず、政治的・道義的には拘束力をもつが、法的には拘束力がないと考えられている。しかし、総会決議の中でも事務総長の任命や予算の承認など、国連を運営していく上で必要不可欠な決議については、拘束力を有すると一般的に考え

第1部　国際機構の成り立ちとしくみ

られている（第5章「国際機構の意思決定」参照）。

②理事会

国連には、一部の加盟国で構成される理事会が3つ設置されている。

それらの理事会のうちの1つである安保理は、15カ国の国連加盟国によって構成され、国際の平和と安全の維持に関する主要な責任を負っている。5カ国は**常任理事国**として国連憲章で指定され、現在は中国（中華人民共和国）、フランス、ロシア、イギリス、アメリカである。その他の10カ国は**非常任理事国**であり、地理的配分を考慮しながら2年の任期で選挙される。常任理事国はいわゆる「**拒否権**」を有しているが、非常任理事国には拒否権はない。

安保理は、紛争が調停や裁判などの平和的な手段で解決されない場合には、付託を受けて適当な方法を勧告したり、紛争当事者の要請があれば、平和的解決のために勧告を行うことができる。また、平和に対する脅威、平和の破壊、侵略行為の存在を認定し、国際の平和と安全の維持または回復のため、何らかの措置を勧告したり、経済制裁や軍事制裁を決定することができる。近年安保理は、多国籍軍の活動承認や、PKO設置の決定、テロリストに対する資金供与を禁じる決議の採択など、多岐にわたる議題を審議し決定を行っている。安保理の決定を国連加盟国は受諾し履行することに合意しているため、安保理の諸活動はしばしば大きな注目を集める。

2つめの理事会である経済社会理事会は、生活水準の向上や社会の進歩と発展、経済・社会・保健的国際問題や文化・教育の国際協力、人権と基本的自由の普遍的な尊重や遵守などを促進するために設置された理事会である。現在は、地理的配分に考慮しつつ総会によって選出された任期3年の54カ国で構成され、単純多数決による表決を行っている。

経済社会理事会の任務と権限は、国際的な経済社会問題を審議して政策作成等の中心となり、国連加盟国や国際機関に対する勧告を行う他、経済・社会・教育・保健などに関連する研究や報告を行う、人権および基本的自由の尊重の促進、専門機関への勧告や活動調整などがある。

経済社会理事会の特徴として、NGOと公式の協議関係を有している点や、通信・金融・保健などの各分野において独立した国際機構として設立された専門機関との間に連携協定を結び、国連との関係を築いている点があげられる。

３つめの理事会である信託統治理事会は、国連発足時に、国際連盟時に委任統治であった地域や、第二次世界大戦後に連合国の「敵国」から分離された地域などのうち、国連の信託統治制度のもとにおかれた地域に対し、住民の政治的・経済的な進歩や自治あるいは自決を促進するという目的で設立された。国連発足時には、11の信託統治地域が存在したが、それらの地域は次々に独立するか、他国家との連合を達成した。最後の信託統治地域は米国の施政下にあったパラオであり、1994年10月に独立を達成した。そのため、1994年11月から、信託統治理事会はその活動を停止した。現在では、信託統治理事会の改廃について提言がなされてはいるものの、活動停止の状態が続いている。

　③事務局

　国連総会や理事会などの内部機関は、国家による代表、すなわち加盟国の政府代表が参加する機関である。一方、事務局は、国家を代表するのではなく、国連のために勤務する職員、すなわち「**国際公務員**」によって構成されている。

　国連事務局に勤務する職員の長は、**事務総長**であり、安保理の勧告に基づき総会が任命する。任期は５年である。事務総長は、国連の会合において事務総長の資格で行動する他、総会や理事会などが事務総長に委託する任務を行う。また、事務総長は、平和と安全の維持に対する脅威と認めた事態につき、安保理の注意を促すこともできる。2016年３月現在、大韓民国出身の潘基文（パン・ギムン）が、第８代国連事務総長として活動を行っている。

　事務総長より任命され国連の日常業務に携わる職員は、現在４万人以上おり、アメリカのニューヨークにある国連本部および世界各地にある国連の事務所で働いている。その任務は平和や軍縮、人権、開発援助、人道支援、資源および環境、宇宙、国際法など、多様かつ広範囲にわたる。また調達や財務などの管理部門や、図書館そして広報活動などに携わっている職員もいる。

　国連事務総長とその職員は、いかなる政府や当局からも指示を求めたり受けたりしてはならない。これを政治的中立といい、国連加盟国は事務総長と職員の国際的な性質を尊重しなければならない。また、職員の雇用にあたっては、最高水準の能率、能力および誠実を確保し、できるだけ広い地理的基礎に基づいた採用、すなわちなるべく多くの世界の地域や国から採用することを心がけなければならない（第３章「国際公務員」参照）。

第1部　国際機構の成り立ちとしくみ

④国際司法裁判所（ICJ）

国連憲章は、加盟国間で紛争が発生した場合には、「その国際紛争を平和的手段によって国際の平和及び安全並びに正義を危くしないように解決しなければならない」（2条3項）と規定する。ICJ は、国際法に基づき、国家間の紛争解決や、国連機関などの求めに応じて勧告的意見を提供することを目的とした司法機関である。

ICJ は、個人の資格に基づき、国連総会と安保理が選出する15人の裁判官から構成されている。裁判官の選出に際しては、世界の主要な法体系を代表するよう配慮が必要で、現在はアフリカ3、カリブ地域を含む中南米2、アジア3、西欧その他5、東欧2という基準に基づいた選出が行われている。

国連加盟国は当然に ICJ の当事国となり、国連加盟国でない国家であっても国際司法裁判所を利用し当事国となることができる。また、ICJ は、国が裁判所に付託するすべての事件と、国連憲章および発効中の条約が規定するすべての事項に対し、管轄権を有している。近年行われたものには、「南極における捕鯨」に関しオーストラリアと日本が争った事件がある。2014年に ICJ は、日本がそれまで行っていた「調査捕鯨」は国際法に反しており、その見直しを求めるとする判決を下した。

また、ICJ は、国連総会、安保理、総会の許可を得た国連機関と専門機関の要請に基づいて、法律問題につき勧告的意見を与えることができる。判決と異なり、勧告的意見は法的拘束力を有しないが、権威のある法律的見解と見なされることが多い（第13章「紛争解決」参照）。

⑤補助機関

国連総会、3つの理事会、事務局、ICJ は、国連の「主要機関」として設置されている。一方、これらの主要機関の中には、任務の遂行に必要である場合には、**補助機関**を設けることができるものもある。

たとえば、2015年9月28日から始まった第70回国連総会の実質的な会期は約3カ月間であるが、議題は合計で174にのぼり、総会本会議で討論や決議の採択をすべて行うというのは、時間的な制約から非常に難しい。そのため、総会は、補助機関として分野別に第1から第6の委員会を設け、それらの委員会で審議をまず行った後に、総会本会議で決議の採択などを行っている（議題によっ

ては委員会での審議を経ず、総会で審議されるものもある）。また、経済社会理事会は、補助機関として、人口開発委員会、女性の地位委員会、麻薬委員会など、専門分野における問題について審議・勧告を行う8つの機能委員会や、アフリカ経済委員会・アジア太平洋経済社会委員会などの5つの地域委員会、さらに計画調整委員会のような常設委員会を設けており、これらの補助機関が経済社会理事会の活動を担っている。

　補助機関には、政府代表によって構成されるものがある一方、個人の資格（たとえば法律の専門家や外交官など）で選出された委員によって構成されるものもあり、その選出方式は各補助機関の目的や活動内容によって異なっている。

　国連総会が創設した補助機関として良く知られているものに、UNICEFやUNHCRがある。また、東京に本部がある国連大学（UNU）も、国連総会決議によって設立された補助機関である。これらの補助機関は、形式的には国連の内部機関と位置づけられるが、実質的には国連本体から多くの活動資金を受け取っているわけではなく、機関独自の方法で資金を集め、また職員の採用も機関ごとに行っている。このように、補助機関として設立されてはいるが、機関独自の方法で資金を集め、活動を行い、職員の採用も行うような補助機関は、自立的補助機関とも称される。また、国際機構の文書などでは、自立的補助機関のことを総称して、**基金およびプログラム**（funds and programmes/programs）と記述することもある（自立的補助機関の活動資金については、第4章「国際機構の財政」参照）。

## 4　国際機構へ参加するにはどうすればよいか

### （1）国際機構への加盟と方法

　国際機構において意思決定を行ったり、その活動に参加したりするためには、まず国際機構のメンバーとなる、すなわち**加盟**することが必要になる。加盟の方法は、国際機構を設立するときのオリジナルメンバー（原加盟国）となる、あるいは既に設立された国際機構に新たに参加を申請して認められる（新規加盟）、のいずれかである。

　国際機構が設立されるときに参加した国家は、締結された基本条約に署名し

批准すれば、その国際機構の加盟国となる。国連の場合には、基本条約である国連憲章を締結したサンフランシスコ会議に参加した国家か、連合国宣言に署名した国家であれば、国連憲章に署名・批准すれば原加盟国として認められた（国連憲章3条）。

　一方、既に設立された国際機構に新規に加盟する場合には、原加盟国よりも要件が厳しくなり、基本条約に定められた手続を経ないと加盟できない。国連へ新規に加盟する場合には、国連憲章の義務を受諾し履行する能力と意思があると認められた平和愛好国である国家が加盟を申請でき、その上で安保理の勧告に基づき、総会が決定することとなっている（国連憲章4条）。そのため、実質的には、まず安保理で加盟が認められる必要がある。さらに総会での決定の際には、新規加盟は重要事項とみなされているため、出席し投票する加盟国の3分の2の多数の賛成を得る必要がある。

　第二次世界大戦終結後、サンフランシスコ平和条約が1952年に発効し、同年日本は国連に加盟を申請したが、安保理でソ連が拒否権を発動したため、加盟は実現しなかった。しかし、1956年には日ソ共同宣言の締結を受け、ソ連の拒否権行使はなくなり、安保理は同年12月に総会に対して日本の国連加盟を勧告し、総会の全会一致の決定により日本の国連加盟が実現した。近年では、スーダンから分離・独立した南スーダンが2011年に国連の193番目の加盟国として認められたが、台湾やパレスチナについては、安保理常任理事国の中で反対する国があり、加盟は実現していない。

　その他の国際機構においても、加盟申請を認めるかどうかで、長年議論となった事例がある。たとえば、トルコは前身のEC時代よりEUへの加盟を模索しているが、近年でも加盟交渉の停止が見られるなど、すぐにも加盟が認められるとは言えない状況である。また、中国は世界貿易機関（WTO）の前身である関税と貿易に関する一般協定（GATT）時から加盟を申請していたが、市場経済体制への移行や知的所有権への対応などが問題となり、約15年の歳月を経て2001年にようやく加盟が認められた。ロシアもGATT時の1993年から加盟を申請していたが、関税や保護主義的な政策などのため、長い間加盟は認められなかった。2012年にようやくロシアはWTOへの加盟を果たしたが、約19年の年月を要したことになる。

なお、独立した主権国家とは異なるが、一定程度の自治権等を持つ地域や特定の要件をもつ国際機構についても加盟が認められる場合がある。たとえば、WTOは、香港、マカオ、台湾（チャイニーズ・タイペイ）を各々独自のメンバーとして認めている。WTOは、国際機構であるEUについても、設立時よりメンバーとして認めている。

### （2）国際機構における代表権

　国家が国際機構に加盟した後、クーデターなどの非合法的な手段で政権が交代した場合や、複数の勢力が1つの国家を代表するとそれぞれ主張してきた場合、その政権が正統に国家を代表していると認めるのか、あるいはどの勢力を正統な国家の代表と認めるのかが問題となる場合がある。これを**代表権問題**という。政権の移行が速やかに行われ、新政権が実効的に全土を掌握している場合では、外交使節団の長が携行する信任状の取扱を審議する信任状委員会での手続となる。しかし、複数の勢力がそれぞれ国家の正統な代表と主張する場合には、総会など全体会合での審議や投票といった手段がとられることもある。

　国連における代表権問題として、1940年代より争われてきたのが**中国代表権**である。国連発足時には国民党政府が中国を代表し、国連憲章にも「中華民国」の名称が記載された。しかし、第二次世界大戦後、国民党政府と共産党による武力紛争が勃発し、1949年には共産党が中国大陸を掌握し、首都を北京に置いて中華人民共和国を成立させ、国民党政府は台湾に逃れた。そして、国連においては、台湾の国民党政府と北京の共産党政府が中国の正統な代表として主張を行った。国連総会においては、当初国民党政府を中国の正統な代表とする西側諸国の主張が認められていたが、次第に共産党による北京政府を支持する国家が増加し、最終的には中国の代表権をどちらにするかについて国連総会の審議により決定が行われた。1971年の国連総会には、中華人民共和国政府の代表権を回復して中華民国を追放するというアルバニア決議案が提出される一方、中華人民共和国と中華民国双方の議席を認めるという米国等による決議案も提出された。結局中華民国を追放して中華人民共和国を中国の代表として認めるという決議案が賛成多数で採択され、以後、共産党政府による中華人民共和国が、国連において中国の代表として活動を行っている。

第1部　国際機構の成り立ちとしくみ

　また、いわゆる「アラブの春」として中東・北アフリカにおいて民主化運動が起こった結果、リビアにおいてカダフィ政権が倒され、反カダフィ派による国民評議会が全土を掌握した。国連総会は、2011年の通常会期に先がけてリビアの国連における代表権を審議し、カダフィ政権に代わり国民評議会をリビアの国連における代表とする決議を多数決で採択した。


（3）オブザーバーという参加方法

　国際機構に参加する際には、すべての権利義務が認められる正構成員として参加する場合と、一部の権利義務のみ有する形で参加する場合がある。**オブザーバー**は、会合に参加して発言を行うなどの権利は有するが、投票権は有しない場合が多く、一部の権利義務のみ有する形で国際機構に参加する。国連においては、バチカン（法王聖座）およびパレスチナに加えて、他の国際機構、民間団体などが総会のオブザーバーとして認められている。

　NGO など、国際機構の活動に関連する団体は、国際機構の承認を経てオブザーバーとなることもある。国連憲章71条は、経済社会理事会と NGO との**協議関係**を規定しており、この規定に基づいて NGO が経済社会理事会やその補助機関の会合に参加することが認められている。実際には、NGO の協議資格は３つのカテゴリーに分かれており、経済社会理事会の活動範囲との関わりなどに応じて決定される。協議資格を得た NGO は、経済社会理事会とその補助機関にオブザーバーを派遣することができ、投票権はないものの、カテゴリーに応じて会合での発言や文書の配布などを行うことができる（第14章「国際機構のパートナー」参照）。

　また、国際機構に加盟する前の国家が、一定期間オブザーバーとして会合への参加を認められることがある。たとえば、日本は国連に加盟する前に、オブザーバーとしての地位にあり、国連での活動に関与していた。


（4）権利停止、除名および脱退

　国際機構に加盟した国家が、その義務を果たさない場合、構成員として有する権利の一部あるいは一般的に**権利停止**が行われる場合がある。たとえば、国連憲章は、安保理の強制行動の対象となった加盟国に対し、総会が、安保理の

勧告に基づき、加盟国としての権利や特権の行使を停止することができると定める（5条）。また、国連に支払うべき分担金の額を2年間分支払っていない国家は、国連総会での投票権が停止される（19条）。UNESCOにも同様の規定があり、パレスチナの加盟に反対して分担金の拠出を拒否しているアメリカとイスラエルは、2013年11月から総会での投票権が停止された。このように、権利停止とは、加盟国としての地位は保たれながら、特定のあるいは一般的に権利を行使できなくすることにより、加盟国が義務を果たすことを促していく方法である。

　**除名**とは、国際機構が、義務を果たさないか約束違反を行った加盟国に対し、加盟国としての地位を喪失させる行為である。第一次世界大戦後に設立された国際連盟では、規約上、連盟の約束に違反した国家を除名することができるという規定があり（16条4項）、1939年には、フィンランドへ軍事侵攻したソ連に対する除名の決定がなされた。また、国連でも、国連憲章に掲げる原則に執拗に違反した加盟国につき、安保理の勧告に基づき、総会が除名を行うことができる、とした規定がある（国連憲章6条）。国連では、一時アパルトヘイト体制下にあった南アフリカの除名が検討されたが、実際に除名には至っていない。

　**脱退**とは、国際機構における義務を果たせない、あるいは国際機構の活動と自国の政策が一致しないなどの場合に、国家が自らの意思で国際機構の加盟国としての地位を放棄する行為である。国際連盟では、1930年代に、日本やドイツを始め枢軸国側につく国々が次々と脱退し、結局第二次世界大戦の勃発を防ぐことができなかった。この反省から、国連憲章は脱退の規定を置かなかったが、1965年に、インドネシアが国連からの脱退を一方的に宣言している。また、専門機関や地域的国際機構では、基本条約に脱退の規定がある場合もあり、脱退の事例も多い。たとえば、UNESCOからは、1952年のポーランド、ハンガリー、チェコスロバキアの東欧3カ国が脱退し、1955年には南アフリカが、1980年代にはアメリカ、イギリス、シンガポールが脱退した。特に1980年代には多くの分担金を支払っていた米英が脱退したことにより、財政面でUNESCOは窮地に陥ることとなった。

　もっとも、脱退した国家が、国際機構へ復帰することもしばしばある。国連

第1部　国際機構の成り立ちとしくみ

からの脱退を宣言したインドネシアは、その翌年1966年に復帰した。また、UNESCOから脱退を宣言していた国家のうち、東欧3カ国は1954年に復帰し、イギリスは1997年、アメリカも2003年にUNESCOに復帰した。

♣参考図書：

　明石康『国際連合──軌跡と展望』岩波書店、2006年

　村田良平『OECD（経済協力開発機構）──世界最大のシンクタンク』中央公論新社、2000年

　渡部茂己・望月康恵編著『国際機構論（総合編）』国際書院、2015年

# 第3章　国際公務員

---

**【この章で学ぶこと】**
　この章では、国際機構で働く職員、いわゆる国際公務員がいつどのように国際社会に現れるようになったのか、また、今日彼らの地位にはどのような特徴があり、その地位を保障するためにどのような制度があるのかについて学んでみよう。さらに具体例として国連を取り上げ、事務局の長である事務総長はいかなる権限を有しているのか、事務局の構成や職員の採用制度はどのようになっているのかもあわせて学習しよう。

---

## 1　国際公務員はどのようにして現れてきたか

### （1）映画に見る国際公務員

　国連が舞台となった2005年の映画『ザ・インタープリター（The Interpreter）』をご存じだろうか。ニューヨークにある国連本部の建物内部をロケ地とした映画としては初の試みで、あたかも自分も国連で働いているような気持ちにさせてくれる。主演のニコール・キッドマン扮するシルヴィアは、アフリカのマトボ共和国（架空の国）出身で、国連の理念に共感を覚え、通訳官として勤務していた。彼女は次第に祖国の大統領暗殺計画に巻き込まれていく。大統領に肉親を殺害された過去を持つシルヴィアは、公務に就きながらも葛藤を覚え私情に振り回される。

　国際公務員は、このシルヴィアのように、ある国の国籍をもちながら、機構のために働かなければならないという難しい立場におかれている。また、国際公務員とひとことにいっても、彼らの仕事は、この映画で見た通訳以外にも実に多岐にわたっており、任用の形態も多様である。以下に、国際公務員のおかれている地位や役割をさまざまな角度から学んでいくことにしよう。

35

第1部　国際機構の成り立ちとしくみ

## （2）国際行政連合から国際連盟事務局へ

### ①19世紀における現象

　国際機構で勤務する職員（事務局の長や事務職員）のことを一般に**国際公務員**と呼ぶ。国際公務員の発展の歴史は、国際機構の発展の歴史と密接にかかわる。19世紀から20世紀初頭に至る国際機構の発展の過程において、さまざまな国家間の協力が形成された。それらの協力においては、常設の事務所がおかれ、徐々に業務の継続性が確保されるようになった。19世紀のヨーロッパでは複数の国を貫く河川の安定的な通航を維持するため、関係国で構成された**国際河川委員会**が発達した。代表的なライン河中央委員会では、いずれの国家の代表でもない監督長官が通行税の設定や徴収を行ったり、その業務を補佐したりする監督官、徴税官、検査官、簿記官のような人たちが配備された。

　こうした動きは、ときを同じくして発達した国家間協力である**国際行政連合**においても見受けられた。国際行政連合は、交通・通信、保健・衛生、産業・文化といった分野において発達した国家間協力の形態であり、今日の国際機構の萌芽とされる。たとえば、国際電信連合（ITU）（1965年設立）の事務局は、最初の国際的な行政事務所と評される。この事務所を運営したのは、それが設置されたスイスの電信当局であり、国際電信連合のスイス代表が初代の事務所長であった。また、万国郵便連合（UPU）（1974年設立）の国際事務所でも、すべての職員の採用や職員に対する規律権限などに関して、スイス政府が完全な権限を有していた。このように、当時の国際行政連合の事務局は、一般にそれがおかれている国の当局が多大な影響力を行使していたといえる。

　この傾向は、20世紀に入って設立された国際農業協会（IIA）にも見受けられた。職員の任命については、その職員の本国政府による事前の許可が必要であったし、各国代表から成る常設委員会が、そこで働く職員の任免権を有していた。ただし、注目すべき点として、職員規則において、すべての職員は、職員がいかなる国家の代表でもなく、その職務遂行に際してはいかなる国家権力の指示も求めたり受けたりしてはならないとされていたことが挙げられる。さらに、本部所在地であるイタリア政府は、IIAとその職員に一定の特権・免除も付与していた。

　このように、今日の国際機構の萌芽とされる国際河川委員会や国際行政連合

（第1章「国際機構の歴史」参照）においては、国際公務員制度の萌芽も見受けられたが、そこで勤務する者の多くは事務所の所在地国の多大な影響を受けたのである。

②国際連盟事務局

第一次世界大戦後、1919年に成立した**国際連盟**は、その設立文書である国際連盟規約6条に事務局に関する規定をおいた。

**第6条**　1　常設連盟事務局ハ、連盟本部所在地ニ之ヲ設置ス。連盟事務局ニハ、事務総長1名並必要ナル事務官及属員ヲ置ク。

2　第1次ノ事務総長ハ、附属書ニ之ヲ指定シ、爾後ノ事務総長ハ、連盟総会過半数ノ同意ヲ以テ連盟理事会之ヲ任命ス。

3　連盟事務局ノ事務官及属員ハ、連盟理事会ノ同意ヲ以テ、事務総長之ヲ任命ス。

4　事務総長ハ、連盟総会及連盟理事会ノ一切ノ会議ニ於テ、其ノ資格ニテ行動ス。

5　連盟ノ経費ハ、連盟総会ノ決定スル割合ニ従ヒ、連盟国之ヲ負担ス。

国際連盟規約には、事務局に関してこれ以外の規定はおかれていない。初代事務総長**エリック・ドラモンド**は、当初からいかなる政府の代表でもない真の国際公務員から成る事務局を構想し、イギリスの外交官であった経験からイギリスの官僚制度を参考に行政機構を作り上げた。また、国際連盟設立後に、事務局職員は国際連盟のみの奉仕者となると明示したバルフォア報告書や、職員の給与や昇任などの身分保障にかかわる報告書であるノーブルメイヤー報告書──この中で謳われたように、職員の給与体系は世界で最も高い水準を設定する国の体系を基礎とすべきなどのいわゆる「ノーブルメイヤー原則」は今もなお国連システムで援用されている──といった文書が提出され、「職員はいかなる政府からも又はいかなる他の当局からも指示を求め、又は受けてはならない」と規定する職員規則も採択された。このように、国際連盟では、事務局に関して、規約には十分な規定がおかれなかったものの、ドラモンドらの努力により、国際的な責任を有する国際公務員というものが徐々に形成されていったのである。

国際連盟事務局は、このように政府から独立した国際的職員から成る最初の国際事務局であった。しかし、第二次世界大戦が近づくにつれ多くの職員が自国政府との絆を強め、国際連盟事務局は瓦解への道をたどったのである。

第 1 部　国際機構の成り立ちとしくみ

## （3）国連の成立と国際事務局の展開

　第二次世界大戦がヨーロッパで拡大した1941年に大西洋憲章が、また翌年には連合国共同宣言が署名された。一般的国際機構設立の必要性を謳った1943年のモスクワ宣言を経て、1944年の**ダンバートン・オークス会議**で、国連憲章の原案が提出されるに至った。この原案に基づき、1945年4月25日から6月26日にかけて開催された**サンフランシスコ会議**で、国連憲章は採択された。

　その第15章は、97条から101条の5つの条項から構成される（下線部筆者）。

### 第15章　事務局

**第97条**〔構成〕事務局は、1人の事務総長及びこの機構が必要とする職員からなる。事務総長は、安全保障理事会の勧告に基いて総会が任命する。事務総長は、この機構の行政職員の長である。

**第98条**〔事務総長の任務〕事務総長は、総会、安全保障理事会、経済社会理事会及び信託統治理事会のすべての会議において事務総長の資格で行動し、且つ、これらの機関から委託される他の任務を遂行する。事務総長は、この機構の事業について総会に年次報告を行う。

**第99条**〔平和維持に関する任務〕事務総長は、国際の平和及び安全の維持を脅威すると認める事項について、安全保障理事会の注意を促すことができる。

**第100条**〔職員の国際性〕　1　事務総長及び職員は、その任務の遂行に当って、いかなる政府からも又はこの機構外のいかなる他の当局からも指示を求め、又は受けてはならない。事務総長及び職員は、この機構に対してのみ責任を負う国際的職員としての地位を損ずる虞のあるいかなる行動も慎まなければならない。

　2　各国際連合加盟国は、事務総長及び職員の責任のもっぱら国際的な性質を尊重すること並びにこれらの者が責任を果すに当ってこれらの者を左右しようとしないことを約束する。

**第101条**〔職員の任命〕　1　職員は、総会が設ける規則に従って事務総長が任命する。

　2　経済社会理事会、信託統治理事会及び、必要に応じて、国際連合のその他の機関に、適当な職員を常任として配属する。この職員は事務局の一部をなす。

　3　職員の雇用及び勤務条件の決定に当って最も考慮すべきことは、最高水準の能率、能力及び誠実を確保しなければならないことである。職員をなるべく広い地理的基礎に基いて採用することの重要性については、妥当な考慮を払わなければならない。

　以上の規定のうちでも、国際事務局という点を重視すれば、とりわけ100条が重要である。ここでは、事務総長と職員の地位の**独立性**と責任の**国際的性質**が明示されているからである。この規定から、国家とは独立した職員集団から

38

第3章　国際公務員

成る国際事務局という発想が、国際連盟から国連へと引き継がれていったこと
がわかる。

## 2　国際公務員の法的地位とはどのようなものか

### （1）地位の独立
①国連憲章100条の意義

すでにみたように、国連憲章100条は、事務総長と職員が任務遂行に当たっ
て、政府や他の当局から指示を受けてはならず、また、加盟国も彼らの行動を
左右してはならないと規定する。この規定と同趣旨の規定は、今日、他の多く
の国際機構の設立文書においても見受けられる。そこでは、国際公務員の地位
の独立が明記されているのである。

しかし、過去にはこの国際公務員の地位の独立を揺るがす事件があった。こ
こでは、アメリカ人職員解任事件と、派遣制度に関する問題を考察しながら国
際公務員の法的地位を検討してみよう。これらは、自由主義と社会主義のイデ
オロギー対立を背景とした冷戦構造、すなわちアメリカとソ連（当時）の対立
が国連で働く国際公務員にまで影響を与えた事例である。

②アメリカ人職員解任事件

米ソの対立が深まる1950年代初頭に、アメリカ政府は、国連に勤務するアメ
リカ人職員で、スパイ、破壊活動、政府転覆運動に従事する者の摘発に乗り出
した。職員の中には、公の場でその活動に従事したかにつき尋問された者もい
た。1953年1月には、トルーマン大統領が大統領命令によって、国連や専門機
関に勤務するアメリカ人職員の忠誠を調査するように命じた。当時の国連事務
総長、トリグブ・リーはこのアメリカ政府からの圧力に屈し、国連に対する忠
誠義務に反するとして、問題とされたアメリカ人職員を解任したのである。

解任された職員は、権利の救済を求めて、職員の身分保障のための特別な裁
判所である国連行政裁判所に提訴した。1953年8月にこの関連の21件について
裁判所は判断を下し、11名が請求を認められた。

これは、国連設立後間もない頃でかつ冷戦構造が深まる頃という背景の中で
生じた事件であったとはいえ、国連憲章100条に反して事務総長と職員の独立

39

が脅かされた事件であったといえる。

③派遣制度に関する問題──ヤキメツ事件および中国人言語職員事件──

上でみた一連の事件は、冷戦時代のイデオロギー対立を背景として生じた偶発的な出来事であった。ここで扱う派遣制度は、それとはやや趣を異にするもので、国連設立以来今日に至るまで継続する制度である。ここでみる派遣制度というのは、一国の政府が自国政府の職に就く公務員を国連に送り込んで期限つきで任用させる制度のことである。特に冷戦時代、ほとんどのソ連・東欧諸国出身者は、この制度を通じてのみ国連事務局で働くことが本国から認められていたとされ、この制度を通じて、加盟国は事務局に自国の利益を反映させようとしてきたことに問題があったといえる。以下に関連する事件を見てみよう。

ソ連国籍のヤキメツは1977年から5年の任期で国連の任務に就いていた。当初からソ連政府から派遣されたか否かは明らかではなかったが、その後の任期延長の際には派遣職員であることが契約書に明記された。任期終了に伴い、ソ連政府はヤキメツを召還し後任を用意していたところ、同氏はアメリカに亡命申請を行い国連での継続勤務を希望した。ヤキメツは国連行政裁判所に救済を求めたものの、1987年に裁判所はヤキメツの請求を棄却した。その後ヤキメツは、当時利用可能であった国際司法裁判所（ICJ）の勧告手続に訴え行政裁判所判決を争ったがそれも実らなかった。このヤキメツ事件では、ヤキメツは自身の身分が派遣によるものではなかったといい、逆に政府は彼を派遣職員であるとし、両者の主張に食い違いがあった。そもそも派遣制度が、政府、職員および国連の3者間での明確な合意のないまま運用されていたことが浮き彫りとなった事件であった。

冷戦後はこの慣行が見直されることとなった。1990年の中国人言語職員事件がそのきっかけとなった。会議事務担当局の中国語の逐語議事記録担当官であったチュウ、ジョウおよびヤオは、任期終了後に継続勤務が認められなかったと国連行政裁判所に提訴したのである。申立人らの身分が政府からの派遣によるものであるとする中国政府の主張に対して、行政裁判所は、彼らが自国の派遣元の職に戻ることができるか、また、派遣の条件につき明示した文書があるか、さらにその文書は国連、加盟国および本人の3者間で合意されたものか

第3章　国際公務員

を検討し、申立人らの身分が真の派遣職員ではないと判断した。これにより、申立人らは勝訴したのである。

　この事件をきっかけに、1993年の国連総会は、政府からの派遣は、任期の長さに関わらず、国連、加盟国および職員の3者間での合意に基づかなければならないことを決定し、職員規則に明示することにしたのである。これにより、冷戦時代から続きあいまいな形で運用されていた派遣制度は姿を消すこととなった。もっとも、真の派遣制度——つまり、国連、加盟国および職員の3者間の合意に基づく制度——は今日も継続しており、政府との絆を有しながら勤務する国連職員が存在することは銘記しておかなければならない。

　国際機構が国家から成る組織である以上、そこで勤務する国際公務員も一般にはいずれかの国籍を有しており、また上にみた派遣職員のように時に国家との密接な関係を有することもある。このように、国際公務員は、自国政府との何らかの関係を有しつつ、独立して機構の任務遂行に当たらなければならないという非常にデリケートな地位にあると考えられるのである。


## （2）特権および免除

### ①国際機構の特権・免除の意義

　国際機構が国際法主体として活動するために、しばしば特権・免除が付与される。たとえば、国連憲章105条1項は、「この機構は、その目的の達成に必要な特権及び免除を各加盟国の領域において享有する」として、国連自体の特権・免除を認めるとともに、同2項で、「これと同様に、国際連合加盟国の代表者及びこの機構の職員は、この機構に関連する自己の任務を独立に遂行するために必要な特権及び免除を享有する」と定めて、加盟国の代表や国連職員にもそれを認めている。これを受けて**国連特権免除条約**（正式には「国際連合の特権及び免除に関する条約」）では、具体的に、国連自体に対して、国連財産および資産の訴訟手続からの免除（2条2項）、国連構内の不可侵（同3項）、文書の不可侵（同4項）、国連財産に対する課税免除（同7項）、通信に関する便益（3条）などが定められ、また、加盟国の代表者（4条）、国連職員（5条）および国連の任務を行う専門家（6条）にも特権・免除が認められている。さらに、国連の場合、国連がアメリカと締結した1947年の本部協定（正式には「国連本部

41

第1部　国際機構の成り立ちとしくみ

に関する国連と米国との間の協定」）にも特権・免除に関して規定がある。

②国際機構の任務に従事する者に関する事例

　国際機構の特権・免除に関して、特にそこでの任務に従事する者に関して、これまで国際裁判所や国内裁判所で法的な問題が争われたことがあった。

　たとえば、国際司法裁判所（ICJ）では、上記した国連の任務を行う専門家に関する国連特権免除条約6条22項に定める「専門家」の範囲をどこまで認めるかが問題となったことがある。ICJ は、その勧告的意見（第13章「国際機構による紛争解決」を参照）で、国連経済社会理事会の補助機関であった人権委員会のもとの「差別防止と少数者の保護に関する小委員会」の特別報告者に（1987年マジル事件）、また、人権委員会の特別報告者に（1999年クマラスワミ事件）それぞれ同条項の適用を認めた。

　日本においては、国際機構の職員が自身の身分を争って提訴した事件がある。国連大学事件（東京地判昭52・9・21）では、東京の国連大学本部に勤務する日本人職員が任用契約更新の拒否を不服として地位保全仮処分を申請した。この事件では、国連に与えられている裁判権免除が国連の補助機関である国連大学に認められるという理由で請求が却下された。また、EC 委員会駐日代表部に勤務する日本人現地職員が解任を不服として地位保全等仮処分を申請したEC 委員会代表部事件（東京地判昭57・5・31）では、EC 委員会が裁判権免除を放棄したため管轄権が認められた。結局、同職員が適格性を欠くため不採用とした代表部の判断が相当とされ、請求が却下された。

# 3　国際公務員法はどのように発展してきたか

## （1）国際公務員の身分保障の必要性

①国際機構の裁判権免除と国際公務員の身分保障

　国際機構の発展に伴い、その活動が多岐にわたるようになってくると、機構内部の組織も精緻化され、機構の任務に従事する職員も数多く必要とされてくる。円滑で能率的な運営を図りたい機構にとっては、職員の本国や機構の本部所在地国の法ではない独自の共通の規則があった方が望ましい。さらにいえば、このような機構独自の規則があってこそ、職員の独立した地位を確保すること

第3章　国際公務員

が可能となる。国際公務員がいかなる国家権力の影響も受けないようにするには、国内法とは別個の法規則によって規律されることが望まれるからである。

　このような法規則によって規律される国際公務員は、解任されたり契約を更新してもらえなかったりというように自身の権利が侵害された場合、どこに権利救済を求めるべきか。手っ取り早く考えられるのは、勤務地の裁判所に訴え出ることである。しかし、一般には、国際公務員が自身の所属する国際機構を相手取って提訴した場合、先に述べた通り、国際機構は裁判権免除を付与されているため、国際機構が免除を放棄しない限り、国内裁判所はそれを理由に訴えを却下するのが通例である。また、国際公務員を規律する国際機構独自の法規則が国内での裁判に馴染まないとも考えられる。

　このように考えると、国際公務員にとって一国の裁判所においては自身の権利救済を図ることが困難であることがわかる。国際公務員が何らの権利救済も受けられないとなれば、ひいては機構の任務遂行にも影響が及ぶことになりかねない。そこで国際機構には、独自に国際公務員の身分保障を行う必要性が生まれてくる。このことから、今日では、国際機構内に、職員の身分保障を行うための独自の裁判制度が設けられているのである。

　②国際行政裁判所の成立と国際公務員法の発展

　一般に、国際公務員の身分保障を行うための裁判所のことを総称して**国際行政裁判所**と呼ぶ。国際行政裁判所の歴史を遡ると、第二次世界大戦前には、国際連盟行政裁判所（1927年設立）と限定的に設置された国際農業協会行政裁判所（1932年）があるに過ぎなかったが、戦後は、普遍的国際機構についてみれば、国際連盟行政裁判所を引き継いだ国際労働機関（ILO）行政裁判所（1946年）、国連行政裁判所（1950年）、世界銀行行政裁判所（1980年）、国際通貨基金（IMF）行政裁判所（1994年）といった国際機構に国際行政裁判所が設置されてきた。また、地域的国際機構では、アラブ連盟行政裁判所（1964年）、米州機構（OAS）行政裁判所（1971年）、アジア開発銀行（ADB）行政裁判所（1991年）などに、また、欧州連合（EU）においても、今日EU司法裁判所の下に、公務員裁判所（2004年）が設けられている。また、これらの行政裁判所のいくつかは、それが設置されている国際機構以外の職員の訴訟も処理するように広い管轄権を有している。このように国際行政裁判所制度が一般化してきたことは、

第1部　国際機構の成り立ちとしくみ

第二次世界大戦後の新しい現象である。さらにいえば、国際機構で職員を規律する規範をそれぞれの行政裁判所が解釈・適用し、法実行が積み重なっている。ここには、一定の法体系、すなわち「**国際公務員法**」と呼ぶべき体系が形成されてきているといえるのである。

## （2）国際行政裁判所制度

### ①国際行政裁判所の法的地位

　国際行政裁判所の発展に伴い、この裁判所が国際機構においていかなる法的地位にあるかが問題となりうる。それが国際機構のある機関により設置される司法的機関である以上、親機関の設置権限や、親機関との権限関係を明確にしておかなければならない。この問題は、1954年に ICJ が下した国連行政裁判所の補償裁定の効果事件の勧告的意見で扱われた。以下にこの意見をみておくことにしよう。

　前節でみたように、1950年代初頭に、国連事務総長は、反共主義政策をとるアメリカ政府から圧力を受け多くのアメリカ人国連職員を解任した。解任された職員は国連行政裁判所に提訴し、その21件のうち11件が勝訴した。これらの事件により、1953年に行政裁判所が裁定した金銭賠償額を賄うため、国連総会の第8会期では、17万9420米ドルの追加支出が要請された。しかし、行財政問題を扱う国連総会第5委員会では、当該支出に不満であったアメリカをはじめ各国代表による議論が紛糾し、結局、ICJ の勧告的意見を要請することとなった。争点は、総会が、自らが設置した行政裁判所の下した判決の履行を拒否できるかであった。

　まず、ICJ は、国連行政裁判所規程の関連規定の検討から、行政裁判所が司法的機関であることを確認した。紛争当事者は、職員と国連であるから、国連の1機関である総会も判決に拘束されると判断した。また、国連総会による行政裁判所の設置権限について、事務局の能率的な作業を確保しかつ最高水準の能率、能力および誠実を確保するために、総会は行政裁判所の設置権限を有していなければならない（根拠は国連憲章7条2項、22条および101条1項）。さらに、行政裁判所の判決が上位機関である総会を拘束することはできないという議論もあった。しかし、ICJ によれば、その問題は、行政裁判所が総会の下位

44

機関であるということやそれが総会によって設置されたということから説明されるのではない。総会は自身をも当事者として拘束する司法的機関を設置したがゆえに、総会も拘束されるとの意見が下されたのである。このように、国際行政裁判所の法的地位は、設置した機関をも拘束する司法的機関であるとされ、この考えが今日も一般に受け入れられている。

②近年の傾向

以上にみてきたように、国際公務員の身分保障のための司法的機関として国際行政裁判所が設けられ、国際公務員法が発展してきたといえる。もっとも、近年の傾向としては、単に国際行政裁判所が設置されるだけでは十分でなく、その制度の中身自体も問われるようになってきている。

1999年に欧州人権裁判所で争われたウェイト＆ケネディ対ドイツ事件では、国内企業との契約を通じて欧州宇宙機関（ESA）という国際機構で勤務していた職員らが自分たちの地位の確認のためドイツを相手取って提訴した。ドイツ政府がESAに裁判権免除を認めたことにより、原告らが国内裁判所で権利の救済を図ることができなかったため、原告らは、欧州人権条約6条1項の公正な裁判を受ける権利を根拠に裁判権からの免除が受けられるかどうかを争った。欧州人権裁判所は、国際機構への裁判権免除が許容されるか否かは、原告らにとって自らの権利を保護するために国内訴訟の代わりとなる合理的な手段が利用可能であったか否かを基準とした。もっとも、本件で裁判所は、原告らにとって機構内での不服申立制度が利用可能であったことから、ドイツ国内裁判所がESAの裁判権免除を認めたことは適当であり、6条1項の違反はないと結論づけた。

いくつかの国内裁判所ではこの判決を契機とし、この判決で明らかにされた基準に基づいて、国際機構内の身分保障制度が不十分であるとして、国際機構の裁判権免除や執行免除が認められず、結果として国際公務員が救済された例が存在する。このことからわかるように、今日、国際機構の職員にとって自ら権利を実効的に保護することのできる手続が利用可能でないならば、国内裁判所などの他の裁判手続により国際公務員が救済を図ることが可能となってきた。こうしたいわば外圧を受けることで、国際機構にとっては、より実効的な国際行政裁判所制度を備えることが求められてきているといえるのである。

第1部　国際機構の成り立ちとしくみ

　この傾向を受けて、2009年より国連では、従来の国連行政裁判所を廃止し、第1審裁判所の**国連紛争裁判所**と上訴機関である**国連上訴裁判所**から成る2審制を導入し、職員に対して一層充実した救済を与える制度を設けた。

　以上にみた国連の例のように、最近では、個人の公正な裁判を受ける権利の保障を契機として、国際機構の身分保障制度がより充実した制度となることが求められてきている。これまで国際機構内での内発的な動きにより制度が発展してきたのに対し、最近のこうしたいわば外部からの影響力により国際公務員の身分保障がより拡充されていくことは、国際公務員法の発展にとっても望ましいことといえよう。

# 4　国際公務員の具体像——国連事務局と国連職員

　最後に、この節では国際公務員の実像を把握するため、具体的な例として国連事務局を取り上げ、事務総長の役割と事務局の構成について概説する。

### （1）事務総長
①歴代事務総長とその功績

　歴代の国連事務総長は、順にトリグブ・リー（出身国ノルウェー、在任1946〜1952年）、ダグ・ハマーショルド（スウェーデン、1953〜1961年）、ウ・タント（ビルマ、1961〜1971年）、クルト・ワルトハイム（オーストリア、1972〜1981年）、ハビエル・ペレス・デクエヤル（ペルー、1982〜1991年）、ブートロス・ブートロス＝ガリ（エジプト、1992〜1996年）、コフィ・アナン（ガーナ、1997〜2006年）および潘基文（韓国、2007年〜）である。深まる東西対立に翻弄された初代事務総長リーに対して、次のハマーショルドは政局に左右されまいと努力した。彼は、コンゴ問題の解決のため現地へ向かう途中に航空機の墜落により任期半ばにして不慮の死を遂げた。ハマーショルドは、今日の平和維持活動（PKO）の礎を築いたことでは特に有名である（彼をたたえて国連の図書館には彼の名が冠されている）（第6章「安全保障・軍縮」参照）。アジアから初めて選出されたのが次のウ・タントである。現在総会の補助機関である国連大学（本部は東京）は、1969年彼の提唱によるものである。ワルトハイムは、頻発する地域紛争の解決

46

第 3 章　国際公務員

に奔走した。在任中にイラン・イラク戦争や中越戦争など困難に直面し、自ら
の職を「世界で最も厄介な仕事」として後にその苦労を回想した。デクエヤル
も、フォークランド紛争やナミビア問題、キプロス問題などの解決に努力した
が、冷戦のさなかに成果を出すのに苦労した。ブートロス＝ガリは、『平和へ
の課題』と題する報告書の中で強制力を備えた PKO である「平和執行部隊」
を構想し、実際にそれをソマリアに派遣するなど強いリーダーシップを発揮し
た。アナンは、歴代の国内官僚や政治家出身の事務総長とは異なり、長きにわ
たる世界保健機関と国連での国際官僚としての経験を生かし、特に事務局改革
に精力を注いだ。2001年には国連とともにノーベル平和賞を受賞した。潘基文
は、グローバルな問題にイニシアティブを発揮し、たとえば2007年以来、国連
気候変動サミットを招集している。また、2009年には『保護する責任の実施』
と題する報告書を提出し、自国民を保護する能力や意思のない国家に対して、
それらの人々を国際社会が保護する責任を負うという「**保護する責任**」概念に
基づく取組みを推進している。

②事務総長の政治的役割

事務総長は、まず国連憲章98条に基づく任務を負う。特に重要であるのは
PKO の設置権限である。この権限は、安保理または総会の権威の下で、その
授権された範囲で行使されることになる。1958年にハマーショルドが発表した
「国連緊急軍（UNEF）の設置および活動に基づく経験の研究摘要」では、軍の
統括と指揮系統について、PKO は、総会や安保理から授権された事務総長の
指揮下におかれ事務局と一体となるとされた。今日においても、事務総長は、
PKO の設置から撤退に至るまでイニシアティブを取っており、PKO 実施の一
翼を担っているといえる。

事務総長が独自のイニシアティブで実施する政治的活動は国連憲章99条に基
づく。冷戦時代を通じて、事務総長自身による紛争解決のための政治的・外交
的活動の多くが国連憲章99条に基づいて実施されてきた。ハマーショルドが実
施した非公式のいわゆる「静かなる外交」はまさにその好例である。この規定
に基づき、事務総長には政府の仲介役となることが期待されている。たとえ
ば、デクエヤルによる有名な1986年のレインボウ・ウォーリア号事件の裁定が
ある。これは、1985年 7 月に、フランスの核実験に対する抗議行動のため

47

第1部　国際機構の成り立ちとしくみ

ニュージーランドのオークランド港に停泊していた環境団体グリーンピース所有のレインボウ・ウォーリア号（イギリス船籍）がフランスの対外治安総局所属の2名の機関員に爆破され、オランダ人乗組員1名が死亡した事件である。同年11月にニュージーランド高等法院において2名に対し有罪判決が下された。その後、フランス政府からの賠償や逮捕されたフランス機関員の処遇につ

### コラム3：国連事務総長の任命と解任

　国連事務局トップの事務総長は、どのようにして選ばれるのだろうか。国連事務総長の任命について、国連憲章97条では、「事務総長は、安全保障理事会の勧告に基いて総会が任命する」と規定される。安保理の勧告には常任理事国すべての同意が必要とされる。つまり、事務総長は、5大国すべてが納得する人でなければならないのである。ところで、任期については、実はどこにも規定がない。1946年の総会第1会期において、最初の事務総長の任期は5年間とし、さらに5年間引き続き再選される可能性のあることが確認された。その後も基本的にはこの慣行が続いている。ただし、リーは任期半ばで辞任、ハマーショルドは任期半ばにして事故死し、また、ブートロス＝ガリはアメリカの反感を買って1期しか在任することができなかった。

　上記のように、国連事務総長の任命権は総会にある。では解任権はどこにあるのだろうか。恐らく任命権と同じく総会にあるとみるのが自然であろう。国連ではいまだ事務総長の解任のケースは発生していないが、かつて他の国際機構で注目すべき事件が発生した。2002年化学兵器禁止機関（OPCW）の事務局長、ホセ・ブスターニの解任である。彼のずさんな会計管理や職務怠慢などを理由に、締約国の事務局長に対する信用が失墜したとするアメリカ政府の告発に基づいて、OPCWの締約国会議（総会的機関）はブスターニを処分する決定を行った。翌年同氏はその解任を不服とし、当該解任決定の取消しと賠償を求めてILO行政裁判所に申立てた。行政裁判所においては、一般に、訴訟当事者は原告たる事務職員と被告たる機構（または機構を代表する事務総（局）長）によって争われるが、本件では、極めて稀なことに、本来被告側に立つ事務局長が原告として機構を相手取って提訴し、なんと勝訴を勝ち取ったのである。

　いずれにせよ、将来国連ではこのような事務総長の解任劇は起こって欲しくないものである。

き両国の交渉は難航した。そこで、ニュージーランドとフランスは国連事務総長の下した決定に従うことに合意する公式声明を出し、事務総長の裁定を仰いだのである。

以上にみたように、特に国連憲章98条と99条に基づき、事務総長には、一定の政治的役割を果たすことが求められている。事務総長が国連の権威を代表し中立的立場で国際紛争の解決のために果たす役割は、国際の平和および安全の維持のために不可欠なのである（第13章「紛争解決」参照）。

### （2）事務局の構成

職員の構成は、毎年事務総長から総会に提出される「事務局の構成（Composition of the Secretariat)」と題する報告書に詳しい。それによれば、今日、国連事務局の職員数は4万1081名である（2015年6月現在）。職員の任期に応じて任用形態が区分されており、任期に定めのない継続任用（9290名）、1年以上5年未満の期限付任用（2万9242名）、1年未満の短期である臨時任用（2549名）の3つの形態がある。職階による区分では、専門職以上についてみると、**事務総長**の下に、**副事務総長**（DSG; Deputy Secretary General)、また、局長レベルの**事務次長**（USG; Under Secretary General）やその下の**事務次長補**（ASG; Assistant Secretary General）といった幹部職があり、その下に、D（Director）レベルやP（Professional）レベル職が続く。DレベルやPレベルも、上から部長クラスのD-2に次いでD-1、課長クラスのP-5の下にP-4、P-3、P-2、P-1と細かく分かれている。これらのレベルに求められる要件としては、たとえばD-2で15年以上の職歴、P-5で最低10年の職歴とされる。これら以外のカテゴリーとしては、PKOなどが展開するフィールドで勤務するフィールド職（FS; Field Service)や、種々の庶務をこなす一般職であるGレベル職（G; General Service）などが存在する。なお、定年となる年齢は、元来60歳であったが、1990年1月1日以降任用されている職員は62歳と変更されている。

国連憲章101条3項では、職員の任用に当たって能力主義（**メリットシステム**（merit system))を優先することが定められている。ただし、職員をなるべく広い地理的基礎に基いて採用すること、いわゆる**地理的配分**（geographical distribution）の原則にも妥当な考慮を払わなければならない。この地理的配分

第1部　国際機構の成り立ちとしくみ

の原則を具体化するために、国連では、毎年、通常予算に基づく専門職以上の
ポストから一定の数をこの原則に割り当て、各加盟国への均等割当（40%）、
人口（5%）および分担率（55%）を考慮して、各国からの職員数の「望まし
い範囲（desirable range）」を提示している。たとえば、2015年6月現在で、全
体数3001名のうち、日本人職員の望ましい範囲は、186〜252名である（しか
し、実際はこれに相応するポストに81名しかおらず、この数字をもってしばしば日本人
職員が少ないといわれる）。

　国連職員の採用制度に関しては、国連の求人への直接応募や即戦力の者を採
用するための登録制度（ロスター制度）以外に、学士以上の資格をもつ32歳以
下の者を対象にP–1やP–2レベルの職への機会を与える目的で実施されるヤ
ング・プロフェッショナル・プログラム（YPP）もある。なお、日本人職員が
少ないことから、日本政府が支援して、2年間の任期で国際機構において勤務
する機会を与えるJPO（Junior Professional Officer）の制度もある。

**♣参考文献：**
　明石康『国際連合——軌跡と展望』岩波書店、2006年
　黒神直純『国際公務員法の研究』信山社、2006年

# 第4章　国際機構の財政

【この章で学ぶこと】
　この章では国際機構の財政について、はじめに問題例として分担金不払い問題と財政の重要性・政治性について検討した後、主に収入と支出という両面から分析を進める。その際、国連を例にあげて具体的に検討した後、より一般的な国際機構について学んでいこう。最後に収入と支出のそれぞれの側面について国際機構の財政上の課題を示す。このような検討を通して、国際機構の財政についての基本的な理解を得るとともに、収入と支出の両面で国家（加盟国政府）だけでなく国家以外のアクターがどのような役割・影響を有しているのかについてもあわせて考えてみよう。

## 1　国際機構の財政にはいかなる重要性・政治性があるか

### （1）分担金不払い問題

　国内行政では国・地方ともに税金を徴収する権限（徴税権）があるが、国際機構にはそれがない。そのため一般的に国際機構の財政基盤は、先進国や新興国よりも弱いといえる。通常国際機構は主にその設立主体である加盟国からの資金提供で活動が成り立っており、**分担金**は加盟国が国際機構に支払わなければならない資金である。そのため主要な財政貢献国による分担金不払いが起こると、その国際機構は財政基盤の弱さを露呈することになる。

　このような**分担金不払い**問題は、たとえば**国連**では、1960年代にソ連（当時）・フランスにより、また1980年代にアメリカにより引き起こされた。国連に加盟している後発開発途上国や貧困国など低所得国の一部が分担金の支払いができなくなることはよくある。しかし、これらの大国が国連の活動や運営のあり方に反対して支払いを拒んだり遅延させたりすることは、それらの国の支払い額・比率が大きいだけに国連財政にとってネガティブなインパクトが大き

51

い。国連の場合、国連憲章19条で分担金を2年間分以上滞納した場合は、やむを得ない場合を除き総会で投票権を行使できなくなるとされているため、これが一定の歯止めとして機能してはいるものの、将来また何らかの政治的理由で大国による不払いが再発することがないとも限らない。

　また近年、他の国際機構で発生した問題としては、アメリカとイスラエルによる**国連教育科学文化機関（UNESCO）**の分担金不払いがある。これは、イスラエルが対立するパレスチナの UNESCO 加盟に反発して、イスラエルやその同盟国のアメリカが、分担金の不払いという形で政治的な反対を示した問題である。その結果、両国は、投票権という加盟国としての権利を制約されることとなった。

　以上、国連と UNESCO における大国などの分担金不払い問題をみてきた。世界には多くの国々があり、分担金不払いは、後発開発途上国や貧困国などの低所得国などで財政や経済の状況が厳しく支払い能力が十分に備わっていない国がこれをタイムリーにできない場合は当然あるが、ここで示した例はそうではない。国際機構と各国行政では前提条件が異なる面はあるが、たとえば日本で大口納税主体が税の不払いを宣言して納税を拒むということは考えられない。一般的に国際機構の財政基盤は、徴税権を有しまたそれを実行する能力がある国・地方、特に先進国や新興国などの加盟国政府や地方行政と比べると相当弱いことが以上の例からも確認できる。


## （2）国際機構にとっての財政の重要性・政治性

　上で紹介した国連と UNESCO での分担金不払い問題は例外的で極端な例だが、国際機構においては、特に大口財政貢献国からの円滑な資金提供はその財政において極めて重要であり、国際機構の活動や組織の維持にも不可欠といえる。

　このように国際機構にとって重要な財政は、分担金不払い問題以外にも政治性を帯びやすく、それゆえにさまざまな工夫が必要である。この点は、収入と支出の両面について後で具体的に取り上げるが、たとえばそれら両面をあわせた予算の審議・決定という点では、国連の通常予算が代表例であるように、2年間の予算をまとめて審議・成立させる制度があげられる。これは、毎年予算

を審議する日本などと比べて、審議の時間を多く確保できる一方、さまざまな事前・事後のプロセスはあるものの予算案の審議自体は2年に1度とすることで、政治的調整コストを軽減させる効果もある制度的工夫とみなすことができる。

　また、予算案を加盟国の側で国連総会において審議する際にもさまざまな工夫がみられる。たとえば、行政・予算を所掌する**国連総会第5委員会**という加盟国の正式会合の場だけで全プロセスの審議を進めるのではなく、**行財政問題諮問委員会（ACABQ）**という行財政を担当する国連総会の専門委員会でも検討が進められる。その16名の委員は、国家代表ではなく専門的見識を有する個人の資格として選出されるが、総会での加盟国による選挙によるため、実際には加盟国の影響を受けている。ただ多くの加盟国の間での正式会合の場での審議に比べると、専門的な見地から詳細で技術的な検討がなされやすい面もある。このように審議されてきた予算案の総会本会議での採択は、国連憲章18条2項の重要問題とされていることから、3分の2の特定多数決により決議されることとなっており予算案可決のハードルは高く見える。ただ、第5委員会の審議結果を尊重する慣行が存在し、かつその第5委員会では予算案をコンセンサスで決定する慣行があるため、全体として各加盟国・グループの政治的な見解や立場の相違が、予算成立のため政治的に制御可能なものとなりやすい運用になっているといえる。

　さらに、次の2（1）で説明する国連の分担金について、各国の負担比率を毎年ではなく3年に1度国連総会で見直すことにしているのも、政治的調整コストを軽減させる効果もある制度的工夫とみなすことができる。

# 2　国際機構の財政収入とはどのようなものか

## （1）国連の主な財政収入としての2つの分担金

ここでは国際機構の財政収入についてまず国連を例に具体的にみていく。

　国連財政としては旧ユーゴスラビア国際刑事裁判所（ICTY）・ルワンダ国際刑事裁判所（ICTR）という2つの特別国際刑事裁判所や老朽化した国連本部改修のための一時的な特別予算も存在するが、恒久的かつ主要な予算およびその

収入源は、**通常予算**分担金と **PKO（平和維持活動）予算**分担金という２つの分
担金である。

　通常予算は、日本の国家予算でいえば一般会計に相当し、国連のさまざまな
分野への活用を目的とするものである。この通常予算は、加盟国の支払い能力
（capacity to pay）の観点から、国民総所得（GNI）の世界合計に対する各国比率
を基礎として、途上国の対外債務の高さや１人あたり国民所得の低さに応じた
割引や分担率の上限・下限もふまえて、各加盟国に分担比率が割り振られてい
る。これに対して PKO 予算は、日本の国家予算でいえば特別会計に相当し、
国連 PKO への活用を目的とするものである。この PKO 予算分担金について
は、基本的に通常予算分担金と同様であるが、安全保障理事会の５つの常任理

---

### コラム４：国連の２つの主要予算分担金における分担率の比較

　国連の２つの分担金はさまざまな側面で相違があるが、**分担率**の比較も興味
深い。2014年の通常予算分担率と2014年７月から2015年６月の PKO 予算分担
率の上位20カ国を比較してみると、国連通常予算で３位と４位のドイツとフラ
ンスの順位が、PKO 予算分担率では逆転していることや、８位以下について
も次のような違いが確認できる。通常予算では上位20位に入っているブラジ
ル・メキシコ・トルコ・ポーランドが PKO 予算では20位に入っていない。逆
にノルウェー・オーストリア・デンマーク・ギリシャは PKO 予算においての
み上位20位に入っている。また、通常予算分担金は上位20カ国で約84.5％を負
担しているが、PKO 分担金では上位20カ国で92.1％も負担している。このよ
うなさまざまな相異が生まれるのは、PKO 分担金では安全保障理事会常任理
事国の５カ国に対して通常予算よりも加重された負担比率が適用されている反
面、いわゆる後発開発途上国や貧困国などの低所得国の負担比率が通常予算よ
りも低い設定になっているためである。その結果、PKO 予算分担金の負担比
率では、アメリカに通常予算分担率の上限である22％が適用されておらず、そ
の他４カ国も通常予算より高い比率が適用されている。こうして、常任理事国
という特権が財政負担に反映されているのである。そして、PKO 予算分担金
の上位17〜20位に４カ国ともヨーロッパ諸国が入っている反面、通常予算分担
金では他の４カ国の新興国等が20位に入っている。

事国により多くの負担を担わせるなど、分担率が通常予算と完全に一致はしていない。

　さて以下では上記の国連の主要な2つの予算について、基本的目的・性質以外のいくつかの面を比較していく。まず財政規模については、具体的には3（1）で述べるが、近年では通常予算をPKO予算が大きく上回る状況が続いている。いわば一般会計を1つの特別会計が凌駕している状況である。また財政規模の変動にも相違がある。通常予算はなだらかな変動が特徴であるのに対して、PKO予算は変動が大きい。これはPKOの活動規模の変動が大きいことなどに起因している。さらに予算サイクルも、通常予算は1月からの2年（1年ごとの内訳は存在）であるのに対して、PKO予算は7月からの1年となっている。PKO予算は、各PKOミッションが展開する現地の情勢・治安等に左右され、また新たにミッションの創設が必要になる場合もあるなど将来の状況を見通すことが難しいため、単年度とされていることには合理性がある。なお予算の開始月をずらしていることは、予算審議のタイミングをずらし審議の質を高める面でも効果がある。また両分担金の相違としては、最低負担比率が、通常予算は0.001％であるのに対して、PKO予算は0.0001％と一桁小さくなっていることもあげられる。

## （2）国際機構一般の財政収入における国家（加盟国政府）の役割・影響

　以上、国連を例に国際機構の財政収入について具体的にみてきたが、ここからはより一般的に国際機構の収入の主要な類型・特徴について検討していく。

　まず、国連で説明した**分担金**という形態であるが、これは国連に限らず他の様々な国際機構でも活用されている。分担金方式を取っている場合、加盟国は国際機構で定められた分担率に基づき分担金を支払うことが義務となっている。国連システムを構成する国際機構では、本章の冒頭で取り上げた国連やUNESCO以外にもたとえば世界保健機関（WHO）、国連食糧農業機関（FAO）、国際原子力機関（IAEA）、国際労働機関（ILO）、世界知的所有権機関（WIPO）、国際電気通信連合（ITU）などの機関で分担金方式が取られている。分担金方式をとる場合、基本的には国連通常予算で説明した支払い能力などによる比率査定を経た分担率の決定が一般的であるが、具体的な加盟国への割り当て負担

第1部　国際機構の成り立ちとしくみ

比率については国際機構それぞれで違う上に、一部には加盟国に平等な分担率の配分を行う平等配分方式や、複数の等級の中から加盟国側が選択する等級選択方式も存在している。なお、分担金以外の場合も同様であるが、国際機構が加盟国から支払いを受ける通貨単位を何にするかについてはさまざまな考え方がありうる。一般的には米ドルが多いが、たとえばジュネーブに本部をおく国際機構の中にはスイスフランになっているところや、欧州連合（EU）加盟国に本部をおく国際機構ではユーロになっている場合もあるなど、バリエーションがある。

　また、上記の分担金ではない**自発的拠出金**という形態で資金を確保している国際機構もある。たとえば、難民・食糧・子どもの保健衛生や教育面で緊急援助や人道援助を含むフィールドでの支援活動を実施している国連難民高等弁務官事務所（UNHCR）、国連パレスチナ難民救済事業機関（UNRWA）、世界食糧計画（WFP）、国連児童基金（UNICEF）などの国連の補助機関があげられる。また、国連システムで有名な国連開発計画（UNDP）も分担金ではなく自発的拠出金が収入源となっている機関であり、その総額は近年50億米ドル前後にも上っている。自発的拠出金は、任意拠出金ともいわれるようにその支払いが任意であり、分担金に比べると財政的に不安定なことも事実だが、逆に柔軟で機動的・弾力的な資金の確保の実現につながりやすい、と積極的に評価することもできる。特に緊急支援や人道援助などは、現地情勢の変化によって必要な資金量が大きく変動する傾向があり、分担金のように予め1年や2年後を見据えた計画的な予算は立てにくい。そのため逆に自発的拠出金として時々の必要性に応じて資金確保を図っていく方が合理的と見なすこともできる。なお日本の場合、さまざまな国際機構への自発的拠出金（および次に説明する出資金）の資金源の大部分は政府開発援助（ODA）資金となっている。その意味で拠出側の日本政府としては、その資金が日本政府のODA政策に沿った使途で用いられることが重要となる。このように自発的拠出金は財政支出のあり方とも密接に関係しているが、この点については次の財政支出の中で説明することとする。

　このような主に加盟国からの分担金および自発的拠出金という2つの主要な収入形態の他、**出資金**という形態も存在する。これは**世界銀行**や地域開発金融機関や**国際通貨基金**（IMF）などが代表的な例である（第8章「経済・貿易・通

56

貨・開発」参照）。たとえば世界銀行では、2013年6月期には、払込資本134億米ドル、請求払資本2090億米ドル、授権資本2232億米ドルにものぼっている。請求払資本は、緊急時に世界銀行への負債返済のためにのみ使用することが可能で、これまでにこれが使用されたことはない。世界銀行の自己資本総額は4000億米ドル以上に達しており、これが堅実な財務体質の基礎となっている。その結果、世界銀行が発行する債券は、40年以上にわたって主要な格づけ機関から、トリプルAという最高の評価がなされてきた。

　さらに**事業収入**も存在する。国際機構は公的な組織であり、国家・地方行政と同じく営利主体ではない。ただ上記の世界銀行や地域開発金融機関のように貸付活動を行う機関では、貸付に伴う利子を受け取ることで収益をあげているものもある。世界銀行の場合、1994年以降安定した収益を維持しており、世界経済の状況がよく、各国政府も財政的な余裕が比較的あったリーマンショック前の2008会計年には23億米ドル程度に達した。その後も日本を含めて多くの政府が財政赤字を多額の借入で乗り切る中、収益規模は2009会計年に約5億米ドル程度と縮小したものの2011会計年には10億米ドル程度に回復するなど、毎年収益を維持し続けている。このような収益は、低所得国への融資を行う**世界銀行**の姉妹機関である国際開発協会（IDA）への移転や一般準備金への追加や剰余金への振替などで、世界銀行の目的に沿って有益に利用されている。

## （3）財政収入における国家以外のアクター（企業・団体・個人など）の役割・影響

　国際機構の財政収入で直接的に主要な役割を担っているのは分担金や自発的拠出金を支払う加盟国政府であるが、加盟国政府が国際機構に支払う資金源は（公債発行によりしのぐ場合もあろうが）基本は国家以外のアクターが各国で納める税金であるため、間接的には納税主体である企業・団体・個人など国家以外のアクターもこれに貢献する不可欠な主体となっている。

　また、国家以外のアクターが国際機構の財政収入に直接的に貢献している場合もある。その典型は**寄付**であり、特に UNICEF が主要な例としてあげられる。UNICEF の2012年の財政収入は40億米ドル弱であったが、政府・政府間組織からの収入は57％にとどまり、民間部門（各国の UNICEF 国内委員会）・非

第 1 部　国際機構の成り立ちとしくみ

政府組織からの収入が32％を占めている。そして残りの収入は、機関間が９％でその他が２％となっている。このように、UNICEF が現在の活動規模を維持するには民間部門の貢献が不可欠となっていることが分かる。日本ではUNICEF の知名度が高く、活動への理解も浸透している。また、第二次世界大戦直後の復興期に支援を受けたこともあり、日本は民間部門から世界で最も多くの UNICEF への寄付が集まっている国となっている。2012年度には日本UNICEF 協会から UNICEF に、約１億5100万米ドルの拠出がなされた。そのような日本をはじめとした各国の民間部門からの寄付の大部分は UNICEF 本体に拠出され、UNICEF の財政を支えている。そのための資金源は基本的に日本 UNICEF 協会への UNICEF 募金による寄付であり、これは個人の募金が８割以上に上っており、残りは企業・団体・学校等からの寄付となっている。なお UNICEF 募金の一部としてグリーティングカード募金も存在する。また同じ人道・保健分野ではたとえば WHO は、加盟国からの資金確保以外に、民間国際 **NGO（非政府間機構）** のビル＆メリンダ・ゲイツ財団や政府・民間・国際機関等から構成されているワクチンと予防接種のためのグローバルアライアンス（GAVI）などからもまとまった規模の拠出を受けている（第12章「保健・衛生」参照）。

　さらに企業・団体・個人などは、国際機構が発行する**債券**を購入することを通しても、その財政に貢献している。たとえば**世界銀行**では、2013会計年度には約240億米ドル相当額を市場から調達した。このような資金で世界銀行は、中所得国に大規模な長期貸出を提供することができ、これがインフラプロジェクトをはじめさまざまな借入国での開発活動に活用されている。世界銀行がこのような巨額の借入を実現できているのは、加盟国からの巨額の出資を資本として蓄積している信用力や、近年の世界の経済金融の不況時にも着実に事業収益を維持している実績などが非常に重要だが、それだけでなく、債券発行での様々な工夫も見逃せない。まず、さまざまな通貨での発行がなされている。たとえば2013会計年には、21の通貨建ての世界銀行債を発行し、1947年以降の累積では56種類の通貨で発行されてきた。また、普通債券、ベンチマーク債・グローバル債、ストラクチャー債などの多様な種類の債券が発行されている。新しい取組みとしてはたとえば、2008年から地球温暖化の阻止および温暖化に

よってすでに発生しているさまざまな問題への対処という社会貢献型債券であるグリーンボンドが発行されるようになった。このような世界銀行債は、日本でも売出債や様々な通貨の世界銀行債のみに投資する投資信託など、大口だけでなく比較的少額から投資できる選択肢も含めて、さまざまな世界銀行債関連商品の販売が行われるようになっている。多くの企業・団体・個人にとって債券購入は資産運用の目的でなされているが、世界銀行債はそれが世界銀行の財政および貸付を通して途上国の開発・発展にも活用されるという公共的な意義もある。無論、為替変動をはじめリスクはゼロではないが、利回りが国内預金よりも高い世界銀行債は日本国内で堅調な需要を維持しているようである。

# 3　国際機構の財政支出とはどのようなものか

## （1）国連の主な財政支出の分野や形態

以下では前節と同様に国連を例に、その主な財政支出について、通常予算とPKO関連予算（その大部分はPKO予算）の支出の順に見ていく。

まず**通常予算**の支出については、2013年12月に総会で決議された2014–2015年の2年次予算をみると、総額は55億3000万米ドルとなっており、1年あたりは27億6500万米ドルの計算になる。国連通常予算は14の部門（Programme）に大別され、1つの部門で複数の項目（Section）を有しているものもあるため、合計で36の項目が存在している。以下ではまず主要な部門を紹介し、その特徴・傾向を説明する。14の部門の中で最大の財政的な比重を占めている部門は、「**政務**」（political affairs）部門であり、2年間の総額で13億4400万米ドル程度であり、全体の4分の1近くを占めている。通常予算で政務に次ぐそれぞれ2位と3位の支出部門となっているのは、「全般的な政策形成の方向づけと調整」（overall policy-making direction and coordination）部門と「共通支援サービス」（common support services）部門である。これら2部門は、国連のさまざまな分野での活動や組織の維持・管理運営の必要性を象徴しているともいえる。このような上位3つの部門に続き、開発関連や人権・人道問題などの政務以外の個別政策分野の支出部門などが存在している。このように、さまざまな分野でその活動・意義・役割が認知されている国連であるが、国連全体の財政支出

面の特徴としては、PKO の財政とあいまって安全保障面の比重が非常に高い
ことが分かる（第6章「安全保障・軍縮」参照）。以下では、14の部門の中で最大
の比重を占めている政務部門について概観してみる。この政務部門は、4つの
項目に分かれているが、その中で最大の財政規模を有する項目は、12億米ドル
程度の（部門の名称と全く同じ）政務（political affairs）の項目である。これは、
PKO とは別に実施されているいわゆる**特別政治ミッション（Special Political
Mission）**が主要なもので、2014年8月時点のミッション数は11にのぼり、特に
アフガニスタンやイラクやリビアなどへの支援ミッションの規模が大きい。こ
の特別政治ミッションは、PKO と異なり文民要員が主な構成となっており軍
事要員は少ない。この基本的な目的は、これが政治・平和構築ミッション
（Political and Peacebuilding Missions）とも称されるように、紛争の予防・解決や
紛争後の平和構築にある。そのため冷戦後、ミッション数も増え、また活動範
囲も紛争当事者間の和解の促進、住民の再定住支援、人権保護、治安部門改
革、法の支配の確立、選挙支援など幅広い分野に及ぶようになってきたため、
予算支出も顕著に拡大している。

　次に PKO 関連予算（その大部分は **PKO 予算**）の支出である。国連 PKO の
2014年7月から2015年6月までの12カ月の承認されたリソース（資金）をみる
と、約84億6678万米ドルとなっており、その大部分は15の PKO ミッションの
個別経費で占められている。そしてその内訳を見ると、国連コンゴ民主共和国
安定化ミッション（MONUSCO）が約14億米ドルと最も多い。その次は、ダル
フール国連・AU 合同ミッション（UNAMID）の11.5億米ドル、国連南スーダ
ンミッション（UNMISS）の約11億ドルなどとなっている。上記の期間ではこ
れら3つの PKO で全 PKO ミッションの4割超（約80.7億米ドルの個別 PKO 予
算全体ベースでは約45％）に達しており、PKO 支援勘定とブリンディシの国連
ロジスティクス基地（UNLB）も含めた約84億6678ドルに占める比率は約43％
にのぼっている。その一方で、1億米ドル未満の PKO が4つあるなど、財政
面ではミッションごとにかなりのバリエーションがある。このような PKO の
支出を性質別にみると、軍事・警察要員費が約36.4億米ドルで全体の4割強
（43％程度）、文民要員費が約19億米ドルで全体の2割強（22％程度）、残りの大
部分にあたるおよそ29億米ドル強（全体の約35％）は、物資・サービスの**調達費**

となっている。この調達費は、運用必要経費としてまとめられているが、主要な内訳には（PKO の運用に必要な）施設・インフラや空輸をはじめ陸運・通信・その他供給品・サービス・物品などのさまざまな物資・サービスから構成されている。これらの多くは企業から供給されるものであり、国連 PKO の財政支出において最も主要な類型の１つとなっている。なお、文民要員と異なり軍事・警察要員は加盟国政府が派遣し、その費用は基本的に派遣国政府に支払われているため、その経費は人件費ではなくアウトソーシングとして調達費と位置づけることもできる。そのように解すると、近年の通常予算と PKO の規模および内訳からは、国連 PKO は無論、国連の財政支出全体としても、調達費が国連職員への給与・手当ての支払いという**人件費**を上回る最大の支出形態であると理解することもできる。

### （2）国際機構一般の財政支出における国家（加盟国政府）の役割・影響

　以上（1）では国連の例を中心に論じたが、国際機構一般の財政支出において**国家（加盟国政府）**が果たす役割および影響はさまざまな面で大きい。

　まず役割については、予算案の審議や予算決定のプロセス、予算執行プロセスや決算プロセスなどのすべての主要なサイクルに及んでいる。はじめの予算決定までのプロセスについては１（2）で国連を例に総会での予算決定までのプロセスですでに説明した。逆に決算プロセスでは国連の場合、いくつかの成果報告書（Performance Report）として出されるプログラム成果報告や２年次予算の各年の報告を審議する。また、３カ国の加盟国政府の会計検査機関の長により構成される**国連会計検査委員会（Board of Auditors）**は国連本体と付属機関の**会計検査**を行い、その結果と勧告は ACABQ を通して総会に報告されている。また、加盟国の代表で構成されるものではないが、国連総会で国連および他の専門機関を含む国連システムの国際機構への**監査・査察**を行う事務局外の機関として**国連合同監査団（JIU）**が設置され活動している。さらに予算執行プロセスでも、全般的な財政状況の監視・審議は加盟国側の役割としてある上に、たとえば国連の場合、事務局内で財政に直接的に責任をもつ**財務官**（Controller）やその上司に当たる管理局長は通常、加盟国側から人材が供給されるなど、実際には加盟国側の役割は大きい傾向がある。このように加盟国が

第1部　国際機構の成り立ちとしくみ

財政のさまざまなプロセスで適正な支出が確保されるように役割を担っているのは、国連だけでなくさまざまな国際機構で同様・類似な傾向がある。

次に、加盟国が財政支出に及ぼす影響を取り上げる。この点でまず、**自発的拠出金**に及ぼす影響があげられる。財政収入の節でその主要な類型として分担金に続けて自発的拠出金についても説明したが、これには支出使途を限定して拠出される形態がある。この支出使途の限定は拠出する加盟国が自国の意向に沿った拠出資金の使用を国際機構に指定するものであり、財政支出に対する直接的で個別の明確な影響・作用といえる。たとえば **UNDP** の場合、その財政は任意拠出により賄われており、これは**通常資金**（**コア予算**といわれる使途を特定されていない資金）と**その他の資金**（**ノン・コア予算**といわれる使途を特定された具体的な目的のために拠出された資金）に分類されている。そしてその他の資金（ノン・コア予算）は、2012年には約37.9億米ドルが拠出された。それに対して、通常資金（コア予算）は同年約8.5億米ドルにとどまっており、使途指定の方が格段に多いことが分かる。このような傾向は2012年だけでなく毎年同様の傾向となっている。なおその他の資金（ノン・コア予算）への拠出は、単に援助国である加盟国政府によるものだけではない。これに相当する二国間ドナーからのその他の資金（ノン・コア予算）は13.3億米ドルであるが、世界エイズ・結核・マラリア対策基金（GFATM）、地球環境ファシリティ（GEF）、他の国連システムの国際機構、欧州委員会（EC）など他の国際機構等からの資金はそれよりもやや多い15.3億米ドルに上っている。加えてその他の資金としては、（アルゼンチン・ブラジル・エジプト・ベネズエラ・コロンビア等の）援助を受ける国の政府との費用分担である現地資金が9.3億米ドルあり、これだけで二国間ドナーからの通常資金（コア予算）を上回っている。このような使途指定資金の多さは UNDP に限らず、国連システム全体でも使途の限定がある拠出の方が限定のない拠出を大きく上回っている。そして、たとえばすでに見てきたように分担金を財政の基盤とする国連でも、さまざまな自発的拠出金が存在しており、日本も国連人間の安全保障基金拠出金や国連地雷対策支援信託基金等々の拠出を行っており、それらはそれぞれの目的に沿って資金の活用がなされている。

なお以上のような任意拠出に伴う使途の指定以外にも、加盟国政府は財政支

出面で主要な項目である**人件費**や**調達費**に関係しても影響を及ぼそうとする傾向がある。といってもこれは多くの場合、人件費や調達費削減の政治的圧力を及ぼすという意味ではなく、自国の職員を増加させることや自国企業からの調達を増やすことを求めるものである。この点、前者については国際機構への人的貢献、後者については物資・サービス面での貢献という積極的な意義もあるが、それにとどまらず前者については自国の職員を増やすことで国際機構との関係をより緊密にして情報を得やすくし、加えて国際機構の政策・運営に自国の影響を及ぼしやすくする事実上の効果も目的としてあり、後者については自国企業からの調達の拡大で経済的なプラスの効果を狙ったものでもある。特に途上国は自国の経済発展のためにこの点を重視する傾向があり、先進国でもアメリカなどは調達への政治行政の関心が高い。

### （3）財政支出における国家以外のアクター（企業・NGO・個人など）の役割・影響

国際機構の財政支出においては、以上見てきたように国家だけでなく国家以外のアクターも、国際機構の財政収入と同様に大きな役割や影響がある。この点、国際公務員である**個人**への**人件費**の支払いについて論じることも可能だが、以下では国際機構の**調達費**について具体的にみていくことにする。

この国際機構の調達費とは、国際機構の活動に必要な物資やサービスを外部から購入・確保し使用できるように現場に供給するために要する支出といえる。これは、総額・水準が人件費に比べて見通しにくく、かつ**国家以外のアクター**の役割・影響が非常に大きい。この調達費は、特に PKO や緊急人道援助や開発援助などフィールドでの支援活動が重要な活動形態となっている国際機構において人件費と並び最も主要な支出形態となっている。これらの国際機構では、さまざまな物資・サービスを**企業**から調達することなくしては、各機関の援助活動を現状の規模で実現し続けることはできない。PKO の調達については 3（1）ですでに説明したので、以下では緊急人道援助と開発援助における調達について具体的にみていくことにする。

まず緊急人道援助で重要な国連の補助機関による調達をいくつかみてみると、食糧援助機関である WFP では、食糧・輸送・倉庫等での保管・車両等の

調達がなされている。難民・国内避難民の保護を行う UNHCR では、シート・テント・マット・車両・輸送・IT 等の調達がなされている。保健衛生・教育等を通した子どもの保護を任務とする UNICEF では、ワクチン・薬・蚊帳・学校教材やそれらの輸送等の調達がなされている。

　次に開発援助等で重要な国連システムの諸機関をいくつかみてみると、貧困削減と MDGs（ミレニアム開発目標）達成をはじめ民主的ガバナンスやエネルギー・環境に至るさまざまな活動を行っている UNDP では、電子通信機器やコンピュータ、IT・行政・教育サービス等の調達がなされている。また、経済発展のためのインフラ建設支援や貧困削減・ガバナンス改革支援をはじめ幅広く支援活動を行っている世界銀行の融資・援助では、建設資機材・工事・コンサルタント等の調達がなされている。

　加えて、特に UNHCR・WFP・UNICEF といった緊急援助を実施する主要な国連の補助機関では、企業からの調達だけでなく、**NGO** からの調達も重要である。これらの機関では、特に大規模な援助活動では、現地にいる職員だけでは十分でないことが多い。そのような場合は NGO の協力を有償で得ることがあり、これは NGO からの支援サービスの調達と位置づけることができる。たとえば UNHCR では物資配給や難民キャンプの設置・維持が、WFP では受益者に近い輸送・配給作業等が、UNICEF では援助物資の輸送・配給といった側面で、それぞれ NGO が活躍している（第 7 章「人権・人道」参照）。このことは、それらの国連の補助機関が NGO からさまざまな支援関連サービスを調達していると見なすことができる。

　以上のように特にフィールドでのオペレーションが重要な活動形態となっている国連システムの諸機関では、物資・サービスの調達という財政支出の形態が非常に重要であり、それらの供給元である企業や NGO の役割は極めて大きい。

　加えて、フィールドでの活動をあまり伴わない国際機構においても、たとえば、職員の出張・移動、本部や他のオフィス・施設の建設・維持・改修、セキュリティ確保、オフィス機器等のさまざまな物資・サービスが企業から調達されており、コンサルティングサービスは企業および専門性をもつ**個人**から調達されている。

64

第 4 章 国際機構の財政

## 4 国際機構の財政上の課題とは何か

本章の最後に、国際機構の財政上の課題について、ここまで検討してきた収入・支出の順に確認していこう。

収入面での課題については、まず、国内行政と異なり税金を徴収する権限（徴税権）がない中で加盟国から分担金の支払いを遅滞なく受け、また時々の妥当・公平な分担金の負担配分を定めていくことがあげられる。つまり冒頭で取り上げたような主要財政貢献国の分担金不払いが国連や UNESCO に限らず将来にわたり他の国際機構でも極力起こらないようにすることは、国際機構に求められる活動を維持していくためにも必要である。また国連でみたような各加盟国の財政負担配分を時代とともにどのように見直していくかについても簡単ではない。妥当・公平と加盟国に認知される負担配分は、具体的な見直し・負担比率について必ずしも加盟国間の合意を得るのが容易なわけではない。実際、国連の主要な 2 つの分担金の間でも負担配分が異なるように、唯一絶対の負担配分の原則というものは存在しない。

収入面の課題としてはまた、国際機構の性質に応じて加盟国から分担金以外のさまざまな手法を用いて十分な規模の安定的な収入確保を図っていくこともあげられる。加盟国からの収入の形態としては、分担金以外の自発的拠出金に大部分またはすべてを依拠している場合もあるが、それらの場合は分担金と異なり加盟国側は毎年予め定められた額・比率の支払いが義務ではないので、安定性では分担金に劣る。使途の特定を広く認めるとより多くの拠出額を確保しやすいが、資金を受け取る国際機構側の自由度が低くなる傾向があり、国際機構側にとっても有益な形での収入の確保は依然として課題である。近年では、たとえば航空券連帯税を主要な収入とするユニットエイド（UNITAID）という国際機構が設立され、エイズ・結核・マラリアという感染症への支援を実施しているなど、収入面での新しい取組みも確認できる。既存の国際機構で可能・妥当な範囲で、どの程度斬新な収入面の取組みが進められるかは課題といえる。

支出面での課題については、まず、機構の目的に沿った必要性が明確であり

65

かつ効果・効率性の高い形態での財政支出を確保していくことが非常に重要な課題といえる。そのために加盟国が全体として個別の利害をできるだけ克服しつつ、予算審議、決算・外部監査、事務局の内部監査の実効性の確保等々を通してこれに一層貢献していくとともに、3（2）で取り上げたような調達費や人件費の支出面での影響力の行使が、効果・効率性の高い財政支出の実現にどのような影響をもっているのかを十分ふまえてなされることも課題といえる。

支出面の課題としてはまた、必要性・効果・効率性の低い支出の膨張を如何に制御していくかがあげられる。特にたとえば国連や人道援助・開発機関などフィールドでの支援活動を実施する国際機構を中心に、中長期的な財政規模の増大がみられる。国際機構の財政規模がたとえば主要な先進国や新興国のそれと比べてかなり小さいことをふまえると、確かに急速に一層の拡大を実現すべきというのも1つの根拠のある見解といえるが、これには、急激な予算規模の拡大は加盟国など財政拠出側の大きな負担増の実現可能性を抜きには論じられない、という批判がつきまとう。

以上、収入面と支出面として、それぞれ2点ずつあげてきたが、これらの加盟国との関係での課題だけでなく、国家以外のアクターとの関係も国際機構の財政上の課題としてあげられる。

まず収入面については、加盟国以外の主体からの一層の収入の確保も重要な課題となってきている。たとえばUNICEFの寄付収入やWHOの拠出金収入など、一部では相当な実績と成功が確認できるが、多くの国際機構では依然として限定的である。もちろん、すべての機関で加盟国以外の主体からの資金提供が妥当というわけではないが、UNICEFやWHO以外のさまざまな人道や保健衛生分野の国際機構のように、一層の資金確保の余地がまだあるように見受けられる国際機構もある。

次に支出面については、3（3）で述べたように、特に国際機構の活動や組織の維持に不可欠な物資・サービスの調達を巡って、これらの主要な供給主体である企業（およびフィールドでの支援サービス面ではNGO）が、良質の物資・サービスを極力安価に提供することは、財政支出の効率性・効果向上の面から極めて重要である。無論このために国際機構側は、国際競争入札などの工夫を行っているが、企業やNGOと調達担当者との癒着などにより不正な支払いを

行うと、国際機構にとって直接的な支出面での損失・非効率となるだけでなく信頼にも関わってくる。その意味では、財政支出の特に調達においてその効率性・公正性を確保していくことは、調達側の国際機構と供給側の企業やNGOとの共同作業であるともいえる。

**♣参考文献：**

坂根徹「国連の財政」内田孟男編著『国際機構論』ミネルヴァ書房、2013年、62-82頁

田所昌幸『国連財政──予算から見た国連の実像』有斐閣、1996年

則武輝幸「国際機構の財政的基盤」横田洋三編著『新国際機構論（上）』国際書院、2006年、123-144頁

# 第5章　国際機構の意思決定

【この章で学ぶこと】
　学校の生徒会や大学のサークル活動、町や村の自治会では、グループを構成する人たちが集まって会合を開いて決定を行い、そして行動する。国際機構でも同様に、構成員である加盟国が会合を開き、国際機構の政策や活動について決定する。それでは国際機構の意思決定は、具体的にどのようなしくみなのだろうか。また意思決定のプロセスは、国際機構や国家に対してどのような影響を及ぼしているのだろうか。国際機構の意思決定のあり方やプロセスを学ぶことは、国際機構の行動や機能を知り、また国際機構における加盟国としての国家の役割についても理解を深めることになるだろう。

## 1　国際機構の意思決定はどのようなしくみか

### （1）国連の意思決定の主役としての加盟国

　2010年にチュニジアではじまった「アラブの春」は、アサド政権下のシリアにも広がった。その後、シリアでは内戦が起こり、多数の人々が避難民となったり難民として隣国に逃れたりした。非人道的な弾圧によって不安定な状況が続くシリアに対して、国連の安全保障理事会（安保理）では、国連憲章7章に基づいた強制措置が提案されながらも、中国やロシアによる拒否権の行使によって具体的な措置は取られなかった。この状況に対処するために、国連はアラブ連合と共に、特使や国連シリア監視団を派遣したものの、シリア情勢に関する安保理決議案が否決されるなど、事態打開に向けた対応はなされなかった。シリアからは多数の被災民がヨーロッパに逃れており、一連の問題への解決の兆しはみえない。

　このシリアの例が示すように、国際機構においては、日々、さまざまな決定が行われている。国際機構の意思決定手続は設立基本文書や内部規則で定めら

れている。国際機構での議論は、問題の発生、解決に向けた措置への提案から合意の達成、あるいは日常的に行われている定期的な手続事項の処理といった一連のプロセスであるが、どれも規則（ルール）に基づいた手続に従い決定がなされることが求められる。「手続を制する者は会議を制する」といわれるとおり、ルールに基づいた意思決定のプロセスは、国際機構の活動にとって重要である。

国連では、毎年9月の第3火曜日に総会の新しい会期が始まり、加盟国の代表がニューヨークの国連本部に集う。それでは国連をはじめとして国際機構での会合は、どのような手続によって進められ決定がなされ、決議が採択されるのだろうか。

まず会合を成立させるためには、一定の数以上の構成員の出席が求められる。国際機構の会議の正式な構成員は、原則として加盟国の代表である。国連総会を例にとると、すべての国連加盟国により構成され、また各加盟国は代表者を5人まで出席させることができる（国連憲章9条）。加盟国の政府の代表として誰を派遣するのかについては、各加盟国の判断に任されている。

通常、国際機構の会合には、加盟国の代表として政府の代表が出席する。ただし、国際労働機関（ILO）は**三者構成**を採用している。すなわちILOの会議には、加盟国の代表として、政府代表と、使用者代表、労働者代表が出席し、各代表がそれぞれ別々に発言し投票を行う。このようなILOの手続の背景として、労働問題への取組みには、政府代表に加えて労働者と使用者による代表も参加することの重要性と、すでにヨーロッパでの労使自治による問題解決のしくみがあった。

さて、国際機構で開催される会合に先立ち、まず会議に出席する個人が、加盟国の正式な代表であることが確認される。そこで、国家の代表は加盟国の元首、首長または外務大臣が発給した信任状を国連に提出する。信任状の受理により、加盟国を正式に代表する者が確認される。この信任状の受理は、国際法上の政府承認の行為には当たらないが、会合での審議などの決定プロセスに参加する政府代表を国連が確認する重要な作業である。通常、信任状の受理は自動的に行われる。ただし、内戦や国内の政治的対立によって正統政府の存在が不確かな状況では、対立する紛争当事者が国際機構に代表を派遣する場合もあ

第1部　国際機構の成り立ちとしくみ

る。たとえば、1979年の国連総会では、カンボジアの代表として、ヘン・サムリン政権あるいはポル・ポト政権のいずれの代表が会合への出席が認められるのか混乱がみられた。

　会議に正式に出席する人が確認された後に、会議が開会する。会議では、まず議長（および副議長、書記などの議長国）が選出され、続いて議事日程と議題が決定される。会合は、国際機構の構成国である加盟国の一定の数（定足数）が出席している場合に開会され討議が進められ、決議案の提出と採択がなされる。国連総会の場合には、少なくとも加盟国の3分の1が出席している場合に開会できる。会合で決定を行うためには、加盟国の過半数の出席が必要となる。

　国際機構に加盟する国の権利の1つは、意思決定への参加としての投票である。国連総会では、各構成国がそれぞれ1の投票権を有しており、これは主権

---

### コラム5：オブザーバーの地位

　国連の非加盟国が、国連総会にオブザーバーとして参加する慣行は、1946年から行われている。日本も国連加盟の前はオブザーバーであった。国連のヨーロッパ本部がおかれているスイスも、2002年の加盟前は、オブザーバーであった。またオブザーバーの地位にとどまる国もある。ローマ教皇庁（Holy See、バチカン市国はローマ教皇庁の領域的な基盤であるが、ローマ教皇庁がローマカトリック教会の中心的な統治機構であり、国連に派遣されている代表団も Holy See である）は、オブザーバーの地位にある。国連に加盟しない理由として、ローマ教皇庁は、特定の政治的問題に対して完全な中立性を維持するためである、と説明する。

　パレスチナ（パレスチナ解放機構（PLO））は、1974年より国連のオブザーバーの地位にあったが、2012年には「オブザーバー国家」の地位を付与され、また呼称もパレスチナ国家（State of Palestine）に変更された。2011年にパレスチナは国連への加盟申請も行っており、パレスチナにオブザーバー国家の地位が付与されたことは、国連への加盟、さらには国家としての独立および承認への布石として考えられる。なおパレスチナは2011年に国連教育科学文化機関に、2015年には国際刑事裁判所に加盟した。

平等原則に基づいている。**一国一票制**を採用する国際機構が多いものの、世界銀行のように**加重表決制**を取る国際機構もある。すなわちすべての加盟国には一定の基本票が与えられ、さらに保有する株式ごとに一票の票数を与えられる。この制度は、国際機構への加盟国の貢献度（出資率）に応じた投票権の付与である（第4章「国際機構の財政」参照）。

　国際機構の正式な意思決定に公式に関与できるのは国際機構の構成員としての加盟国であるが、会合には、国家代表の他にも、**オブザーバー**として、非加盟国や国際機構、NGO の参加が認められている。オブザーバーは総会の会合に出席し文書を入手し、状況に応じて発言を行うこともできるが、投票は認められない。


### （2）意思決定手続

　国際機構で意思決定がなされる場合、どのような手続によるのだろうか。意思決定が行われる場合には、何を決定するのかという内容はもちろんのこと、どのように決定が行われるのか、意思決定の手続も重要である。手続に基づいた決定が行われていることが、国際機構の決定や行動の正当性を高めることにもなる。また国際機構でなされた決定は、国際機構としての意思表示とみなされ、国際機構の加盟国等に対して一定の措置を促す効果を有する。意思決定手続は、会議体としての国際機構の機能や権限を理解する上でも、国際機構と国家との関係を探る上でも重要な事項である。意思決定手続はそれぞれの国際機構の議事手続規則に定められ、また各国際機構の会議において慣行として発展することもある。

　①定足数に達しているのか

　会合において意思決定がなされる際には、まず定足数が満たされているのかについて、確認される。上述のとおり、国連総会では会合の開催にあたっては加盟国の3分の1の出席が必要であるが、決定がなされる場合には、過半数の出席を必要とする。安保理に関しては、定足数に関する明示の規定はない。ただし、決議の採択に関しては少なくとも9理事国の出席が必要である。世界銀行では、各加盟国の代表により構成される総務会の会合の定足数は、総務（各加盟国からの代表）の過半数が出席し、かつ総務が行使する投票数がすべての投

第1部　国際機構の成り立ちとしくみ

票数の3分の2以上、となっている。

②決定を行う─明示の表決が必要か否か

　会合において定足数が満たされている場合には、決定を行うことが手続上可能となる。次に、決定の方法として、主に2つに区別される。1つは表決に基づく方法であり、構成国の投票による明示の意思表示によってなされる。もう1つは**コンセンサス採択方式**と呼ばれる投票によらない採択方式で、明示の意思表示は行われない。総会をはじめとする国連の会合では、表決に基づくことが国連憲章や手続規則に定められているが、コンセンサス採択が頻繁に用いられている。たとえば、予算関係の決議はコンセンサス手続により行われることが慣行となっている。会議では、議長が「この決議採択はコンセンサスで行う」「この決議はコンセンサスにより採択された」と述べる。コンセンサス採択の場合には、加盟国が特定の決議案に賛成したのか否か投票の行動は明らかにならない。なお、コンセンサス採択によって採択された決議でも表決に基づいて決定された決議でも、決議の効力は変わらない。

　世界貿易機関（WTO）では、コンセンサス方式による意思決定がなされることが定められているが、この方式により決定ができない場合には、投票により決定が行われる（世界貿易機関協定9条）。WTOの紛争解決手続における意思決定も、コンセンサス方式によって行われる。WTOの紛争解決機関が、小委員会（パネル）の設置や、小委員会および上級委員会の報告の採択などについて意思決定を行う場合には、意思決定に参加する加盟国の全体が反対の合意を形成しない限り、賛成すなわち決議が採択されることになる。これを**ネガティブ・コンセンサス方式**という。

　コンセンサスの本来の意味は、「意見の一致」や「合意が存在している状態」である。したがってコンセンサス採択方式も、原則としては、合意の存在を前提としていることが望ましいといえる。とはいえ、上述の通り手続として用いられる場合には、加盟国間において意見の一致がみられるか否かにかかわらず、「明確な反対がない」ことが確認される。会議においても、コンセンサスは、「加盟国間に合意がある」という意味で用いられる場合と、手続としてのコンセンサス方式が混在して用いられている。なお、コンセンサス手続と全会一致（後述）は別個の手続である。

72

③表決——全会一致か多数決か

　決議の採択において表決が求められる場合には、**全会一致**か**多数決**か、多数決であればどのような要件なのか、について確認される。

　全会一致制度は、国家主権と、国家の基本権の1つである平等権により説明される。前者については、国家は主権を有し、国際社会において他の主体から支配されたり干渉されたりせずに、意思決定を行う権利を有するというものである。後者は、国家主権の具体的な内容の1つであり、主権国家は、領域の広さや人口、経済力等の違いにかかわらず、国際法上は平等なものとして扱われるというものである。国際連盟規約においては、連盟総会または連盟理事会での議決は、連盟国のすべての同意を必要する、と定められており、全会一致制度を取っていた。

　全会一致制度は、たしかに主権平等原則に基づいた国家の主権を尊重した制度である。ただしこの制度は、すべての国家による明示の合意を必要とする意思決定方法であって、実際には、すべての国に拒否権を与えることになる。そうすると加盟国は合意に至ることが困難となり、国際機構の活動に支障が生じる。そのような状況になれば、国際機構の存在意義も問われかねない。事実、国際連盟が第二次世界大戦の勃発を防ぐことができなかった要因の1つは、全会一致制度に由来するともいわれており、国際連盟の意思決定における教訓が、国連での意思決定手続につながったともいえる。なお国際連盟においても、手続事項については全会一致を必要としていなかった。満州事変の後に、国際連盟総会においてリットン報告が採択された際に、日本は反対票を投じ、シャム（現在のタイ）は棄権した。この表決について、国際連盟は、国際連盟規約15条10項を援用して、総会の全会一致で採択されたと宣言した。

　現在の国際機構の意思決定においては、多数決制度が用いられることがほとんどである。この制度は主権平等の原則に反するとは考えられていない。加盟国は、国際機構の決定に対して投票権を行使することができるし、また国際機構を設立する際に、加盟国はこの意思決定制度を導入し、またこの制度に同意して国際機構に加盟しているのである。つまり、多数決制度は、国際機構の構成員としての国家の役割を強調するものともいえよう。

第1部　国際機構の成り立ちとしくみ

④多数決における票の重さ

　多数決制度によって国際機構で決定がなされる場合に留意すべき点として、表決力と多数決の要件がある。

　表決力とは、加盟国に付与されている投票数の量的、質的な分類であり、**一国一票**と**加重票**に区分される。一国一票は、すべての加盟国に対して同数の票を付与する同数票制である。国際機構の総会の多くがこの方法を採用する。一国一票制により、主権国家には各一票が付与されている。これは主権国家の平等性に基づくものである。国はその領土の大きさや経済力、人口も異なり、また国際機構に支払う分担金にも差異があるので、この制度は、国際機構に多くの分担金を払っている国家にとっては、十分に納得できる制度ではないかもしれない。一国一票制を含む同数票制は、加盟国に同数の投票を与える制度であるので、それぞれの国に対して、必ずしも一票ずつ付与するものでなくともよい。

　他方の加重票とは、加盟国に付与される票数が量的に異なるものであり、世界銀行や国際通貨基金（IMF）がこの制度を採用する。世界銀行の場合には、各加盟国に基本票となる250票を与え、さらに保有する株式一株ごとに各一票の票数を付与する。株の保有数に応じて、世界銀行の意思決定に対する国家の影響力が異なる。

　加重表決制は、国際機構に対して株式の保有という形でより積極的に関与する国家が、意思決定にも影響力を及ぼすことができる制度である。多くの株式を購入した国家は、より多くの投票数を得るので、意思決定により影響を及ぼすことができる。この制度は、世界銀行の政策に積極的に関与したい国にとっては、株を購入するインセンティブとなる。他方で、財政上の理由などから大量の株式を購入できない国にとっては、投票を通じての意思決定に実質的に影響を与えることが困難である。世界銀行の株式の最大保有国、したがって最大の票数保有国はアメリカ（35万8510票）、次いで日本（16万6106票）、中国（10万7256票）である。上位3国の保有票数の総計は、世界銀行の全株式の約28％を占める。他方で、最も票数が少ない国は、南太平洋のパラオで、678票である（2016年1月現在）。このように、この制度は国際機構の意思決定に国家の経済力が直接に反映されるものである。

第5章　国際機構の意思決定

　なお、一国一票制と加重表決制は、票数という量に基づく制度である。票の質に基づく表決制度は、国連安保理のいわゆる**拒否権**にみられる。拒否権の用語は国連憲章にはないが、その内容は国連憲章27条3項に定められている。すなわち手続事項以外の、いわゆる重要事項に関する「安全保障理事会の決定は、常任理事国の同意投票を含む9理事国の賛成投票によって行われる」（いわゆる特定多数決）というものである。決議に対する常任理事国の反対の意思表示である拒否権の行使によって、決議は設立しない。つまりは安保理の常任理事国は、それぞれ一票を有するが、重要事項の決定においては、常任理事国と非常任理事国の票には質的な違いがある。なお常任理事国が会合に欠席して決議の採択に参加しない場合や棄権票を投じた場合には、拒否権の行使にあたらないことが慣行により確立されている。

　⑤多数決要件

　国際機構において、多数決により決定がなされる場合に、どのような要件を満たすことが求められるのであろうか。一般的には、単純多数決と特別多数決に分類される。なお、決定がなされる場合には、「出席しかつ投票する」という基準が設けられている（国連憲章18条）。したがって会合に欠席したり、会合に出席していながらも投票に棄権したりする場合には、算出に含まれない。

　単純多数決とは、投票の過半数の賛成により決定がなされる場合である。この場合に、仮に投票の際に賛成と反対が同数の場合には、否決となる。特別多数決とは、過半数以上の割合が求められる多数決の要件である。①で述べた国連総会での重要問題の決定は、出席しかつ投票する構成国の3分の2の多数によって行われる。また国連憲章の改正についても、総会の構成国の3分の2の多数で採決され、かつ安保理のすべての常任理事国を含む国連加盟国の3分の2によって各国の憲法上の手続に従い批准されたときに、すべての国連加盟国に対して効力を生じるとされる（国連憲章108条）。

## 2　意思決定は、国際機構の機能や活動にどのように作用するか

　意思決定は、以上のとおり、一定の手続に基づいてなされるプロセスではあ

第1部　国際機構の成り立ちとしくみ

るが、この手続に従うことにより決定がなされ、決定に基づいて国際機構が行動を取ったり取らなかったりする。その意味では意思決定は手続の議論にとどまるものではない。意思決定のプロセスを通じて、国家と国際機構との関係、国際機構の内部における相互の関係が明らかになる。

### （1）意思決定の成果としての決議や決定

　国際機構の意思決定の成果としての決議や決定は、国際社会においてさまざま意味をもつ。たとえばある会議において条約が採択されないことは、一方では、すべての国家の総意がないことや条約の採択が妨げられる手続を明らかにするが、他方で、別の会議における同じ内容の条約の採択は、国家間でのある種の総意の存在を表す。たとえば包括的核実験禁止条約（CTBT）は、当初は全会一致制を取るジュネーブ軍縮会議において交渉が行われていたものの、インド一国の反対により、最終合意に至らなかった。そこでオーストラリアがCTBT の最終案を自国の提案として国連総会に提出し、CTBT は総会で多数決により採択された。

　また、安保理で否決された決議案が総会で採択されることもある。2012年に、シリアのアサド政権を非難する決議案が安保理で否決された後に、ほぼ同じ内容の決議案が総会において採択された。2014年には、ロシアによるクリミア半島併合に関する住民投票は無効である、との決議が安保理ではロシアの拒否権により否決されたが、その後、総会で同様の決議が採択された。総会の決議には法的拘束力がないものの、安保理において否決された文書とほぼ同じ内容の決議案が総会で採択されることは、国際社会としての意思表示とみなされるであろう。

### （2）国家と国際機構との関係

　国際機構における意思決定は、国際機構の構成国によって行われる。したがって意思決定を通じて国家と国際機構との関係性が示される。

　まず国家から国際機構への作用についてである。国家は国際機構を設立し、国際機構の機能を決定し、その行動や政策を決定することにより国際機構に影響力を行使する。たとえば補助機関の設立や任務の特定も、加盟国からの要請

に基づいており、国家は国際機構に対して国際機構としての役割や機能の強化を期待することもある。

　国際機構から加盟国に対してはどのような作用があるのだろうか。国際機構は自らの構成国に対して、構成国としての義務を決定する。国連の予算や加盟国の分担率の決定はその例である。国連総会で採択された決議は一般的に勧告であるが、予算や機構内部に関する事項、たとえば事務総長や理事会の理事国の選挙などについての総会決議は、国際機構の内部の決定として加盟国を法的に拘束する。予算や内部事項以外の国連総会の決議には拘束力がないものの勧告として加盟国は従うことが強く求められている。たとえば、総会ではさまざまな政策や指針が決定される。総会で採択された世界人権宣言をはじめとする人権関連の宣言は、国連総会やその補助機関における基準として用いられ、国連加盟国もその基準を尊重することが求められる。国連の安保理は国連憲章7章のもとで、平和に対する脅威、平和の破壊、侵略行為を認定し、経済的または軍事的な強制措置をとる決定を行うことができる。この安保理の決定には拘束力があり、加盟国は決定を受諾し履行しなければならない（第6章「安全保障・軍縮」参照）。

　国際機構はまた国際社会としての目標を掲げる。2000年に国連総会で採択されたミレニアム開発目標（MDGs）は、主に開発途上国の貧困削減などを目指し、2015年までに達成することが求められてきた。2015年には「持続可能な開発のための2030アジェンダ」が、持続可能な開発サミットにおいて採択され、2030年までに貧困を終わらせるなど17の持続可能な開発目標（SDGs）が確認された。この新しい目標を達成するために、すべての国家、国際社会そして私たちひとりひとりの行動が求められている。

## （3）国際機構内部の関係

　国際機構の意思決定は、国際機構の機関間の関係にも影響する。通常、組織において最も権限を有するものは、すべての加盟国が出席する総会である。ただし国連の場合には、安保理の決定にのみ法的拘束力が与えられている（国連憲章25条）。

　予算や内部事項を除けば、総会の決議は法的拘束力を有しない。とはいうも

第1部　国際機構の成り立ちとしくみ

のの、加盟国は、総会の決議を尊重しなければならない。総会はまた、国連憲章の範囲内の問題や事項、機関の権限と任務に関する問題や事項を討議でき、安保理が任務を遂行している間を除いて、加盟国または安保理に勧告を行うことができる（国連憲章10条）。

　安保理と総会の権限関係をみると、安保理の権限が強い印象を受ける。たしかに安保理は国際の平和と安全の維持に関して主要な責任を負っており、安保理が加盟国に代わって行動することができる。ただしこのような安保理の任務は総会の任務や権限を制限するものではない。上述のとおり、安保理と総会が同一の事態について審議しまた決議を採択することもあり得る。その意味では、総会と安保理の権限は、排他的ではなく相互補完的といえる。

　さらに、安保理の常任理事国の意見の不一致により決定がなされない場合に、総会は、1950年に採択した「**平和のための結集決議**」に基づいて、必要とされる措置を加盟国に勧告することが認められている。この決議に基づいて、9理事国の投票に基づく安保理への要請、または通常会期が開催中でない場合には、国連加盟国の過半数の要請により、24時間以内に「緊急特別会期」を開催できる。これまでに10回の緊急特別会期が開催されている（2016年2月現在）。

　上述の通り、総会で採択された決議は、加盟国に対する勧告とされているが、内部機関や補助機関設置の決定などは、加盟国に対して拘束力を有する。また予算の決定、安保理や経済社会理事会の理事国の選出、事務総長の任命、職員規則の制定など、国連の内部組織にかかわる決定には、加盟国は国連の構成員として従う義務がある。

# 3　意思決定における課題とは何か

　国際機構における意思決定は、国際機構の政策や行動を決定する上で重要なプロセスであり。国際機構の機能や権限に基づいて、何をどこまで行うのかについて確認するものでもある。さらに意思決定の制度は、国際社会の問題に対処する国際機構のあり方をも示している。

## （1）主権平等をめぐる議論

　国際機構がどのような制度のもとに意思決定を行っているのか、について
は、国家の主権とかかわる議論である。現在においては、多数決制度が主権国
家の平等原則に違反するという議論はなされていない。ただし、加重表決制度
にみられるように保有票数が少ない国家が、たとえ意思決定に参加できたとし
ても、実際には決定に影響を及ぼせないことについては、国際機構における加
盟国としての平等性の意味や意義について議論を生じさせるものとなるかもし
れない。

## （2）代表をめぐる議論

　意思決定にかかわる問題として、加盟国を代表する者の資格や能力が問われ
ることがある。これは、「特定の個人が加盟国を代表しているのか」という問

---

### コラム6：サウジアラビアが安保理の非常任理事国選出を辞退

　2013年10月、サウジアラビアは安保理の非常任理事国に初めて選出された
が、翌日に辞退を表明した。非常任理事国に立候補した国が、選出後に就任を
取り下げることは前例がなく、またこれに関する規則もなかった。サウジアラ
ビアは選挙の2年前から非常任理事国となるための準備を行ってきたものの、
当選した翌日に辞退を表明したことも異例だった。安保理の構成（常任理事国
5カ国、非常任理事国数10カ国）と、国連の加盟国数（193カ国）を考慮する
と、非常任理事国に選出されない国が多数を占める国連で、自ら辞退するサウ
ジアラビアの行動は特異であった。

　非常任理事国の議席の辞退の理由として、サウジアラビアは、パレスチナ問
題、中東での大量破壊兵器拡散の問題、シリア問題をあげ、安保理における二
重基準を批判した。つまり今回の事態は、安保理の構成および意思決定のプロ
セス、さらには国際の平和と安全の維持における、国連や国際社会のあり方そ
のものに対する同国による批判でもあったのである。

　結局、サウジアラビアの辞退は受け入れられ、2カ月後に行われた再選挙に
より、サウジアラビアと同じ地域に属するヨルダンが非常任理事国に選出され
た。

第1部　国際機構の成り立ちとしくみ

題と、上述の通り「国連が認める正統政府の代表が、会合に出席しているのか」という問題に分けられる。代表をめぐる議論は、それぞれの国際機構において生じうるものであり、したがって機構ごとに判断がなされる。

　国連の安保理改革の議論では、理事国数をどの程度増やすのかという問題と、新しい常任理事国に拒否権を付与するか否か、という権限の問題が論じられている。理事国数の増加については、現在の理事国の地理的配分（常任理事国はアメリカ、イギリス、中国、フランス、ロシア、非常任理事国は、アフリカ地域2カ国、アジア太平洋2カ国、東欧1カ国、中南米2カ国、西欧その他2カ国）を変更することも提案されている。さらに新しい常任理事国の権限については、拒否権の付与が問題とされるであろう。


**♣参考文献：**

　北岡伸一『国連の政治力学——日本はどこにいるのか』中央公論新社、2007年
　篠原初枝『国際連盟——世界平和への夢と挫折』中央公論新社、2010年
　松浦博司『国連安全保障理事会——その限界と可能性』東信堂、2009年
　渡部茂己『国際機構の機能と組織　新しい世界秩序を構築するために』国際書院、1997年

# 第2部
# 国境を越えた共通問題への共同処理

# 第6章 安全保障・軍縮

【この章で学ぶこと】
　国際の平和と安全の維持を目的とする国連には集団安全保障の制度があり、平和維持活動（PKO）や平和構築などの展開もみられる。また、国連憲章には個別的・集団的自衛権の規定もあり、特に2014年以降、日本では集団的自衛権の行使に関する議論が展開された。軍縮も平和に貢献するが、核兵器を始め大量破壊兵器の脅威は消えず、無人戦闘機のような新たな兵器も開発されている。本章では、安全保障・軍縮の分野で国際機構の活動を学び、平和への方策を考えてみよう。

## 1　国連の集団安全保障とは何か

### （1）国際連盟と国連の集団安全保障のしくみ

　今日でもテレビや新聞のニュースでは、世界のいずれかの国や地域で起こっている武力紛争が報道されることがある。時に衝撃的なニュースに接し、なぜこのような悲惨な事態が起こるのか、と考えさせられる。平和と安全を維持する目的で設立された国際機構は、実際、どのようなしくみになっているのだろうか。

　第一次世界大戦以前の世界では、敵対する国家同士や、諸国家による同盟によって、軍事力を同等にすれば戦争は抑止できるだろうという**勢力均衡**の考え方が主流であった。しかし、第一次世界大戦の勃発により、この考え方は、戦争を完全になくすにはあまり有効ではないという認識が広がった。このため、国際連盟は、国際機構として初めて集団安全保障の制度を取り入れ、平和を達成しようとした。

　**集団安全保障**とは、まず戦争を行わないことを国家同士で約束し、約束を破って他国に戦争を仕掛けた国家があれば、戦争で攻撃されていない国家も自

国が攻撃されたとみなし、一斉に戦争を仕掛けた国に反撃するというしくみである。違法な戦争を行った国家に対し、他の国家が集団となって制裁を行うというしくみにしておけば、国家は戦争を行わないだろうという考え方である。

国際連盟規約は、前文で、加盟国が戦争に訴えない義務を受諾することとした上で、加盟国が違法な戦争を行った場合には、他のすべての加盟国がその国家に対して経済制裁を行うと規定し（16条）、集団安全保障の制度を用いた平和の実現を想定した。しかし、国際連盟に加盟しない国家には集団安全保障制度は適用されず、設立当初から加盟しなかったアメリカや、途中で国際連盟を脱退した日本やドイツなどは対象とならなかった。また、国際連盟発足後、経済制裁に参加するか否かは各国家の裁量となり、すべての国家が経済制裁に参加する必要はなくなった。さらに、国際連盟の理事会と総会は、権限関係が必ずしも明確ではない上、全会一致制度をとっていたため、決定を行うのが困難であった。そして結局、国際連盟は、第二次世界大戦を防止することができなかった。

第二次世界大戦後に成立した国連は、国際連盟の反省を活かし、より強化した集団安全保障の制度を設けた。まず、国連加盟国は、「武力の行使又は武力による威嚇」を慎むとした。次に、当初は11カ国（のちに15カ国に拡大）で構成される**安全保障理事会**（安保理）が、「国際の平和及び維持に関する主要な責任」を有するとし、その決定は、**常任理事国**5カ国の同意投票を含む特定多数決（当初は7カ国、現在は9カ国の賛成）により成立するとした。このため、安保理では常任理事国が1カ国でも反対すれば決定を行うことができなくなる。安保理常任理事国の反対は、一般的に「**拒否権**」と称される（第5章「国際機構の意思決定」参照）。

国連憲章は、何らかの事態が発生した場合、安保理が**平和に対する脅威**、**平和の破壊**、または**侵略行為**の存在があることを決定すると規定する。そして、安保理は、国際の平和および安全の維持・回復のため、勧告を行う他、**経済制裁**など非軍事的措置を決定することができる。

さらに、安保理は、非軍事的措置では「不充分」であると判断した場合には、**軍事制裁**などの軍事的措置を決定することができる。自前の軍隊を持たない国連は、軍事制裁の際、加盟国と特別協定を締結して兵力の提供を受け、いわゆ

第2部　国境を越えた共通問題への共同処理

る国連軍を結成することが、国連憲章において想定されている。そして安保理常任理事国の参謀長またはその代表者が構成する軍事参謀委員会が戦略を立て、国連軍を指揮することも想定されている。また、安保理が経済制裁や軍事制裁等の決定を行った場合、国連加盟国はその決定を「受諾し且つ履行することに合意する」（国連憲章25条）として、安保理の決定は法的拘束力をもつとした。

## （2）国連による集団安全保障の実際

　国際連盟時の反省をふまえて発足した国連であったが、常任理事国である米

### コラム7：国連によるスポーツ制裁とドラガン・ストイコビッチ

　サッカーのユーゴスラビア元代表で、「ピクシー」の愛称で知られるドラガン・ストイコビッチは、1994年にJリーグの名古屋グランパスに入団し活躍した。2008年からは監督も務め、2010年にはチームをJリーグ優勝に導いている。

　ストイコビッチが来日した理由の1つに、国連安保理の経済制裁がある。1992年5月に国連安保理は、ユーゴスラビア連邦共和国（セルビア・モンテネグロ）に対し全面的な禁輸など経済制裁を決定し、その中に、ユーゴスラビア連邦共和国を代表する個人や団体のスポーツ競技への参加禁止措置があった。これを受け、国際サッカー連盟（FIFA）は即座にユーゴスラビア代表チームの国際大会への出場停止を決定した。ストイコビッチは1994年のワールドカップへの予選出場も不可能となった。

　来日後のストイコビッチは、サポーターに愛され、納豆を始めとする日本食が好きになり、日本に来て良かったと話している。1994年には、ユーゴスラビア連邦共和国に対するスポーツ制裁も一時的に解除され、国際大会出場への道も開かれた。

　2014年のワールドカップブラジル大会時には、核問題で経済制裁を受けているイランに対し、FIFAは150万ドルの準備金を送金することができなかったと報じられた。そのためイランは資金不足となり、強化試合キャンセルの他、ユニフォームもホーム・アウェー用各々1枚ずつしか支給できなくなり、試合後のユニフォーム交換が禁じられたという。スマート・サンクションが主流になった現在でも、経済制裁の影響は思わぬ形で続いているのである。

ソ冷戦の発生などにより、安保理では拒否権が頻繁に発動されるようになった。このため、安保理では結果的に集団安全保障のための決定がされないなど「機能麻痺」といわれる状態が長く続いた。

国連憲章に規定された集団安全保障措置のうち、軍事制裁は、これまで憲章が規定する形では発動されたことはない。国連発足直後に開催された軍事参謀委員会は、常任理事国の考え方の違いから合意に至ることはほぼなく、軍事制裁を実行するために兵力を提供する目的で国家が国連と結ぶ特別協定も未だ締結されてはいない。

また、冷戦中に安保理が決定した経済制裁は、対南ローデシア、対南アフリカの２件のみであった。しかし冷戦後、安保理は1990年にイラクのクウェート軍事侵攻を契機としてイラクに対する全面的な禁輸を決定し、以後、多くの経済制裁を決定している。

発動回数が増加したことにより、経済制裁の負の側面も指摘されるようになった。全面的な禁輸等は、インフレや医薬品等の物資の不足を招き、被制裁国の無辜の一般市民に対して負の影響を与える一方、経済制裁により打撃を与えたい政策決定者等への影響は少ないという主張である。このため、近年安保理は、制裁の対象となる個人や団体等を特定し、武器禁輸やビザの発行禁止など制裁措置を限定することにより、一般市民に対する影響の少ない方法で経済制裁を行っている。このような対象を限定して発動される経済制裁は、「**スマート・サンクション（賢い制裁)**」と呼ばれている。

スマート・サンクションの一環として、内戦下のアンゴラやシエラレオネ、リベリアに対し、武力紛争の資金源であったダイヤモンドの禁輸を課すという取組みも行われた。これは後に、「紛争ダイヤモンド」の取引を全面的に禁止する世界的な枠組みの「キンバリー・プロセス」へと発展した。

経済制裁の変化に伴い、今日では、正当な理由がなく経済制裁の対象に指定された個人や企業が、人権の観点から制裁指定からの解除を求めて裁判を行うこともある。このため、国連の経済制裁の対象として指定された私人が、その解除を求める手続が国連内に設けられた。

第2部　国境を越えた共通問題への共同処理

### （3）国連安保理による多国籍軍の承認

　国連安保理は、憲章に規定された形での軍事制裁を発動したことはないものの、多国間で自発的に形成された軍隊の活動を承認することはある。

　1950年の朝鮮戦争勃発時に、北緯38度線を越え韓国内に侵攻した北朝鮮軍隊に対抗するため形成された、**朝鮮国連軍**を承認する安保理決議が採択された。この朝鮮国連軍は、国連旗を用いているが、米軍を司令官とする多国籍軍であり、集団安全保障上の軍事制裁を目的とした国連軍とは性格が異なる。

　1990年にイラクがクウェートに軍事侵攻した際には、1991年１月までにイラクがクウェートから撤退しなければ「あらゆる必要な措置」をとることを承認する安保理決議678が採択された。この決議を根拠として、米軍を中心とした多国籍軍は1991年１月17日に武力攻撃を開始した。その後、安保理は、①人道的な活動を行う上で必要な保護を与える、②不当に政権についた軍部から正統政府が政権を奪還する、③不安定な状況下で治安を維持する、などの目的で、**多国籍軍**の活動を承認する決議を採択するようになった。

　安保理が多国籍軍の活動を承認する際には、定期的な活動報告を求め、また活動期間を限定するなど、無制限な活動を認めているわけではない。しかし同時に、多国籍軍の活動承認は、「変則的」であって国連憲章上の根拠を見出すのが困難であり、どのような理由に基づいて活動が行われているのかを再確認する必要がある。

## 2　PKO とは何か

### （1）PKO の誕生

　今日、国連 **PKO** と呼ばれている活動は、国連が構想された時には予定されていなかった活動であり、国連憲章にも規定はない。

　PKO の祖とされる国連休戦監視機構（UNTSO）は、もともと第一次中東戦争後のイスラエルとアラブ諸国の停戦を監視するため、安保理が1948年に軍人の監視団を派遣したことに始まる。1949年には、ジャム・カシミール地方をめぐるインド・パキスタン間の武力紛争後、停戦を監視する国連インド・パキスタン軍事監視団（UNMOGIP）が派遣された。当初は、軍人の監視団が紛争地

で中立的な活動を行うという活動は、極めて斬新な考え方であったが、次第に、冷戦下で活動が停滞していた国連の新しい平和維持の形と考えられていくようになった。

### （2）国連緊急軍（UNEF）と第2代国連事務総長ダグ・ハマーショルド

今日の国連 PKO における原則の確立がみられたのが、第二次中東戦争後に設置された UNEF の派遣時である。

エジプトによるスエズ運河国有化に端を発する第二次中東戦争後、1956年に開催された第1回緊急総会において、カナダ外相（当時）のレスター・ピアソンは、危機を打開するためにはある種の国連警察軍の設置が必要だと提案した。この「**ピアソン提案**」に基づいて総会は、敵対行為の停止を確保して監視するための緊急国際国連軍を設置し、国連事務総長に対しその計画を48時間以内に提出するよう要請した。事務総長**ダグ・ハマーショルド**（当時）は、報告書において、派遣される国連緊急軍は一時的な性格を持ち、受け入れ国の同意を得て領域内で活動する、強制措置とは異なり軍事的な目的は持たない、などの原則を提案し、これらは後の PKO の活動原則の礎となった。また、国連旗と同じ青色が用いられた通称「**ブルー・ヘルメット**」を、PKO 要員が着用するようになり、以来 PKO のシンボルとなった。

UNEF 設立後、受け入れ国の同意、中立性／公平性という不偏不党の立場の堅持、自衛以外の武器の非行使という PKO の活動原則が確立されていった。PKO の派遣も増え続け、UNTSO 設立後1988年までには合計15の PKO が設立された。1988年までの PKO は、停戦監視や緩衝地帯の設置運営、兵力引き離し等、既に停戦等が合意された後に武力行使が発生していないか監視し、平和的手段による紛争解決を模索するといった「静かな活動」が主であった。このような PKO は「**第一世代の PKO**」と呼ばれる。

### （3）冷戦後の PKO の活動範囲拡大と複合化

冷戦中の PKO は、自ら紛争解決に関与するのではなく、武力紛争が終結した後の「平和」を維持するという役割を果たしていた。しかし、冷戦終結後の PKO には、広範な任務を持ち、人員が数万人規模というものもみられる。た

第2部　国境を越えた共通問題への共同処理

とえば、1992年から展開されたカンボジア暫定統治機構（UNTAC）は、カンボジア内戦後の国の独立や再建のため、従来型の停戦監視に加え、選挙の実施、行政監督、人権擁護と法の支配の維持、難民帰還、インフラ整備等の復興支援など多岐にわたる任務を有し、多い時には2万人以上が活動に従事したのである。

　このような現象をPKOの複合化と呼んでいる。その背景には、噴出した民族紛争など、国連が冷戦後の国際社会が直面した新たな課題に取り組むことを要請されたということがある。また、拒否権の発動回数が減少したことにより、安全保障理事会での意思決定が行われる回数が増加し、PKOの設置が増えてきたという理由もある。複合化した任務を有して大規模に展開し、国家建設など積極的に「平和」を作る活動を行ったPKOは、「**第二世代のPKO**」と称されている。

　冷戦後には国連PKOはその重要性が高まった一方、試練にも直面した。1993年より開始された第二次国連ソマリア活動（UNOSOM II）は、武力行使を含む平和強制活動を行う権限を有し、積極的な軍事行動を行って平和の回復を果たそうとした。しかし、ソマリアの紛争当事者や国民からは支持されず、国内勢力の1つであるアイディード派とUNOSOM IIとの間に武力衝突も発生した。ソマリアの混乱は収拾されず、結果的にUNOSOM IIは1994年にソマリアから撤退した。

　また、民族紛争下の旧ユーゴスラビアにおいて、当初クロアチアに設置された国連保護隊（UNPROFOR）は、状況の悪化に伴い、停戦の監視や治安維持、人道支援活動の保護など任務が拡大され、ボスニア・ヘルツェゴビナおよびマケドニアにも活動を展開した。しかし、紛争当事者やヨーロッパ諸国にとって、停戦や和平プロセスへの合意形成を行うのは困難であった。結局UNPROFORは1995年に撤退し、NATOを中心とした多国籍軍である平和実施部隊（IFOR）に代わった。

　フツ族とツチ族の民族紛争が発生したルワンダには、1993年に和平協定の実施や非武装地帯の設置、人道支援活動の調整などの目的で、国連ルワンダ支援ミッション（UNAMIR）が派遣された。しかし、ルワンダ国内での戦闘が激しくなり、現地からPKOの強化・拡大を要請したものの、国連加盟国の同意は

88

得られなかった。UNAMIR 初代軍事司令官のロメオ・ダレールは、UNAMIR がルワンダのジェノサイドを防げなかった原因を追及する書籍を出版し、後にカナダ政府主導の「保護する責任」の考え方を形成する契機となった。

このような試練を経た国連 PKO について、国連事務総長（当時）のブートロス・ブートロス＝ガリは、1995年に提出した『平和への課題——追補』において、武力行使を伴う PKO は失敗であったと述べた。

その後 PKO に消極的な見解もあったが、特にアフリカ地域における武力紛争の多発化などに伴い、1990年代後半からは毎年のように新たな PKO が設立されている。UNTSO 以降、2014年 7 月までに69の PKO が設立されたが、そのうち53の PKO が冷戦終結期以降の設立である。特に冷戦終結後、PKO は紆余曲折を経てさまざまな形態をもつ活動へと変化していき、現在に至っている。

### （4）平和維持活動（PKO）と平和活動の相違

2000年には、これまでの PKO の教訓やさらなる強化策を包括的に盛り込んだハイレベル・パネル報告書（ブラヒミ報告）が提出された。そこでは、当事者の同意、公平性あるいは不偏不党の立場、自衛目的に限定された武器使用という PKO の原則は必要とする一方、最悪の事態の発生を想定し、国連憲章の目的に忠実であるためには、軍事的強制力を備えて限定的な武力行使を行う可能性も考えるべきだと提案された。すなわち、特定の当事者が PKO の任務遂行を妨害するなどの場合に、すべての当事者に対して中立であり平等に対応するという立場を維持するのは、むしろ望ましくない結果を招きかねないという見解を示したのである。この時期より、文民保護や武装解除などの目的で、国連憲章 7 章に基づき、軍事的能力を有し「積極的な活動」を行う権限を与えられたミッションが設置されていった。ブラヒミ報告では、これらを「**平和活動**」と呼び、武力行使を自衛のためのみに限定している PKO とは区別した。

2004年に有識者パネルにより提出された『より安全な世界』報告書は、PKO と平和執行ミッションの職務権限の違いが誇張されすぎているとし、状況に応じて武力で反撃する能力についても明らかにする方が良いとした。2008年に国連 PKO 局が作成した60年間の PKO の経験に基づく活動指針（キャップストーン・ドクトリン）は、今日、平和創造・平和維持・平和構築・平和執行の

第2部　国境を越えた共通問題への共同処理

境界線は不明瞭になりつつあり、PKO はさまざまな分野に関連づけられるとした。また、受け入れ当局や当事者の同意に基づき PKO は戦術レベルで武力行使をすることができる一方、従来型の PKO は停戦監視や非武装地帯の公約順守などの「コア・ビジネス」を実施するとしている。

　今日では、1948年の UNTSO 以来続けられてきた「静かな活動」たる「第一世代の PKO」と、複合化・多機能化し幅広い活動を行って平和に携わる「第二世代の PKO」、そして場合によっては当事者の同意を得て武力行使を行う「平和活動」が並存しているといえる。

# 3　平和構築とは何か

## （1）平和構築の構想と実際

　ブートロス＝ガリにより1992年に公表された『平和への課題』は、予防外交、平和創造、平和維持に加え、再び国家が紛争状態に戻るのを防ぐなどの目的で紛争後の**平和構築**を取り上げた。以後、紛争後、国家再建や政治制度の構築、経済的な復興・開発などの幅広い活動を国際社会が支援する考え方が定着していった。

　平和構築に含まれる活動としては、軍・警察制度の整備や武装解除、動員解除、社会復帰（**DDR**）などの治安維持に関するもの、国のリーダーを決めるための選挙の実施や監視、民主化支援や人権擁護、行政制度や司法制度の整備・構築などの政治制度構築に関するもの、経済復興のためのインフラ整備や産業の育成、投資の誘致など経済・社会の復興に関するものなど、国家全体に関わるものがある。また難民や国内避難民の帰還と再定住、食糧支援、教育・保健、地雷の除去等、主として国民の生活に関わるものもある。国の中で異なる主義主張を有する者同士が争っていた場合には、国全体を1つにまとめるため、国民の間での和解を促進する必要もある。

　このような活動を支援するための主体は、国連や加盟国、地域機構、専門機関、補助機関に加え、草の根レベルなどで活動する NGO など、多岐にわたる。多くの主体が一致した形で平和構築活動を行うためには、平和構築の計画を策定したり、調整を行ったりする機関が必要となる。そこで、2005年に、国

連総会と安保理は、政府間諮問機関として**平和構築委員会**を設立することを決定した。

### （2）平和構築委員会とその活動

　平和構築委員会は、全体の活動を総括する組織委員会と、委員会の対象国別に活動する国別会合、平和構築に関するこれまでの経験などを審議する教訓作業部会により構成されている。組織委員会は、国連安全保障理事会の理事国から7カ国、経済社会理事会理事国から5カ国、国連への主要な財政貢献国から5カ国、国連のミッションに要員を派遣している主要国から5カ国、国連総会から7カ国という基準に従って選出された国家から構成される。また、活動を支援する目的で、平和構築基金が設置され、事務総長直轄の平和構築支援室が設けられた。

　平和構築委員会が設立された2006年には、ブルンジが最初の対象国となった。以後、シエラレオネ、ギニアビサウ、中央アフリカ共和国、リベリア、ギニアが対象国となり、委員会の支援を受けている。どのように平和構築を進めていくか、何を優先的に行うべきか、という点については、対象国の方針や意思を尊重することが原則になっている。委員会の国別会合において対象国の戦略枠組みが策定され、取り組むべき優先分野が審議されてきた。

　2010年には、これまでの平和構築委員会の活動を振り返り、さらなる強化に向けて見直しを行った報告書が提出され、平和構築委員会の活動は対象国への国際的関心を高める一方、活動現場における不満やオーナーシップの欠如、一貫した活動の確保や諸機関の連携の必要性が指摘された。諮問機関であるため、平和構築委員会の活動を限定的とする見解もあるが、国連が主導する平和構築の試みは、さらなる経験を積みながら発展して行くと考えられる。

## 4　軍縮・軍備管理の分野において国際機構はどのような活動をしているか

### （1）国連と軍縮・軍備管理

　哲学者イマニュエル・カントは、『永遠平和のために』（1795年）の中で、戦

第2部　国境を越えた共通問題への共同処理

争の脅威を取り除くために常備軍を段階的に撤廃することの必要性を述べている。

　第一次世界大戦後に設立された国際連盟は、加盟国は必要最小限度まで**軍縮**を行うべきだとしていた。一方、経済制裁や軍事制裁などの集団安全保障に重きを置いた国連は、国際連盟ほど軍縮を重視していなかった。国連憲章1条にある国連の目的の中には軍縮は入っておらず、安保理の任務と権限には、国家が自国の安全保障上の措置を自己規制することにより軍備の安定的均衡を求める**軍備管理**（regulation of armaments）のみが含まれている。また、総会の任務と権限には、軍縮と軍備規制に関して審議を行う権限も入るが、勧告権限のみを有する総会の役割は、安保理に比べればやや弱い位置づけである。

　しかし、国連憲章の署名後、広島・長崎に原子爆弾が投下され、核兵器を実戦で使用できることが明らかになった。このため、国連総会第1会期の最初の決議により、核兵器の問題を含めた審議を行う原子力委員会が設置されたが、この委員会は米ソの対立により頓挫した。また、安保理も軍縮に関連する議題を審議する通常軍備委員会を設置したが、ここでも各国家の姿勢が異なったため、実質的な活動はできなかった。1952年には、この2つの委員会を統合した**国連軍縮委員会**が設立されたものの、結局実質的な活動を行うことができずに休眠状態となった。

　その後、1978年開催の非同盟運動諸国主導の**国連軍縮特別総会**において、国連がより具体的に軍縮に関して取り組む目標が示され、総会下の第1委員会は軍縮・安全保障の専門となった。また、休眠状態にあった国連軍縮委員会も改変され、すべての国連加盟国が参加できることとなり、軍縮に関する特定のテーマを審議する場となった。国連軍縮特別総会は1982年と1988年にも開催され、国連総会は国際社会における軍縮や核不拡散の諸問題についての関心を喚起し、世論や規範を形成する場として機能するようになった。冷戦終結後は、軍縮に関する具体的な国際制度として、通常兵器の移転を監視する国連通常兵器登録制度を発足させ、2015年に採択された武器貿易条約（ATT）の交渉を進展させるなど、実質的な軍縮の枠組みを形成する場面も出てきている。

　現在は、**国連総会第1委員会**における実質的な審議に基づき国連総会において決議が採択され、軍縮に関する国際世論や規範の形成が行われている。ま

92

た、国連軍縮委員会においては、これまで核軍縮および不拡散、信頼醸成措置、非核兵器地帯や軍縮の10年などの特定のテーマについて審議が行われてきたが、近年では、参加国間の合意が得られず、成果文書等の採択が行われていないのが実状である。

## （2）国連外の軍縮に関する国際機構・国際会議

　国連において軍縮に関する審議を行ったり合意を形成したりすることが困難であった1950年末から、国連の外で軍縮交渉を行う動きがみられるようになった。1960年には、スイスのジュネーブにおいて、冷戦下で互いに敵対していた東側諸国と西側諸国から同数の5カ国ずつが集まり交渉を行う10カ国軍縮委員会が形成された。この10カ国委員会は、その後非同盟諸国なども加わって拡大し、1969年位は24カ国による軍縮委員会会議へと発展した。さらに、1978年の国連軍縮特別総会開催時に、国連をより関与させた形で審議を行う軍縮委員会へと改変がなされ、1984年には現在の呼称である**軍縮会議（CD）**へと名称を変更した。

　2014年現在、CDには65の国家が参加しており、国連加盟国で会合に参加したい国家は、オブザーバーとしての参加も認められている。決定はコンセンサス採択方式で行われ、反対国が1カ国でも出れば採択はできない。このため、多数決で決定を行うことができる国連総会や第1委員会へと場を移し、最終的な決定が行われることもある。

　ジュネーブで行われていたこれらの多国間交渉では、**核兵器不拡散条約（NPT）**、**生物兵器禁止条約**、**包括的核実験禁止条約（CTBT）**など、軍縮に関する条約の締結に向けた審議や交渉が行われ、実質的に軍縮を推進するための方策が審議・決定されてきた。一方、1990年代後半以降は**兵器用核分裂性物質生産禁止条約（カットオフ条約）**の交渉が開始されたものの、カットオフ条約以外の要素を含んだ交渉を同時に開始するか否か、規制の対象となる物資の定義等の争点に対し、各国の意見が対立した。現在は、非公式な交渉やワークショップなどの開催はなされているが、カットオフ条約の公式な交渉はなされておらず、早期の交渉開始を各国が働きかけている状況である。また、議題の見直しや、参加国の拡大、さらにCDそのもの再活性化なども提案されてはいるもの

第2部　国境を越えた共通問題への共同処理

の、各国の対立の溝は深いというのが現状である。

　また、NPT と**化学兵器禁止条約**には、締約国が条約に違反した行為を行っていないかどうか査察を行う国際機構が示されている。NPT では、非核兵器国が、原子力を平和的利用から核兵器に転用していないかなどにつき、査察等の保障措置を**国際原子力機関（IAEA）**が行うこととしている。IAEA は、もともとアメリカのアイゼンハワー大統領（当時）が1953年に行った「平和のための原子力（Atoms for Peace）」演説を契機に、原子力発電所等の原子力の平和利用を促進するために設立された国際機構である。NPT の発効後、保障措置協定を締結した締約国に対し、IAEA は査察等の保障措置を行うが、原則として申告に基づいた活動しか行うことができなかった。このため、保障措置を強化するため、未申告の施設等であっても IAEA にアクセスを認めるよう新たな協定が作られた。

　化学兵器の全廃を求める化学兵器禁止条約は、その実施のため、**化学兵器禁止機関（OPCW）**という国際機構を設立した。OPCW は、査察等の保障措置や国内実施の強化に向けた取組みなどを行っており、国連とも緊密に連携している。OPCW が行う保障措置の中には、締約国の申請に基づく現地査察とともに、条約違反の疑いがある締約国に対し、未申告の施設や区域であっても査察を行うという制度がある（チャレンジ査察）。近年では、内戦下のシリアにおける化学兵器の全廃に向けての取組みや査察等、困難な状況下での活動もある。

　これらの国際機構に加え、未だ発効してはいないものの CTBT に基づいた核実験の監視を行う目的で、1996年に CTBT 準備委員会が設立されている。この準備委員会は、暫定事務局を有するとともに国連とも連携協定を締結する等、国際機構としての体裁を整え、国際的な監視システムを用いて核実験を抑制する活動を行っている。

## 5　地域的国際機構は安全保障・軍縮分野でどのような取組みをしているか

　今日、安全保障・軍縮の取組みは、国連などの普遍的国際機構に加えて、地域的な機構や枠組みによっても行われている。その中には、国連憲章51条にお

第 6 章 安全保障・軍縮

いて個別的・集団的自衛権が規定されているため軍事同盟として形成されたものや、国家間対話や信頼醸成により地域を安定させ軍縮を促進させるという目的で設立されたものもある。

ここでは、代表的な地域機構として、**北大西洋条約機構（NATO）、欧州安全保障協力機構（OSCE）、ASEAN 地域フォーラム（ARF）** を取り上げる。

### （1）北大西洋条約機構（NATO）の設立と活動

第二次世界大戦後の東西冷戦を契機に、西欧諸国が集団的自衛権に基づく軍事同盟を模索した結果、1949年に西ヨーロッパおよび北米の12カ国から成るNATO が設立された。NATO の目的は、民主主義、個人の自由、法の支配を原則とする国家の国民や北大西洋地域における安定であり、NATO 締約国に対する武力攻撃が行われた際には、国連憲章51条に基づく個別的・集団的自衛権が行使される（北大西洋条約5条）。1949年の発足後、NATO にはギリシャおよびトルコが加盟し、1955年には西ドイツも加盟を果たした。この動きに反発したソ連は、東ドイツを含めた7カ国を加えて**ワルシャワ条約機構（WTO）**を発足させた。

冷戦時、NATO は、ソ連と WTO に対抗し、通常兵器と核兵器による攻撃を戦闘の展開状況に応じて用いる「柔軟反応戦略」を採択した。また、フランスがNATO 統合軍事機構を脱退して独自路線を築き、ソ連や東側諸国に対して厳しい経済制裁を要求する米国より緩和された措置を主張する西欧諸国との間で対立がみられた。核兵器の取扱についても、加盟国で見解の相違がみられることもあった。しかし、冷戦中に NATO が軍事力の行使を行うことはなく、敵対していたソ連や WTO に対して実戦が行われたことはなかった。

冷戦終結後はソ連と東欧諸国による WTO が終了し、NATO が WTO の加盟国だった国々と協力関係を構築する動きがみられた。東欧諸国のうち、1999年にはポーランド、チェコ、ハンガリーが NATO に加盟し、2004年にはバルト3国を始めとする7カ国が、2009年にはアルバニアとクロアチアが NATOに加盟するなど、NATO は拡大する傾向にある。

さらに、1991年に NATO は**新戦略概念**を発表した。NATO の直面する脅威は民族対立や領土紛争などの経済・社会・政治的困難により生じる不安定であ

95

第2部　国境を越えた共通問題への共同処理

るとし、さらなる柔軟性と機動性を必要とする他、NATO 戦力を再編成し、核兵器を含めた兵器の削減と近代化を行うとした。また、明確には述べられていないものの、NATO 域外での作戦行動を示唆した。1999年に示された戦略概念では、テロや情報システムに対する攻撃、国家の解体、人権侵害などを脅威とし、NATO 加盟国への軍事攻撃ではない場合であっても軍事的な対処を行うとした（いわゆる非5条危機対応行動）。

　このような方針の変更に伴い、冷戦終結後、NATO が加盟国の領域外での活動や軍事行動を行う機会が増加している。たとえば、コソボ紛争により1999年に NATO が行ったユーゴスラビア空爆は、NATO の領域外における軍事行動である。今日の NATO は、国連憲章51条に基づく集団的自衛権の行使ではなく、「新たな危機」に対する任務を重点的に行っていくと考えられる。

### （2）欧州安全保障協力機構（OSCE）の設立と活動

　2014年10月現在、北米のカナダ・米国からユーラシア大陸のモンゴル・ロシアまでを含む57カ国によって構成される OSCE は、世界最大の安全保障に関する地域機構である。

　現在の OSCE の前身である**欧州安全保障協力会議（CSCE）**は、冷戦期の1954年に、ソ連（当時）のモロトフ外相の提唱によってヨーロッパの安全保障に関する会議が提案されたことに端を発する。1975年に CSCE を設立するヘルシンキ最終文書が採択され、武力行使の禁止や紛争の平和的解決、人権の尊重、民族自決権などの安全保障に関する諸問題および信頼醸成と軍縮（第1バスケット）、経済や自然科学分野、環境等における協力（第2バスケット）、人道や文化交流、教育分野等における協力（第3バスケット）について、東西間の会合を行うとした。

　冷戦終結後には、CSCE の役割の変化や制度化が提唱され、1992年のヘルシンキ首脳会合では、**少数民族高等弁務官**の制度の創設や予防外交・紛争解決等の制度強化、平和維持活動の創設、安全保障のためのフォーラム創設、人的側面に対する協力を決定する合意文書が採択された。そして、1994年の首脳会合で、CSCE の機構化が決定され、1995年に現在の OSCE へと発展をみた。

　OSCE には、最高意思決定機関である首脳会合の他、外相理事会と常設理事

第 6 章 安全保障・軍縮

会が設けられ、実質的な決定は、毎週開催の常設理事会においてコンセンサス採択方式のもと行われる。これらに加え、OSCE の活動範囲である安全保障と経済・環境について、それぞれ協力を促進し諸問題を協議するフォーラムが設けられている。また、現在の OSCE の活動範囲は、軍縮や信頼醸成、テロとの戦いのような安全保障の分野に加え、民主化や法の支配、選挙監視等の政治的な分野、人身売買への対処や国境管理、警察機能の強化等の社会分野、少数者の権利保護や基本的自由の尊重、これらを推進する教育支援等の人権に関する分野など、幅広い分野にわたっている。

### （3）ASEAN 地域フォーラム（ARF）における取組み

アジア・太平洋地域における安全保障上の枠組みとして、ASEAN 加盟国を中心とした26カ国および EU によって構成される ARF がある。ASEAN 諸国を核としつつも、アジア・太平洋地域の諸国に加え、ロシアや EU も参加しており、地理的に広範な地域を含む枠組みである（2016年 3 月現在、26カ国と 1 国際機構が参加）。

1994年に行われたアジア・太平洋地域の安全保障に関する国家間の意見交換から発展してきた ARF は、外相が出席する年次会合に加え、テロ対策などの個別分野に関する会合や専門家による会合などの一連の会合によって構成されている。事務局はなく、国家間の意見交換や対話により、信頼醸成や予防外交を促進し、最終的な段階として紛争解決を設定している。会合の成果はコンセンサス採択方式を用いて採択される（第 5 章「国際機構の意思決定」参照）。

ARF は条約によって形成されている軍事同盟というわけではないが、安全保障に関する対話を行うフォーラムとして機能している。また、各国が率直に意見を交換して合意を形成していくことにより、段階をふみながらアジア・太平洋地域の安全保障に寄与していくことを指向している。

♣参考文献：
石原直紀「国際の平和と安全保障」内田孟男編著『国際機構論』ミネルヴァ書房、2013年
黒澤満編著『軍縮問題入門（第 4 版）』東信堂、2012年
佐瀬昌盛『NATO──21世紀からの世界戦略』文藝春秋、1999年
篠田英朗『平和構築入門──その思想と方法を問いなおす』筑摩書房、2013年

第2部　国境を越えた共通問題への共同処理

谷口長世『NATO──変貌する地域安全保障』岩波書店、2000年
山田満・小川秀樹・野本啓介・上杉勇司編著『新しい平和構築編──紛争予防から復興支援
　まで』明石書店、2005年

# 第7章　人権・人道

> **【この章で学ぶこと】**
>
> 　国連は、主要目的の1つに人権問題をかかげ、国際人権条約や人権を保護・促進させる制度を大きく発展させた。どうして国際機構が人権問題を扱うようになったのか。国際機構が人権問題を扱う必要性は何であろうか。人権や人道問題に関する国連システムの活動や制度には、どのようなものがあるのか。本章では主に国連の人権・人道分野の活動についてみていこう。

## 1　日本の人権問題は国際的にみてどう考えられるか

　近年、日本では、ヘイトスピーチ（憎悪表現）やヘイトスピーチを伴ったデモ活動が行われている。ヘイトスピーチは、インターネット上も拡散し、上のデモ活動等もネット動画サイトにもみつけることができる。

　2014年12月、最高裁判所は、「在日特権を許さない市民の会」（在特会）が行った京都の朝鮮学校に対するヘイトスピーチに対して、学校の半径200m以内での街宣活動の禁止と約1200万円の損害賠償を命じた。しかし、このようなヘイトスピーチは、とりわけ表現の自由との関連で、日本の国内法で規制するのは難しいのが現状である。

　一方、国際的な基準からみると、どうなのだろうか。人種差別撤廃委員会は、2014年8月、日本で拡大しているヘイトスピーチに関して懸念を表明し、日本政府に、ヘイトスピーチに対して毅然と対処すること、インターネット等のメディアに存在するヘイトスピーチを根絶するために適切な対策を講じること、ヘイトスピーチについて調査を行い、ヘイトスピーチを行った責任者や組織を場合によっては起訴すること、ヘイトスピーチを行った公人や政治家に対しては適切な制裁措置を講じること、人種差別につながる偏見を除去するための教育等を行うことを勧告した。日本政府はこのような勧告に対して、人種差

第2部　国境を越えた共通問題への共同処理

別撤廃条約の締約国であることから、誠実に向き合わなければならない。

このように、一国内で規制できない人権侵害があったときに、国際的な機関による勧告は大きな意味をもつ。本章では、このような人権、人道問題に関わる国際機構についてみていく。

## 2　国連による人権の保護・促進はどのようなものか

### （1）国連憲章と人権問題

人権問題は、かつては国内問題と考えられ、他国や国際機構による干渉は許されなかった。20世紀に入り、**国際連盟**や**国際労働機関（ILO）**といった国際機構において少数者の権利、労働者の権利、難民の権利、先住民族の権利といった分野が扱われるようになった。このほかにも奴隷や強制労働に関する条約が採択された。しかし、世界中のすべての人の人権が対象ではなく、批准した国家も限定的であった。

第二次世界大戦中に行われたホロコーストは、人権侵害と戦争を二度と繰り返してはならないということを人々の心に刻んだ。国連の創設者たちは、平和と安全の維持、人権の保護・促進を国連の目的とし、そのことを**国連憲章**にも明記した。

国連憲章前文では、「われらの一生のうちに二度まで言語に絶する悲哀を人類に与えた戦争の惨害から将来の世代を救い、基本的人権と人間の尊厳及び価値と男女及び大小各国の同権とに関する信念をあらためて確認し」、国際的な平和と安全の確保、人権の保護・促進といった「目的を達成するために、われらの努力を結集することに決定した」と規定している。また、1条3項では「経済的、社会的、文化的または人道的性質を有する国際問題を解決することについて、並びに人種、性、言語または宗教による差別なくすべての者のために人権及び基本的自由を尊重するように助長奨励することについて、国際協力を達成すること。」と人権の保護および基本的自由の尊重を国連の目的の1つに掲げている。

国連憲章の起草者たちは、人権憲章を憲章に盛り込むことを考えていたが、最終的には国連の設立後に別途作成することとなった。国連憲章68条では、

第7章　人権・人道

「経済的及び社会的分野における委員会、人権の伸張に関する委員会並びに自己の任務の遂行に必要なその他の委員会を設ける。」と規定しており、この条文に基づいて経済社会理事会は1946年、人権憲章を起草する**人権委員会**を設置した。人権委員会の委員長は、フランクリン・ルーズベルト米大統領の夫人、エレノア・ルーズベルトが務めた。そして国連が設立されてから3年後の1948年12月10日、国連総会で**世界人権宣言**が採択された（国連総会決議217（III））。賛成48、反対0、棄権8（ソ連、ウクライナ、白ロシア、ポーランド、チェコスロバキア、ユーゴスラビア、サウジアラビア、南アフリカ）、欠席2（ホンジュラス、イエメン）であった（第5章「国際機構の意思決定」参照）。この日を記念して後に国連総会は、12月10日を「人権デー」とした。

### （2）国際人権章典

　世界人権宣言は前文と30条からなる。世界人権宣言は今日では、人権問題に関しての世界基準であるといえる。それは、前文で世界人権宣言が人権および基本的自由を尊重し確保するために、すべての人民とすべての国とが達成すべき共通の基準であると規定していることからも由来する。

　本文は、自由権（第一世代の人権）、社会権（第二世代の人権）および採択当時としてはまだ新しかった文化的権利等の集団的権利（第三世代の人権）の3つの柱によって構成されている。

　世界人権宣言は国連総会の決議の一部として採択されていることから、厳密にいうと国際法的には拘束力がない。そこで、人権委員会は拘束力を有する条約の起草にとりかかり、1966年、**市民的及び政治的権利に関する国際規約（自由権規約）**と、**経済的、社会的及び文化的権利に関する規約（社会権規約）、自由権規約の第一選択議定書**（個人からの通報に関する手続）からなる国際人権規約を採択した。本来は1つの規約となる予定であったが、3つの国際文書に分かれた。その背景には、自由権と社会権の人権の実施方法や履行確保の考え方の違いのほか、東西冷戦の激化、新興国の台頭があった。国際人権規約は、世界人権宣言と合わせて、国際人権章典とよばれる。

第2部　国境を越えた共通問題への共同処理

## （3）国内管轄事項と人権

　国連は人権問題を機構の目的の1つとして掲げているものの、長いこと国家による人権侵害について討議することは避けていた。それは国連憲章第2条7項にある「国内管轄権内にある事項（国内管轄事項）」によって、国連や他国が、ある国が行う人権侵害について干渉するは認められなかったためである。その転機が、南アフリカのアパルトヘイト政策であった。国連総会は、南アフリカの問題を**国際関心事項**として審議するようになり、経済制裁をはじめとするさまざまな決議を採択した。また、国際司法裁判所は「ナミビア」事件で、南アフリカの政策は国内管轄事項にはあたらないという勧告的意見を採択した。このことによって、アパルトヘイトの問題だけでなく、重大な人権侵害は、国連憲章の国内管轄事項にはあたらず国際関心事項として国連が審議しうる道筋をつくった。


## （4）国連の人権保護・促進活動

　国連の人権保護・促進活動はどのようなものだろうか。国連の人権保護・促進活動は、以下にみるように大別して国連憲章に基づく機関と条約に基づく機関の活動に分けることができる。このほかに国連システムとして専門機関等が行う活動もある。

①国連憲章に基づく機関

　国連憲章に基づく機関による人権の保護・促進活動とは、憲章上に掲げられている6つの主要機関およびその下部機関のうち、人権問題に取り組んでいるものをさす。具体的には、**総会、経済社会理事会**、総会のもとの**人権理事会、国連人権高等弁務官事務所（OHCHR）**が中心的な機関となる。かつて経済社会理事会のもとに人権委員会、差別防止少数者委員会（1999年に国連人権促進保護委員会と名称変更、国連人権小委員会とも呼ぶ）があった。**安全保障理事会**（安保理）も限定的ではあるが人権問題を扱うこともある。

　総会は、憲章のすべての事項に関して審議する権限があることから、主に**総会第3委員会**において毎年人権問題に関する決議を数多く採択している。経済社会理事会は、人権に関する事項のうち特に予算に関して討議している。1946年、決議9によって人権委員会や**女性の地位委員会**を、また翌年には下部機関

102

第7章　人権・人道

として国連人権小委員会を設置した。経済社会理事会は、現在では、女性の地位委員会から送付された報告書を審議する。

　2006年まで国連において人権問題に関して中心的に取り組んできたのは、人権委員会であった。設立当初は個人の資格の委員によって構成されていたが、後に53カ国政府によって構成されるようになった。はじめは人権条約の起草に専念していたが、1967年経済社会理事会は、加盟国の人権侵害に関して公開の場での審議することを認める決議を採択した（経済社会理事会決議1235）。公開の場で審議された結果、より詳細について調査を行うように任命されたのが、特別報告者や作業部会であった。特別報告者や作業部会は、特定の国の人権状況または人権のテーマに関して、調査、研究、検討、現地調査をするように任命され、彼（ら）は、報告書を人権委員会に提出する。これを特別手続と呼ぶ。安保理の経済制裁等のような制裁措置をもたない人権委員会にとって、特別報告者等の任命は、制裁的な意味合いももっていた。また経済社会理事会は1970年には、人権委員会が非公開の場で組織的で重大な人権侵害について審議できる手続を採択した（経済社会理事会決議1503）。この決議の名称を取って、**1503手続**と呼ばれた。1503手続のもとで審議されても人権侵害の状況の改善がみられない場合、公開手続に移行する場合もあった。

　人権委員会のもとには人権小委員会があり、26名の専門家委員によって構成されていた。少数者保護や先住民族の権利の宣言の起草などの基準設定やテーマ別の人権問題について討議していた。

　2006年、一連の国連改革の中で、人権分野にも大きな変化があった。総会は人権委員会の代わりに人権理事会を設立し（国連総会決議60/251）、人権委員会およびその下部機関である人権小委員会は50年以上の歴史を閉じた。

　後継となった人権理事会は、47カ国からなり、年に3回以上、全体で10週間以上の会合をもつ。理事国は国連総会の過半数で選出され、任期は3年、再選は2度まで認められる。理事国が人権侵害を行う国であってはならないことから、重大で組織的な人権侵害を行った場合、総会の3分の2の多数決によって資格が停止される。リビアは、2011年に資格を停止されたことがあるが、実際のところ重大な人権侵害国が構成国となることが問題となっている。

　人権理事会は、人権委員会の1503手続と特別手続の2つの手続を引き継ぎ改

良させた。このほか新たに**普遍的定期的審査制度（UPR）**を設けた。1503手続を改良したものが、通報手続であり、大規模かつ信頼できる証拠に基づく、一貫した形態の人権侵害の対象となった個人から送付された通報に関し、人権理事会が非公開の会合で審議する。理事会は、この報告書を審議し、決議を採択する。国別の人権問題を扱う**国別手続**および人権のテーマを扱う**テーマ別手続**からなる**特別手続**も、改良されたうえで人権委員会から引き継がれている。

　新設の UPR は、2008年より運用が開始されたもので、すべての国連加盟国が審査対象となる。人権理事国によって審査（ピア・レビュー）されるのが最大の特徴である。審査の対象となる国は順番で決まり、UPR が策定した指針に従って報告書を作成し、OHCHR に提出する。審査の手順は次の通りである。①３カ国の報告者（トロイカ）が、審査対象国によって提出された報告書、条約機関、特別手続の勧告といった審査対象国に関するデータを要約した国連文書および NGO や国内人権機関から寄せられた情報を要約した国連文書の３つの文書に基づいて審査する。②①の審査の結果を記した報告書は理事会のもとの作業部会に送られ、そこで審議される。作業部会での審議には、理事国のほか全国連加盟国もオブザーバーとして参加でき、NGO や他の関係者も傍聴することができる。その審議の結果は成果文書となる。③本会議において成果文書が採択される。

　日本は、2012年10月に第２回目の審査がなされ、未批准の条約の採択、死刑制度の廃止、国内人権機構の設立を含む174の勧告が採択された。

　**人権理事会諮問委員会**は、人権小委員会を引き継ぐもので、18名の個人の委員会からなる。年間２回各１週間の会期を開く。国の人権状況ではなく、人権のテーマに関して研究し、理事会への助言を行っている。これまで、ハンセン病差別撤廃を目的とする原則及びガイドライン等を策定している。

　**国連人権高等弁務官**は、1993年にウィーンで開催された世界人権会議を受けて、同年総会によって創設された（国連総会決議　48/141）。国連人権高等弁務官の任期は４年、再任は一度だけ許されている。事務所は、ジュネーブにおかれ、人権理事会や条約機関の会議の事務局を務めるほか、特別手続等の補佐や途上国に対しては、技術援助も行っている。2014年よりザイド・フセインが国連人権高等弁務官を務めている。

第 7 章　人権・人道

## 資料 1　主要人権条約と日本の批准（2015年12月現在）

| 人権条約の名称 | 採択日・発効日 | 締約国数 | 日本の批准と年月日 |
|---|---|---|---|
| 人種差別撤廃条約 | 1965年12月21日採択<br>1969年 1 月 4 日発効 | 177 | 1995年12月15日 |
| 社会権規約 | 1966年12月16日採択<br>1976年 1 月 3 日発効 | 164 | 1979年 6 月21日 |
| 社会権規約選択議定書 | 2008年12月10日採択<br>2013年 5 月 5 日発効 | 21 | |
| 自由権規約 | 1966年12月16日採択<br>1976年 3 月23日発効 | 168 | 1979年 6 月21日 |
| 自由権規約第一選択議定書 | 1966年12月16日採択<br>1976年 3 月23日発効 | 115 | |
| 自由権規約第二選択議定書 | 1989年12月15日採択<br>1991年 7 月11日発効 | 81 | |
| 女性差別撤廃条約 | 1979年12月18日採択<br>1981年 9 月 3 日発効 | 189 | 1985年 6 月25日 |
| 女性差別撤廃条約選択議定書 | 1999年12月10日採択<br>2000年10月22日 | 106 | |
| 拷問等禁止条約 | 1984年12月10日採択<br>1987年 6 月26日発効 | 158 | 1999年 6 月29日 |
| 拷問等禁止条約選択議定書 | 2002年12月18日採択<br>2006年 6 月22日発効 | 80 | |
| 子どもの権利条約 | 1989年11月20日採択<br>1990年 9 月 2 日発効 | 196 | 1994年 4 月22日 |
| 子どもの権利条約選択議定書<br>紛争下の子ども | 2000年 5 月25日採択<br>2002年 1 月18日発効 | 161 | |
| 子どもの売買 | 2000年 5 月25日採択<br>2002年 2 月12日発効 | 171 | |
| 通報 | 2011年12月19日採択<br>2014年 4 月14日発効 | 20 | |
| 移住労働者権利条約 | 1990年12月18日採択<br>2003年 7 月 1 日発効 | 48 | |
| 障がい者権利条約 | 2006年12月13日採択<br>2008年 5 月発効 | 157 | 2014年 1 月20日 |
| 障がい者権利条約選択議定書 | 2006年12月12日採択、発効 | | |
| 強制失踪条約 | 2006年12月20日<br>2010年12月発効 | 46 | 2009年 7 月23日 |

105

第2部　国境を越えた共通問題への共同処理

　その他、憲章に基づく機関のうち、安保理も国際の平和と安全の維持に関わる範囲で、近年では、たとえば子ども兵や紛争下における女性の問題等について扱っている。

　人権問題は、最近では国連のすべての機関が横断的に扱っている。これを人権の主流化という。とりわけ、開発の機関においては、開発の概念に人権の考え方が取り入れられ、**人権基盤アプローチ**が導入されている。

　②人権条約に基づく機関

　国連によって設立された主要人権条約は、9つある（資料1参照）が、それぞれ個人の専門家委員から成る委員会が設置されている。条約機関による人権の履行確保は、厳密にいうと国連憲章とは別個の人権条約に基づく制度である。しかし委員会の運営費用や会議場、事務局も OHCHR が担っているなど、実質的に国連が携わっている。国連自体も、報告書やホームページ等で条約機関による人権の保護・促進は、国連憲章に基づく機関とならび、**人権条約に基づく機関**として国連の人権活動の2本の柱のうちの1つと位置づけている。

　これらの委員会は、次の4つの制度をとおして、人権条約の履行を確保している。第1に**政府報告書審査制度**があるが、これは最も中心的かつ重要なものである。数年に一度締約国から送付された報告書を審査し、違反等があった場合、勧告を採択する。各国はその勧告を改善し次の報告書に反映することによって、履行の確保が行われる。裁判のようではなく、委員会の委員と政府との対話によって人権の保護・促進の障壁をみつけるという方式をとっている。これを「建設的対話」と呼ぶ。第2に、**個人通報制度**は、締約国の人権条約違反を個人が委員会に通報し、それを委員会が審議するものである。審議の終わりには、見解が採択され、違反があった場合それが認定され、是正が勧告される。第3の**国家通報制度**は、別の締約国がある締約国の違反を通報するものである。しかし、これまで一度も用いられたことはない。第4の**調査制度**は、委員会による現地調査である。

　人権条約を100％守ることができる国家は存在しない。冒頭の日本のような例も含め、国内では「違法」とならない人権条約違反もある。したがって、国際的な第三者機関（国際機構）が国内の人権状況に目を光らせ、是正させていくことは重要なのである。

第7章　人権・人道

## 3　地域的国際機構も人権の保護・促進を行っているか

　人権の保護・促進は、国連のような普遍的な国際機構だけでなく、地域的国際機構によっても実施されている。欧州では、1953年に欧州審議会が「人権及び基本的自由の保護のための条約（欧州人権条約）」を採択し、この地域の人権基準を適用する人権裁判所も設置した。同様の地域的人権条約および制度は、アメリカ（米州機構）が「人の権利及び義務の米州宣言（米州人権宣言）」(1948年)、「人権に関する米州条約（米州人権条約）」(1969年)を採択し、アフリカ（アフリカ統一機構、現アフリカ連合）が「人及び人民の権利に関するアフリカ憲章（バンジュール憲章）」(1981年))を採択し、それぞれ人権裁判所を設立している。

　ところが、日本が属するアジアに関しては、他の地域と異なり人権基準や制度が存在しない。ただ、その萌芽は認められ、小地域レベルでは、南アジア地域協力連合（SAARC）は、女性や子どもの人身売買防止に関する地域協定を締結するほか、東南アジア諸国連合（ASEAN）は、人権宣言を採択したほか、アジア政府間人権委員会（AICHR）を設立している。

## 4　国際労働機関の活動はどのようなものか

### （1）ILO の設立

　ILO は、1920年、ベルサイユ条約第3編（後の国際労働憲章）によって設立された、労働の権利を扱う初めての機関である。これまで多くの**国際労働基準**を策定し、その履行確保を担う制度が創られ、実施されてきた。国連が設立されてからは、国連の専門機関となっている（第2章「組織としての国際機構」参照）。

　ILO の国際労働基準や履行確保の制度は、国連の人権制度の模範となっており、国際的な基準設定や履行確保の分野では先駆的存在である。

### （2）ILO の組織

　ILO の組織の最大の特徴は、総会である。一般的な国際機構の総会の構成員とは異なり、ILO は、加盟国の政府代表（2名）のほかに、使用者（1名）、雇

107

第 2 部　国境を越えた共通問題への共同処理

用者（1 名）も代表となっており、三者構成となっている。これは、労働問題に関する政策策定や計画を立案するにあたって、当事者である労使代表も関わる権利があるという考えに由来する。同じ代表団を構成するものの、それぞれが独立して発言し、投票を行っている。このような構成となっているのは ILO の総会だけである（第 5 章「国際機構の意思決定」参照）。

　ILO 総会は、毎年開催され、最低限の国際労働基準および ILO の政策、予算と活動計画を採択している。また、総会によって条約や勧告が採択されると、加盟国はその基準の国内適用に関する情報を含んだ報告書を提出しなければならない。

　ILO には、総会による履行確保を援助するために、20名の国際法、労働法等について卓越した経験を有する世界的な権威者によって構成される**条約勧告適用専門家委員会**がある。締約国から提出のあった ILO 条約や勧告に関する報告書を非公開で審議し、問題あると判断したものは総会に送付される。

　これとは別に、総会ごとに設立される**基準（条約・勧告）の適用に関する総会委員会**がある。この委員会は三者構成となっていて、次の 4 つの報告について審議する。すなわち、①批准条約に関する報告、②未批准条約と勧告に関する報告、③条約・勧告の国会提出に関する状況報告、④条約勧告適用専門家委員会の報告である。この委員会における討論および結論は、本会議に提出され、そこで採択される。

　この 2 つの監視制度のほかに、 2 つの審査手続が存在する。第 1 は、国際労働憲章24条・25条に基づく申立であり、使用者および労働者の団体は、加盟国の違反を提起できる。この処理には政労使 3 名の理事からなる委員会が審査にあたり、最終的には理事会に報告され、理事会はその審査結果に基づいて勧告を決定する。基本的には非公開であるが、最終的には公開非公開を理事会が決定する。第 2 が、国際労働憲章26条～29条および31条～34条に基づく申立てである。これは、ある加盟国が別の加盟国の違反を申し立てることができるほか、理事会自身による発意や総会の代表からの申立てによっても手続は開始される。申立てを受けて、理事会は独立した 3 名の専門家からなる審査委員会を設置し事実問題に関する認定事項、苦情に応じるための必要措置や期限を記載した報告書が作成され、公表される。当該国は、委員会の報告書の勧告を受諾

第7章 人権・人道

する旨を通知するか、仮に受諾しない場合には国際司法裁判所に付託する意図があるかを3カ月以内に事務局に通知しなければならない。仮に国際司法裁判所に付託された場合、裁判所の決定が最終的なものとなる。この手続の最近の事例として、1996年のミャンマーの強制労働条約（29条）違反、2003年にベラルーシの結社の自由及び団結圏保護条約（87号）、団結権及び団体交渉権条約（98号）違反に関するものがある。

### （3）ILO が扱っている問題

ILO はこれまで結社の自由、賃金、労働時間、労働条件、労働者の傷病補償、社会保険、有給休暇、労働環境の安全性、雇用サービス、労働査察といった分野における国際労働基準の設定をしており、その数は約190にのぼる。また、多くの労働の権利に関する勧告を採択しており、その数は200を超えている。

## 5 国連難民高等弁務官事務所はどのように難民を保護しているか

### （1）難民とはどういう人たちか

2015年シリアからの大量の**難民**がヨーロッパに流入して国際問題となっている。ところで難民とはどのような人たちなのだろうか。**国連難民高等弁務官事務所（UNHCR）**によると、紛争、迫害や人権侵害のために移動を強いられた人の数は5950万人に上り、そのうち難民は1950万人である（2014年末時点）。難民を一番多く排出しているのはアフガニスタンであったが、最近では、シリアからの難民がアフガニスタンを越え、その数も2015年の時点で500万人を突破した。また、内戦状態となっている国から逃れようとした難民の船が地中海で沈没し多数の死者が出ていることも報道されている。

**難民の地位に関する条約（難民条約）** 1条では、次のように難民を定義する。すなわち、難民とは「人種、宗教、国籍若しくは特定の社会的集団の構成員であること又は政治的意見を理由に迫害を受けるおそれがあるという十分に理由のある恐怖を有するために、国籍国の外にいる者であって、その国籍国の保護

第2部　国境を越えた共通問題への共同処理

を受けることができないもの又はそのような恐怖を有するためにその国籍国の
保護を受けることを望まない者」である。

　かつてロシア革命によって多くの難民が生まれたことから、国際連盟理事会
は難民高等弁務官にノルウェー人のフリードフ・ナンセンを任命し、ロシア難
民に対して旅行許可証（ナンセン旅券とも呼ばれた）を発行したことから、国連
設立以後も、国際的な難民の保護が進んだ。それでは難民はどのように保護さ
れているのかみていきたい。

### （2）難民条約と UNHCR

　第二次世界大戦後ヨーロッパで多くの難民が生まれたことから、国連は1946
年総会決議によって国際難民機関（IRO）を設置した。IRO は、1950年には任
務を終了する予定で、時限つきのものだった。

　国連総会は、これとは別に、パレスチナ難民のための救済事業を行うことを
目的として、1949年**国連パレスチナ難民救済事業機関（UNRWA）**を設立し、こ
れは1950年に活動を開始した。パレスチナ問題の解決が未だ見られないことか
ら、現在でも活動を継続している。UNRWA は、中東に住む約480万人の登録
パレスチナ難民の教育、保健、救済、社会福祉といった主として基礎的なサー
ビスを提供している。

　国連総会は、パレスチナ以外の難民を保護する機関として1950年、UNHCR
を設立し、翌年には UNHCR が起草に関わった難民の地位に関する条約（以
下、難民条約）が採択された。

　この条約の1条では、難民の定義をしている。難民には2つの要素からな
る。第1は、迫害を受けているかという客観的要素と、第2は、十分に理由の
ある恐怖があるかという主観的要素である。迫害の理由としては、人種、宗
教、国籍、特定社会集団の構成員、政治的意見がある。上記の2つの要素に加
えて、難民は国籍国の外にいなければならない。

　難民条約では、「1951年より前に生じた」という時間的要件と「欧州におい
て生じた」という空間的要件が付され、主に欧州の難民を保護することを目的
としていた。しかし、後に採択された1967年の**難民の地位に関する議定書（難民
議定書）**では、これらの要件ははずされた。難民条約と難民議定書で保護の対

象となる難民は「条約難民」とよばれる。経済難民や移民も難民ではない。ま
た上記の2つの条件があっても、国内にとどまっている者を**国内避難民（IDP)**
とよぶが、条約上の難民としては扱われない。

　UNHCRの規程も、難民条約と同様の定義をし、保護の対象となる難民を
「**規程上の難民（マンデート難民)**」とよぶ。しかし、保護はマンデート難民に限
定されず、内戦や政治的混乱、貧困、自然災害等によって生じる難民と同様に
保護が必要となる人々や、国内避難民も対象となっている。

　それでは、難民はどのようにして難民の地位が認められ、また難民としての
地位が認められたらどのような権利を有するのだろうか。

　難民は、上記の条件を満たし、国外にいるだけでは十分でなく、別の国の領
域に到達しさらに難民として認定されなければならない。たとえば、地中海上
を船に乗ってさまよっていたりするだけでは、自動的に難民にはならない。ま
た、別の国の大使館や領事館に助けを求めようとする外交的庇護も国際法上国
家の義務とはなっていない。別の国の領域に辿り着いた難民は、その国の手続
のもとで、難民として認定されなければならない。

　難民条約および難民議定書は、難民の定義や難民に認定された後の権利につ
いては規定しているものの、難民の認定手続については規定がない。世界人権
宣言14条1項では「すべての者は、迫害からの庇護を他国に求め、かつ享受す
る権利を有する」と規定されたにも関わらず、難民条約ではこのような難民の
庇護権の規定はない。そのため条約上、国家は難民を庇護する義務は負わず、
庇護の付与は国家の裁量にとどまる。国際的に統一した難民認定制度は存在せ
ず、国家によって異なる難民認定手続が取られているため、本来難民の要件を
満たしていながらも、難民として認定されなかったり、国内基準に合致しない
という理由で、難民として認められないという事態が生じている。日本は、他
国と比べて極めて厳しい基準によって難民を認定するため、極端に難民の認定
が少ない。

　一方、難民条約には、33条1項において「生命又は自由が脅威にさらされる
おそれのある領域の国境へ追放し又は送還してはならない」という、**追放・送
還の禁止原則（ノン・ルフールマンの原則)** が規定されている。これは、重大犯
罪で有罪な判決が下される等の例外的な場合を除いて、難民を迫害のおそれの

ある本国やその他の国家へ移送することを禁じるものである。国際法でも慣習法として確立していると考えられており、これは国家の義務となっている。

さて、難民として認定されると、難民としての法的地位を得ることができる。財産の保持、職業の権利、住居、教育、社会保障の権利を有し、国内のその他の人々とほぼ同等の権利が与えられる。庇護国は、本国に代わって身分証明書や旅行証明書を発給する。

難民というと、難民キャンプのイメージが強いだろう。UNHCRは、難民状況が解消するまでの間、国際社会に代わって難民を保護している。例えば、難民キャンプの設置や緊急援助等がそれにあたる。あまり知られていないが、多くの難民は、難民キャンプではなく都市部に住んでおり、そうした都市難民への支援も行っている。

UNHCRは、さらに難民問題の恒久的な解決として以下の3つに取り組んでいる。

第1に、**本国への自主帰還**である。難民にとって最も良いのは元の国に帰ることである。UNHCRは、帰還の可能性のある難民を登録するほか、本国の情報提供、難民の流出原因が消滅したかの分析、帰還の支援、帰還後の支援を行う。元の居住地に戻れない場合には、帰還民の再定着や、復興のための支援も継続的に行っている。

第2に、**第一次庇護国における定住**がある。これは、本国の状況や本人の意思によって自発的な帰還が難しい場合、最初に庇護された国で定住をはかることである。たとえば、日本に直接逃れて来た**インドシナ難民**（ボートピープル）の日本における定住がある。しかし、難民と認められた後に新たな国で生活をしていくのは、言語的な理由や経済的な理由のほか、文化や偏見等もあり、非常に厳しい。

第3に、**第三国における再定住**がある。これは、第一次庇護国や難民キャンプにいる者のなかで、自主帰還が困難であったり、第一次庇護国での生活が困難である場合、第三国に行き、そこで定住することである。第三国定住は新たな受け入れ先の国家の同意を得なければならず、協力を得ることは難しいのが現状である。日本は、2010年からアジア諸国として初めて第三国再定住によってタイの難民キャンプにいたミャンマー人を受け入れた。

UNHCR はこのほかに、難民条約および難民議定書に基づいて、難民の状態、条約や議定書の実施状況について監督する権限を有している。締約国は、それに従う義務はないが、協力することを求められている。また、難民条約を締結していない国においては、難民の認定を UNHCR が行っている。

# 6 国際刑事裁判所とはどのようなものか

## (1) ICC 設立までの経緯

武力紛争中に個人が国際人道法（国連憲章の武力紛争違法化以前は戦争法）に違反をしても、かつては国際的な責任が追求されることはなかった。しかし、第二次世界大戦後、ニュルンベルグや東京で裁判が開かれ、個人の戦争責任が裁かれた。国連総会は1947年、国際法委員会（ILC）に対して、重大な国際犯罪を裁く裁判所を設置する裁判所規程の草案を作ることを要請する決議を採択した。また、国連が1948年に採択した**集団殺害罪の防止及び処罰に関する条約（ジェノサイド条約）**も、ジェノサイドを犯した個人を裁く国際刑事裁判所の設置を予定していた（6条）。しかし、冷戦の激化もあいまってこの条約に規定された**国際刑事裁判所**（ICC）は長いこと実現されなかった。

1992年、国連総会は、ILC に改めて国際刑事裁判所規程の起草を優先的な事項として取り組むことを要請した。一方、旧ユーゴスラビアやルワンダでの大量殺戮で、国連の安全保障理事会（安保理）は決議によって、1993年には個人の国際人道法の責任を裁く**旧ユーゴスラビア国際刑事裁判所（ICTY）**をオランダのハーグに、また、1994年には**ルワンダ国際刑事裁判所（ICTR）**をタンザニアのアリューシャに設置した。いずれも、時限つきで、ユーゴスラビアおよびルワンダに限定した国際人道法違反を裁いている。このような安保理の動きもあって、常設で一般的な国際刑事裁判所の審議も進展した。そして、1998年、ローマにおいて国際刑事裁判所規程（ICC 規程（ローマ規程））が採択された。同規程は2002年に発効し（日本は2007年に批准）、2003年3月にオランダのハーグに ICC が設立された。

第2部　国境を越えた共通問題への共同処理

## （2）ICC はどのようなところか

ICC は、「国際社会全体の関心事である最も重大な犯罪」を裁くための常設の国際刑事裁判所である。2015年 1 月現在123カ国が加盟している。ICC は、国連システムとは別個の国際機構であるが、協定によって連携関係にある。戦争犯罪、人道に対する犯罪等に関して、コンゴ民主共和国、中央アフリカ、ウガンダ、スーダンに関する事件が付託されている。

ICC には、18名の裁判官がおり、裁判官の任務は 9 年で、締約国会議において選挙によって選出される。各締約国は 1 名の候補者のみ推薦することができる。裁判官は、徳望が高く、公平であり、誠実であり、各自の国において最高の司法官を任ぜられるのに必要な資格を有する人物でなければならない。さらに、刑事法ならびに刑事手続についての確立した能力ならびに裁判官、検察官、弁護士、または他の同様な資格のもとで刑事手続に必要な関連する経験、もしくは国際人道法、人権法等国際法に関連する分野における確立した能力、法律に関する専門的な資格をもち裁判所の司法業務に関連した広範な経験をもっていること、そして裁判所が使用する言語の少なくともいずれかに卓越した知識があり、堪能であることが求められる。裁判官の選出にあたっては、世界の主要な法体系が代表されているほか、地理的な均衡、男女の割合、女性および子どもに対する暴力等を含む特定の事項に関連した法的な専門知識も考慮しなければならない。ICC には、裁判官のほか、上訴裁判部門、第一裁判部門、予備裁判部門、検察局、書記局がある（第13章「紛争解決」参照）。

## （3）ICC はどのような犯罪や国を対象として裁くのだろうか

ICC の管轄権は、ICC 規程が発効した後の事件に限定される。さらに①犯罪行為地国が締約国、②被疑者の国籍国が締約国、③犯罪行為地国または被疑者の国籍国が非締約国であっても、ICC の管轄権を受諾する宣言を行っている、④国連憲章 7 章に基づいて安保理が事態を ICC に付託しているという条件が満たされる必要がある。

次に、訴訟は次の 3 つの方法によって提起される。①締約国が ICC の検察官に付託、②国連憲章 7 章に基づいて ICC 検察官に付託、③ ICC の検察官が捜査を開始する（侵略犯罪については以下を参照）。

第7章　人権・人道

　ほかに留意しなければならないのは、裁判所は、国家の刑事裁判権を補完するものであることである。すなわち、国内裁判所で訴追されている最中は、ICC は裁くことができない。また、訴追できるのは、基本的に ICC 規程の当事国である。

　それでは ICC が扱うことのできる罪とはどういうものだろうか。ICC が裁くことができるのは、「国際社会全体の関心事である最も重大な犯罪」に限られ、**集団殺害犯罪**、**人道に対する犯罪**、**戦争犯罪**そして**侵略犯罪**の 4 つの国際犯罪が対象となる。

　集団殺害犯罪とは、「国民的、民族的、人種的又は宗教的な集団の全部又は一部を破壊する意図をもって行われる」ものである。集団の殺害のほかに、身体または精神に重大な危害を加えることや、出生の妨げ、児童を他の集団に強制的に移送すること等も含まれる。

　人道に対する犯罪は、「文民たる住民に対する広範な又は組織的な攻撃の一部として、そのような攻撃であると認識しつつ行う」ものである。殺人、殲滅、奴隷、人民の追放または強制移送、拘禁またはその他の身体的自由の重大な剥奪、拷問、強姦、性的奴隷、強制妊娠等の性的暴力、特定の集団または団体に対する迫害、人の強制失踪、アパルトヘイト等が掲げられ、それぞれが詳細に定義されている。

　戦争犯罪については、「特に計画若しくは政策の一部として又は大規模に行われたそのような犯罪の一部として行われるものについて」裁判所は管轄権を有する。具体的にはジュネーブ諸条約に基づいて禁止されている行為や、確立した国際法の枠内での国際的武力紛争において適用される放棄および慣例の他の重大な違反等が対象となる。

　侵略犯罪は、1998年に規程が採択された時点では定義できず、規程の発効後に改めて討議し採択されることとなった。2010年、ウガンダにおいて ICC 規程検討会議が開催され、規程の改正が採択された。改正は、8 条および侵略犯罪に関するもので、このうち 8 条に関する改正では、戦争犯罪に化学兵器の使用が追加された。

　侵略犯罪に関する改正については、規程の 5 条 2 項が削除され、新しく 8 条2 項が挿入された。新たに侵略犯罪の定義が加わったほか、侵略の認定に関す

第2部　国境を越えた共通問題への共同処理

る規定が追加された。「侵略犯罪」は、「国家の政治的または軍事的行動を、実質的に管理を実行するまたは指示する地位にある者による、その性質、重大性および規模によって、国際連合憲章の明白な違反を構成する侵略の行為の計画、準備、着手または実行」であると定義している。また、「侵略の行為」とは、「他国の主権、領土保全または政治的独立に対する一国による武力の行使、または国際連合憲章と両立しない他のいかなる方法」によるもので、いずれも、「宣戦布告に関わりなく、1974年12月14日の国連総会決議3314（XXIX）に一致して、侵略の行為とみなす」とする。具体的には、国連総会決議3314（XXIX）に列挙されている7つの行為が侵略の行為として掲げられている。

　また、誰が侵略を認定するのかであるが、安保理が認定する場合とそうでない場合とに分けられた。安保理が侵略の認定を行い、ICCに付託する場合、ICCは管轄権を有する。安保理による侵略の認定がない場合、検察官が、侵略犯罪に関する捜査を進める合理的な基礎があると結論し、そのことを国連事務総長に通知してから6カ月たってもこの件について安保理が何も決定を下さなかった場合、予備裁判部が第15条に規定する手続に従い侵略犯罪に関する捜査の開始を許可すれば、侵略犯罪に関する捜査を進めることができる。

## 7　国際機構が人権を扱うことの意義とは何か

　人権侵害をするのは主に国家である。しかし同時に、第一義的に人権の保護・促進を担うのも国家である。とすると、本来は国家が守らなければならない人権問題を、国連のような国際機構が扱うことの意義はどこにあるのだろうか。

　第1に、国際機構はこれまで多くの人権の基準設定を行ってきた。国連は、世界人権宣言のほか、国際人権規約をはじめとした主要な人権条約、ウィーン宣言、少数者宣言や先住民族宣言等の人権基準を採択してきた。条約の場合、批准した国家はさらに国際法上履行する義務を負う。また宣言の場合は、その後条約の採択となる場合も多く、単なる文書とは異なった位置づけにある。論者によっては「ソフト・ロー」とよぶこともある。

　第2に、国際機構は、人権基準の監視もしくは履行確保を行っている。人権

条約を批准しただけでは、人権の侵害はなくならず、国家の行動を監視する第三の制度の役割が重要となる。国際機構によって、どのような人権が守られていないのかを確認され、またその背後にある問題点も明らかとなる。最近では、このような国際機構の制度のほか、NGO による監視も重要性を増して来ている。

　第3に、人権侵害を単に圧力や制裁によって守らせるのではなく、その背後にある原因を探り、途上国の場合は技術援助もセットにして提供する制度が発展している。ILO や OHCHR が提供する技術援助がこれにあたる。

　第4に、特定の行動に対して、中立的な判断を提供する必要がある場合、国際機構は重要な役割を果たす。国際犯罪の場合は、その責任者の処罰が必要となるが、このような国際犯罪を裁く裁判所が、国際機構によってもしくは国際機構の1つとして設置された。ICTY、ICTR および ICC がそれである。

　このように、国際機構は、人権の基準設定、人権条約や人権基準の履行確保、技術援助の提供、中立的な判断の提供といった形で、各国の人権の保護・促進を手伝っており、その重要性は増していくと思われる。

♣**参考文献：**
　緒方貞子『紛争と難民──緒方貞子の回想』集英社、2006年
　滝澤美佐子「第10章　人権の主流化」渡部茂己・望月康恵編著『国際機構論（総合編）』国際書院、2015年
　望月康恵「第7章　人権・法の支配」内田孟男編著『国際機構論』ミネルヴァ書房、2013年
　横田洋三編『国際人権入門（第2版）』法律文化社、2013年
　渡部茂己編著『国際人権法』国際書院、2009年

# 第8章　経済・貿易・通貨・開発

【この章で学ぶこと】
　現在の国際社会は、自由主義経済の原則の上に成り立っている。しかし、国際
経済をまったく自由に放置しておけば、経済格差や通貨不安など、深刻な問題が
発生することもある。そのような問題に対処するために、国際機構には何ができ
るのか考えてみよう。

## 1　国際経済は私たちの日常生活とどのようにつながっているか

### （1）日本の農業と貿易自由化

　10年ほど前のことになるが、私が国際法を専門にしているということを知っ
た地元の県立農業高校の先生に、声をかけられたことがある。その時に質問さ
れたことは「**世界貿易機関（WTO）のセーフガード（緊急輸入制限）**とは、どう
いうものなのか、簡単に教えて欲しい」ということだった。その先生は、いく
ら自分達が高校で一生懸命生徒たちに作物の育て方を教えても、価格の安い外
国産の農作物が大量に輸入され、競争になれば、地元産の作物が勝ち残るのは
厳しいのではないかということをとても心配していた。そこで、「セーフガー
ド」のような方法で地元の農業を守れるかどうか、私に質問してきたのだっ
た。

　また、その先生は実際に地元で農業を続けている卒業生たちからも、かつて
教わってきたような従来からの農業経営では、将来不安であるというような相
談も受けているようで、貿易の自由化は本当に切実な問題だったに違いない。
しかし、農業高校にはそのような貿易の問題について十分な知識をもっている
人間もおらず、新聞やニュースから得られる断片的な情報だけではわからない

部分も多いので、誰か地元に専門知識のある人がいないか探していて、私を見つけ、思わず質問したというわけだった。少し話をした後で、「いずれ『国際経済』や『WTO論』が農業高校の必修科目になる時代が来るかもしれませんね」と私がいうと、その先生は真剣な表情で、「その通りです。昔は他県より良いものを作ればそれで良かったんですが、今はいくら栽培技術が優れていても、価格と量で輸入品に押しつぶされることもあります。これからの農業は、世界情勢がわからないと、できません。しかし、私は作物のことしかわかりませんし……」といって、少し肩を落としていた。

## （2）貿易自由化の利点と問題点

　消費者にとっては、農作物を含め、外国産の安い商品が容易に手に入るようになることは、生活も楽になるし、選択肢を増やすという意味でもありがたいことであろう。しかし、生産者にとっては、厳しい海外との競争に直面するということは、必ずしも望ましいことではないかもしれない。そして、日本の産品や製品が外国産の商品との競争に負ければ、日本国内での雇用にも悪い影響が出ることになるだろう。

　逆に、積極的に海外への輸出の窓口を増やそうと努力している企業にとっては、貿易が促進されることは歓迎すべきことであろう。多国籍企業という言葉もあるように、企業にとっては、必ずしも国内での生産や売り上げだけが問題なのではなく、どこの国で活動しても、利益があがりさえすれば、それで良いという考え方もできるからである。

## （3）貿易と通貨

　さらに厄介な問題は、輸出・輸入される商品の価格は、生産者と消費者の間で決められるだけでなく、その間に**為替相場**というしくみが挟まって決定される部分が含まれていることである。つまり、円や米ドル、ユーロなどの通貨の価値が、他の通貨に対して値上がりしたり、逆に値下がりしたりすることにより、生産者の努力や消費者の動向とはあまり関係なく、いわば勝手に輸出価格や輸入価格が上下してしまう場合が珍しくない。このような状況に対し、農業関係者だけでなく、多くの人々が、「どうなっているのか」という疑問をもつ

第 2 部　国境を越えた共通問題への共同処理

のはむしろ当然だろう。しかし、このような日常生活に密着した国際経済の動
向に対し、国際機構がどのような役割を果たしているのかという知識をもって
いる人はあまり多くはない。おそらく、その大きな理由の 1 つは、経済的な分
野における国際機構の働きというものが、私たちの日常生活と密接にかかわっ
ているにもかかわらず、具体的には見えにくいからであろう。これから、その
見えにくい理由と、実際に国際機構がどのような働きをしているのかについ
て、考えてみたい。

## 2　国際経済において国際機構は影響力をもっているか

### （1）国際経済の基礎としての自由競争

　現在の国際社会において、江戸時代に日本が鎖国をしていたように、経済的
に自給自足している国は無い。各国とも自国の得意とする産業分野の生産品を
輸出し、その収入で代わりに他国が得意とする他の分野の生産品を輸入するこ
とで、できるだけ経済を効率的に運営し、相互に利益を拡大するという「**比較
優位の原則**」に基づいて、活発に貿易を行っている。その根底には、人々が自
由に自分の利益を追求し、市場で自由な競争が展開されれば、そこに「神の見
えざる手」が働き、結果として最も合理的、効率的な資源の配分が実現すると
いう**自由主義経済**の原理がある。

　しかし、各国の得意とする分野は、常に相互に補完的になっているわけでは
ない。また、各国が得意とする生産品も、石油や小麦のようにすべての国に
とって必要とされているものもあれば、コーヒーやチョコレートのような嗜好
品もある。ダイヤモンドのように高価なものもあれば、コンピューターのソフ
トや価値のある情報のように、「物品」とはいえないものもあるなど、その性
質はさまざまである。さらに、複数の部品から成り立っている製品の場合、使
用する部品が複数の国で生産されていたり、部品の生産国と製品を最終的に組
み立てる国が異なっていたりするような場合はむしろ普通であるし、生産に従
事している労働者が国境を越えて移動している場合も珍しくない。

　そこで、得意分野が競合している場合や需要が多い生産品の場合には、当然
国家間での競争が発生し、各国は自国の経済的な利益を保護するために、さま

第8章　経済・貿易・通貨・開発

ざまな政策を展開することになる。「自由主義経済」とはいえ、国際社会における経済の実際は、完全に自由というわけではない。そのうえ、国内と違い、国際社会においては、これらの国家間の取引を決済するための通貨が必ずしも決まっているわけではないなど、その実態は国内の経済よりもはるかに複雑である。さらに、国際化の進展と各国の経済の発展にともなって、国際経済はますます複雑化しているといわなければならない。

　このような状況の中で、国際的なレベルで経済の管理、運営に責任をもつ組織は、現在のところ存在していない。もちろん日本をはじめとする先進工業諸国でさえ、国内の経済政策が必ずしも計画通りに展開されているわけではなく、経済の動き自体、国内レベルであっても管理するのは難しいのが現実である。したがって、より複雑な国際社会において、効果的に経済を管理、運営できるようなしくみを作り上げるのは、実際の問題として困難である。

### （2）「自由主義経済」の原則

　国際社会において、経済を管理、運営する機構が存在しないもう1つの重要な理由としては、やはり現在の国際経済が、経済分野における公的な規制を極力減らそうとする自由主義に基づいて成立しているということがある。そのために、各国は国際経済に規制を加えることについて、基本的には消極的なのである（第9章「文化・知的協力」参照）。たとえば国連の経済社会理事会にしても、その権限は、安全保障理事会に比べてもはるかに限られており、実質的には各国間の意見の交換、調整以上のことはできない。**先進8カ国財務大臣・中央銀行総裁会議（G8）や20カ国財務大臣・中央銀行総裁会議（G20）、アジア太平洋経済協力閣僚会議（APEC）**のようなフォーラムにしても、その役割は各国間の交渉と調整の場を提供することであり、そこで合意が成立しない場合には、それ自体が何らかの権威をもち、各国に特定の経済政策の実施を強制したり、政策の履行を自ら担当したりすることはできない。

　このように、経済の分野において、国際化の進展とは裏腹に、国際機構の果たす役割は限定的である。しかし、多くの先進工業諸国の国内において、市場の自由競争が尊重されると同時に、福祉のように、政府の役割が大きい分野もある。同様に、国際社会において、国際機構が比較的大きな役割を果たしてい

第2部　国境を越えた共通問題への共同処理

る分野もあり、その役割を一概に軽視することも適切ではないだろう。

# 3　国際社会での「自由貿易」はどうなっているか

## （1）「自由な貿易」の推進

　その自由主義が国際社会において最も顕著に表れるのが、貿易の分野である。現在、貿易の分野において最も規模の大きな国際機構は1995年に発足したWTOである。WTOは、物流だけでなく、サービスや**知的財産権**も含めて、貿易分野における国際的な関係を包括的に取り扱っているが、その基本的な目的は、WTOの設立まで貿易の自由化の促進において中心的な役割を果たしてきた**関税と貿易に関する一般協定（GATT）**と同様、貿易における規制や各国政府による不公正な介入を排除し、できるだけ自由かつ円滑な貿易を促進することにある。そのため、「ラウンド」と呼ばれる貿易の自由化を促進するための多国間の貿易交渉の開催を進めている。

　また、開発途上諸国の産業を保護する場合や国内の経済に重大な影響が発生するのを防ぐための緊急輸入制限（セーフガード）のような例外を除き、経済的な理由による貿易の制限の撤廃へ向けての活動も行っている。

## （2）WTOによる貿易紛争の解決

　WTOにおいて不当な貿易の制限が疑われる場合には、まず当事国間での協議が行われるが、それで問題が解決しなかった場合には、加盟国は紛争解決機関（一般理事会）に**紛争処理小委員会（パネル）**の設置を要請することができる。パネルは、WTOに違反する不当な貿易制限があったかどうかについて審査を行い、報告書を作成する。違反行為が認定された場合には、違反国に対し是正を求める内容が報告書に盛り込まれるのが一般的である。WTOの紛争解決は2審制であり、パネルの決定に不満がある場合には、上級委員会に申し立て、再審査を受けることができる。違反を認定するパネルの報告が上訴されずにそのまま確定した場合や、上級委員会の報告で違反が認定され、是正を求められた場合には、違反国は必要な是正措置を取らなければならない。もし、不当な貿易制限を是正しなかった場合には、被害を申し立てた国は、紛争解決機関の

第8章 経済・貿易・通貨・開発

承認を得て、違反国に対して賠償を求めたり、場合によっては、報復関税を課すような対抗措置を取ったりすることができる。2013年には、カナダの地元生産の太陽光発電機器に対する優遇措置や中国のハイテク製品の材料となるレア・アース（希少土類元素）の輸出規制および輸出税についての申立てにより、

## コラム8：WTOにおける紛争解決の具体例

　カナダのオンタリオ州は、再生可能エネルギーの利用を促進するために、太陽光や風力により発電された電力を一定の価格で買い取ることを保証する再生可能エネルギーの「固定価格買取制度」を実施し、再生可能エネルギーを優遇する政策を進めていた。しかし、この固定価格買取制度を適用するに当たっては、再生可能エネルギーの生産に使用する太陽光発電パネルのような機材が、オンタリオ州内で一定の割合以上製作されたものであるか、州内で製造された部品が使用されていることを義務付ける、いわゆる「ローカル・コンテント条項」が設けられていた。

　これに対し、日本とEUは、①州内で製作されるか、州内で製造された部品を使った製品を使用する場合のみが優遇措置の対象となるのは、国内製品の優遇であり、輸入品に対する不当な差別である、②ローカル・コンテント条項を満たした機材で生産された電力のみを固定価格買取制度で買い取るのは、不当な補助金の支給である、として、日本は、2010年9月、EUは2011年8月に、カナダに対して協議の要請を行った。しかし、協議は不調に終わり、日本は2011年6月にWTOに対してパネルの設置を申し立て、7月にパネルが設置され、後にEUもこのパネルに参加した。

　パネルは2012年12月に、オンタリオ州の制度は、州内で生産された製品を不当に優遇するものであり、輸入品に対する不正な規制に該当するとして、カナダに是正を求める報告書を公表した。なお、対象を限定しての固定買取制度が不正な補助金に該当するかどうかについては、利用者が具体的にどの程度の利益を得ているかの証明が不十分であるとして、不正とは認定されなかった。

　これに対し、カナダは2013年2月に上級委員会に上訴したものの、上級委員会は5月にパネルの報告書の内容を支持する決定を下した。そして、WTOの紛争解決機関はまもなくパネルと上級委員会の報告を正式に採択し、日本とEUの申立てに沿って、カナダは是正措置を求められることになった。

第2部　国境を越えた共通問題への共同処理

日本側の主張が認められ、いずれも是正措置の勧告が上級委員会で決定されている（第13章「紛争解決」参照）。

　国際社会における経済の実際は、放任しておけば自由な競争が実現するというものではなく、そこには、自由で公正な競争を確保するための、監視と規制のメカニズムは最低限必要であるといわなければならない。WTOはその役割を担うものとして、ますます経済の国際化が進む中で、その重要性が増しているといえるだろう。


（3）貿易と開発

　かつて、1960年代から1970年代にかけて、先進工業諸国と開発途上諸国との間の経済格差の原因は、国際的な経済構造の不均衡にあるとする理論が開発途上諸国を中心に広がった時期があった。その理論に基づき、国際社会に、自由競争よりも、不平等な経済構造そのものを変えるための国際的な枠組みの構築が必要であるとの意見が幅広い支持を集め、開発途上諸国に有利な貿易の条件を検討し、実現することで、経済格差の是正を目指そうとする**国連貿易開発会議（UNCTAD）**が1963年に設立された。さらに1974年には、国際的な経済の構造の改革を目指す**「新国際経済秩序」（NIEO）**の樹立を目指す決議が国連総会で採択され、開発途上諸国は、先進工業諸国に対し、経済面でより多くの譲歩を求めた。しかし、現実には、大きな経済力をもつ先進工業諸国と企業の協力を得ることなく貿易を管理したり、国際経済に大きな影響を及ぼすような規制を設けたりすることは不可能であり、結局、国際機構を通して国際経済の構造改革を図るというアプローチは大きな成果を上げることは無かった。現在ではWTOの枠内で、開発途上諸国に対し一定の配慮を行うという方針が定着している。


（4）地域的な経済機構

　WTOが世界規模の取組みであるのに対し、地域レベルでさらに進んだ貿易の自由化を促進するための交渉も進められており、二国間あるいは地域的な**自由貿易協定**の締結も珍しいことではない。中には、**欧州経済共同体（EEC）**から**欧州連合（EU）**へ進んだヨーロッパのように、地域的な共同市場の構築から、

経済統合、さらには政治や社会も含んでの包括的な地域統合への道を歩んでいる地域も存在する。現在 EU では、共通の通貨「ユーロ」も導入されており、実質的に各国政府と EU が共同で経済運営を担当する段階に達しているともいえる。しかし2010年頃から深刻化したギリシャの経済危機で明らかになったように、問題もないわけではない。日本の場合には、太平洋周辺国の間で、原則的に関税の大幅な削減と各種の貿易規制の撤廃を目指そうとする**環太平洋パートナーシップ協定**（TPP）交渉とその具体的な内容について、国内の産業の保護との兼ね合いもあり、難しい交渉が進められてきたが、2015年に合意が成立し、2016年に参加国による署名が行われた。

## 4　通貨の安定に国際機構は有効か

### （1）国際通貨

　各国間の貿易の決済では、例外的に物々交換が行われることもあるが、基本的には各種の通貨が使用されており、最も普通に使われているのは米ドルで、一般に**基軸通貨**と呼ばれている。しかし、米ドルはあくまでもアメリカの通貨であり、アメリカ政府の管理下にあり、本当の意味での国際通貨ではないうえに、米ドル以外の通貨による国際的な決済も決して珍しいことではない。また、貿易の決済だけでなく、各国の通貨同士を売買することにより利益を得ようとする**外国為替取引**も盛んである。これには、単純に通貨同士を交換するだけでなく、さまざまな方法での取引が含まれており、貿易の決済等のために他国の通貨が必要な場合だけでなく、最初から通貨を「商品」として購入、転売することで利益を得ようとするような取引も多い。このような国際的な通貨取引の総額は、莫大なものに上っている。

　しかし、このような状況のもとで、国際社会に、通貨や金融の流れや取引を監督するための、中央銀行に相当する役割を果たす国際機構は存在していない。したがって、「リーマン・ショック」が国際的な金融不安に発展する様相を呈した時に、まず対応しようとしたのは各国の政府であり、国際社会ではなかった。さらに、その対応に関し、各国の政府や中央銀行がどのような対策をとるかを調整するに際して、各国の担当者の間で何重にも協議が繰り返される

第2部　国境を越えた共通問題への共同処理

という煩雑な事態が各所で発生してしまった。そして、それは各国政府に対して、国際的な金融問題に迅速に対処するための何らかの方策の必要性を再認識

## コラム9：「リーマン・ショック」と国際機構の存在意義

　2008年にアメリカで住宅ローンの焦げつきから大手金融機関が倒産、いわゆる「リーマン・ショック」が発生した。問題の発生自体は、アメリカ国内で、十分な収入が無いはずの低所得者に対し、高めの利率で、収入に見合わない額の大きな金額の住宅ローンを組んで住宅を購入させるという、「サブプライム」と呼ばれるタイプのローンが広く行われたことであった。経済の先行きの見通しが明るく、住宅価格が上昇している間は、仮にローンの返済が困難になった場合でも、購入した住宅を高く転売することで、ローンを返済すると同時に利益を得ることも可能で、あまり問題は発生していなかった。むしろ、より大きな利益を求めて、積極的に住宅の購入と転売を繰り返す利用者も珍しくなかったといわれている。そのため、多くの金融機関が、利用者の所得水準に十分な注意を払わないまま、積極的にこのタイプのローンを拡大していったのである。さらに、このタイプのローンは証券化され、金融市場で広く売買され、さまざまなポートフォリオにも普通に組み込まれるようになっていた。

　しかし、経済の見通しが悪化すると、当然のことながら住宅市場も停滞し、住宅の売れ行きは落ち、また、住宅価格の上昇も止まる事態となった。その結果、住宅が転売できなくなったり、あるいは低価格での転売を余儀なくされたりするサブプライム・ローンの利用者が一気に増加した。もともと利用者のほとんどが低所得層であったことから、当然多くのローンは返済不可能となり、このタイプのローンを扱っていたアメリカの多くの金融機関が損害を出し、最終的には、大手の金融機関も倒産に追い込まれるほど事態は深刻化してしまったのである。そして、世界の経済の中心地であるアメリカで発生した金融危機の影響は瞬く間に世界中に広がり、いわゆる「リーマン・ショック」と呼ばれる世界規模での経済不況を引き起こし、日本もその影響を避けることはできなかった。このことは、あらためて私たちに経済の国際化の進展を認識させる契機となり、また、それと同時に、ここまで経済の国際化が進んだ現在、このような国際経済の混乱の発生を防いだり、影響の拡大を抑えたりするためには何が必要なのかという問題を強く提起した。そして、その議論の中で、あらためて国際経済の中での国際機構の存在意義が問い直されたともいえるのである。

第8章　経済・貿易・通貨・開発

させることになった。

### （2）国際的な為替管理の限界

　本来、国際的な金融問題を担当する国際機構は、1944年に結ばれた**ブレトン ウッズ協定**に基づき、1945年に設立された**国際通貨基金（IMF）**である。IMFは特に短期的な国際為替の安定をその目的とし、国際的な金融協力の促進、貿易の拡大と加盟国の経済成長の促進、為替の安定と国際的な決済制度の促進、国際収支の一時的な不均衡の是正を主な活動内容としていた。また、IMFの意思決定は、各国に平等の投票権を認めるものではなく、IMFへの出資額に応じて投票数が決定される**加重表決制**を採用しており、各国の経済力に応じる形で、発言力が確保されるしくみとなっている。

　設立当初のIMFの活動は、金と交換可能な米ドルが基軸通貨として安定しているという前提で実施されていたために、1971年にアメリカがドルと金の交換を停止したことにより根本的な見直しを余儀なくされた。やがて国際為替市場が**変動相場制**に移行し、さらに国際経済の規模の拡大により国際的な為替取引が多様化、巨大化するに従い、実際にIMFが国際的な通貨の流通を管理、調整する余地はほとんど無くなってしまった。

　その結果、現在ではIMFの主な活動は、国際的な金融・通貨に関する会議の開催の他に、開発途上諸国への金融・為替支援や国際金融に関する調査、研究に移ってきた。しかし、「リーマン・ショック」の発生において、IMFの対応が後手に回ったとの反省から、特にその調査能力を強化し、国際金融における早期警報機能を拡充すべきとの議論が進められている。いずれにしても、IMFは国際金融を直接管理する権限や能力を与えられているわけではなく、自力で国際的な金融政策を展開することは期待できない。

## 5　開発における国際機構の役割とは何か

### （1）南北問題と国際機構

　現在の国際社会において最大の問題は、開発途上諸国の貧困と、先進工業諸国との間の経済格差、いわゆる「**南北問題**」であろう。そして、国際機構が最

第2部　国境を越えた共通問題への共同処理

### 資料2　ミレニアム開発目標（抜粋）

| 目　　標 | ターゲット／指標 | 達 成 度 |
|---|---|---|
| 極度の飢餓と貧困の撲滅 | 極度の貧困の半減 | 達成 |
| | 生産的・適切な雇用の確保 | 未達成 |
| | 極度の飢餓の半減 | ほぼ達成 |
| 初等教育の完全普及 | 初等教育の完全普及 | 顕著な改善 |
| ジェンダー平等と女性の地位向上 | 初等教育における女性の就学率 | ほぼ達成 |
| | 女性賃金労働者の割合 | 未達成 |
| | 女性国会議員の割合 | 未達成 |
| 乳幼児死亡率の削減 | 5歳以下死亡率を2／3削減 | 未達成 |
| 妊産婦の健康の改善 | 妊産婦死亡率を3／4削減 | 未達成 |
| | リプロダクティブヘルスへのアクセス | 未達成 |
| HIV／エイズ、マラリアその他の疾病の蔓延防止 | HIV／エイズ・マラリアの蔓延防止 | ほぼ達成 |
| | 結核の蔓延防止 | ほぼ達成 |
| 環境の持続可能性の確保 | 安全な飲料水のない人口の半減 | 達成 |
| | 衛生施設のない人口の半減 | 未達成 |
| | スラム居住人口の半減 | ほぼ達成 |
| 開発のためのグローバルパートナーシップの推進 | インターネット利用者の拡大 | 一部未達成 |

出典：The Millennium Development Goals Report 2015, United Nations

　も大きな役割を果たしているのもこの分野である。大きく分けると、開発の促進において、国際機構は、国際的な会議を開催し、開発の方向性や指針を定め、各国間の開発協力の調整を行うなど、国際社会における交渉、協議を促進する役割と、国際機構自体が技術や資金を提供することで、直接協力する場合の2つの機能をもっている。いずれの場合においても、各国が独自に行う開発協力が、それぞれの政治的、経済的な利益を反映しがちなのに比べ、国際機構は、中立、公平な立場から開発を進めることが可能であり、規模としては二国間での協力に比べて小さいにしても、開発途上国側からは、国際機構が関与する協力は高く評価される傾向が強い。特に、短期的に援助の見返りが期待できないことから、二国間での援助において優先順位が低くなりがちな最貧国に対しては、国際機構が主要な援助の提供者となっている場合も珍しくない。

第8章 経済・貿易・通貨・開発

## （2）ミレニアム開発目標（MDGs）と国際機構

現在世界には、1日に1.25米ドル以下（世界銀行の定義）の収入での生活を強いられている、いわゆる絶対的な貧困ライン以下の所得しかもたない人々が、まだ14億人いるとされている（2005年）。このような事態を解消するために、国連は2000年の国連ミレニアムサミットにおいて、2015年までに国際社会が達成すべき開発の目標として、**ミレニアム開発目標（Millennium Development Goals: MDGs）**を定めた。これについては、国連の全加盟国と国連システムのほとんどの国際機構が支持を表明した。MDGsの具体的な内容としては、2015年までに貧困と飢餓の撲滅、初等教育の普及、女性の地位向上、乳幼児死亡率の削減、妊産婦の健康状態の改善、HIV／エイズ、マラリア等の感染症の蔓延防止、環境の持続可能性の確保、開発のためのグローバルなパートナーシップの構築の8つの分野において、それぞれの目標の達成への協力を各国と各国際機構に求めていた。このMDGsの実施においては、一定の進展はあったものの、すべての目標を2015年の期限までに達成することできなかった。しかし、MDGsが世界的な開発の推進において大きな役割を果たしたことは、国際機構の開発分野における重要性を示すものである。

さらにポストMDGsとして、新たに2030年までに、MDGsの未達成の目標へのフォローアップや、1992年の「**環境と開発に関する国連会議（UNCED）**」で採択された「環境と開発に関するリオ宣言」とその行動計画である「**アジェンダ21**」、また、それに続く2002年の「持続可能な開発に関する世界首脳会議（ヨハネスブルグ・サミット）」の中心的な議題であり、国際的に広く定着している持続可能な開発という概念を踏まえ、「**持続可能な開発目標**」（Sustainable Development Goals：SDGs）が2015年に国連総会で採択された。SDGsは、具体的には貧困や飢餓の撲滅、健康的な生活や教育の機会の保障、ジェンダーの平等や格差の是正の開発の促進と、持続的な消費と生産、気候変動の抑制、海洋環境の保全、種の保存や砂漠化の防止、およびそのための体制づくりなど、17の具体的な目標を掲げている（第10章「環境」参照）。

## （3）技術協力と資金協力

国際機構が実施する具体的な開発協力の方法としては、開発の促進に必要な

129

技術を提供する**技術協力**と、必要な資金を提供する**資金協力**の2種類があり、技術協力に関しては、**国連開発計画（UNDP）**やさまざまな国連の専門機関やプログラム、基金が主に担当している。その中には、**国連工業開発機関（UNIDO）**のように開発の促進を主な目的として設置された機構だけでなく、**国連教育科学文化機関（UNESCO）**、**世界保健機関（WHO）**や**国連食糧農業機関（FAO）**、**国際労働機関（ILO）**など、ほとんどの専門機関も開発途上諸国に対する技術協力に力を入れており、実質的には開発協力がその活動の主要な部分を占めている国際機構は珍しくない。しかし、さまざまな機構が開発協力に関係する活動を拡大した結果、組織が肥大化し、効率的な運営に支障が生じたり、各機構の間での活動の調整の不足から、重複や摩擦などの問題が発生したりするなど、弊害も無いわけではない。

　資金協力においては、**世界銀行、国際開発協会（IDA）、国際金融公社（IFC）**を中心とする世界銀行グループによる開発途上諸国に対する資金供与が、大きな役割を果たしており、かつては、日本も東名高速道路や東海道新幹線の建設等において、世界銀行から融資を受けていた（第1章「国際機構の歴史」参照）。また、**アジア開発銀行（AsDB）**と**アジア開発基金（ADF）**、**アフリカ開発銀行（AfDB）**と**アフリカ開発基金（AfDF）**、**欧州投資銀行（EIB）**と**欧州復興開発銀行（EBRD）**のように、地域の特性に応じて資金供与を行っている地域的な開発金融機関や、**国際農業開発基金（IFAD）**のように特定の分野に特化して資金協力を行う機関もある。このような状況のもとで、資金協力を受ける開発途上諸国側は、二国間での資金協力も含め、できる限り有利かつ効率的に資金を調達するための選択肢を選ぶことも可能になっている（第4章「国際機構の財政」参照）。

　これらの国際的な金融機関においては、その意思決定において、他の多くの国際機構と異なり、資金の提供額に応じて、何らかの形での**加重表決制**が導入されている場合が多い（第5章「国際機構の意思決定」参照）。また、世界銀行に代表されるように、融資の決定においては、まず経済的な合理性が基準となり、政治的な考慮は基本的に排除されるようになっている。そのような観点からは、これらの国際金融機関は、公的な銀行という側面をもっているということもできる。しかし、その結果として、これらの国際的な金融機関が、多くの資金を提供している先進工業諸国の定める基準に基づいて実質的に運営されて

いるという批判もあり、中国の主導により開発途上諸国側に大きな発言権を認める**アジアインフラ投資銀行（AIIB）**の設立のように、新しい動きもみられるようになった。

### （4）開発分野における調整と協力

このように開発協力分野における国際機構の活動が多岐にわたるようになるにつれて、場合によっては国際機構による開発協力において同じような活動が重複して展開されたり、異なる国際機構が進める協力の内容に矛盾が生じたりするなど、無駄や非効率の問題が発生することはある程度避けられないことであった。そのような問題に対応するために1997年に、開発協力分野で活動する組織間での調整を目的とする**国連開発グループ（UNDG）**が設置され、より効率的で連携のとれた開発協力の進展が求められるようになった。開発協力の成果を確実なものにするためには、技術協力により途上国が獲得した能力を活かして国内で産業を興すために必要な資金やインフラの整備のための資金が、適切なタイミングで融資されるような、長期的な視野での開発協力計画の調整が、着実に実施されることが不可欠である。

また、国際機構相互の間だけでなく、日本のように二国間でも大きな開発援助予算をもっている先進工業諸国や、場合によってはNGOの活動との調整も、効率的な開発の促進のためには不可欠といわなければならない。そのため、国際機構と各国が協調して援助を展開する**マルチ・バイ方式**の拡大や、援助の対象となる国や地域に関し、世界的、地域的な機構や主要な援助提供国、場合によってはNGOを含めてより効率的、効果的な援助を提供するために協議する**ラウンドテーブル**の開催なども開発の促進にとっては極めて重要である。このようにさまざまなアクターが特定の国家あるいは開発協力プロジェクト、プログラムにかかわる場合には、中立的で専門性の高い国際機構が調整役を担ったり、議論を主導したりすることがしばしば期待されており、そのような観点からも、国際機構が開発協力において果たすべき役割はますます重要になっている。

第2部　国境を越えた共通問題への共同処理

# 6　これから国際機構にはどのような役割が期待されているか

## （1）国際機構の限界と利点

　アメリカや日本のような先進工業国でさえ、国内の経済政策の企画や立案には多くの困難を伴っている。また、政策を立案しても、それを計画通りに実施し、期待通りの成果を上げることは極めて困難であり、結果としては予想から大きく異なることも珍しいことではない。そのような観点から考えるならば、国内の経済よりもはるかに規模が大きく、また複雑である国際経済を、国際機構が有効に、管理、運営あるいは調整することは、到底期待できない。このような国際経済の現実の中で、国際機構の役割を考えるならば、それは、たとえば貿易や金融のような分野では、深刻な問題が発生する前に、情報を集め、各国に注意を促したり、問題の回避のために必要な措置への協力を求めたりするような、アドバイス的な機能であろう。そのような機能を果たすことで、経済的に有力な国々が、効果的なタイミングで協調的に国際経済に影響を及ぼす政策を実施するきっかけを提供することに成功すれば、その意義は大きい。

　また、国際経済全体を管理することは望めなくとも、WTOのセーフガードの発動や、IMFによる国際的な通貨・金融の危機回避のための融資など、問題が国際社会全体に大きな影響を与える規模に拡大、深刻化する前に、国際機構が適切に対応することで、対処できるような場合も想定できる。問題が小さい間なら、国際機構が有効に対処することも、ある程度期待できるだろう。

## （2）国際的なセーフティーネットとしての国際機構

　さらに、開発協力においては、国際機構が果たす役割は極めて大きい。特に資源や市場、あるいは安全保障の観点から多くの国にとって重要性に乏しい最貧国や、短期的には見返りに乏しい社会的な分野における援助の提供など、二国間ではどうしても予算配分の優先順位が下がる場合には、国際機構が主導的な役割を果たさなければならない。そういう意味では、国際機構が、国際的な経済の分野で、セーフティーネットとしての役割を果たしている部分は、決し

第 8 章　経済・貿易・通貨・開発

て小さくはないといわなければならない。MDGs の設定にもかかわらず、国
際社会における貧困の問題の解決はまだまだ遠いうえに、南北間の格差も解消
の見通しすら立っていないのが現実である。このような観点から考えれば、今
後、自由主義の原則がより幅広く定着するとしても、国際経済の分野で国際機
構に期待される役割は極めて大きい。

**♣参考文献：**
　岩田規久男『国際金融入門（新版)』　岩波書店、2009年
　国連開発計画（UNDP）編『人間開発報告書』（年刊、訳者および日本語版出版社は年毎に
　　変更有）
　中川淳司『WTO──貿易自由化を超えて』　岩波書店、2013年

# 第9章　文化・知的協力

【この章で学ぶこと】
　文化の普及と正義・自由・平和のための教育は、人間の尊厳と世界の平和にとって不可欠である。このような考え方が国際連盟期に提唱され、第二次世界大戦後の国連教育科学文化機関（UNESCO）の活動に継承されていく。他方で、グローバル化は、地球規模で文化を普及・流通させてきた。しかしながら、文化のグローバル化はそのときどきの支配的な文化や国に有利な形で進むことが多く、その結果、特定文化の世界支配とその反作用としての文化的孤立をもたらしかねない。本章では、文化・知的交流による平和の文化の実現と、文化のグローバル化をめぐる対立について、国際機構がどのようにかかわっており、そこにどのような意義があるかについて考えよう。

## 1　平和のための知的国際協力はどのように誕生・展開したか

### (1) 文化・教育による平和

　UNESCO 総会が1972年に採択した世界遺産条約は、文化遺産や自然遺産の重要性を考慮し、これらの保護を国際社会全体の任務としている。締約国には、普遍的価値をもつ自然・文化遺産を認定・保護・整備し、それらを将来世代に継承することが義務づけている。世界遺産リストに登録された日本遺産は、法隆寺、姫路城、京都文化財、白川郷・五箇山の合掌造り集落、原爆ドーム、厳島神社、奈良文化財、日光社寺、琉球遺産、紀伊山地の霊場・参詣道、石見銀山遺跡、平泉の建築・庭園・遺跡、富士山、富岡製糸場、明治日本の産業革命遺産（以上、文化遺産）、屋久島、白神山地、知床、小笠原諸島（以上、自然遺産）である。

　この世界遺産とは別に、UNESCO は世界記憶遺産（Memory of the World）に

も取り組んでいる。これは手書き原稿、書籍、ポスター、図画、地図、音楽、写真、映画等の記録遺産のうち世界的重要性を有する物件をユネスコが認定・登録する事業である。その目的は、世界的に重要な記憶遺産の保存を最もふさわしい技術を用いて促進し、重要な記憶遺産へのアクセスを可能にし、加盟国における記憶遺産の存在と重要性の認識を高めることにある。これまでに登録された記憶遺産の中には「フランス人権宣言」や『アンネの日記』などがあり、わが国からは、山本作兵衛炭坑記録画・記録文書、御堂関白記、慶長遣欧使節関係資料の3点が登録されている。2015年10月、中国が申請した「南京大虐殺文書」が記憶遺産として登録された。これに対して日本政府は、同文書が客観的事実に基づいていないとの理由で中国およびUNESCOに抗議している。

　UNESCO は、教育、科学、文化を通じて平和と安全に貢献することを目的に、第二次世界大戦後創設された国際機構である。文化の普及と正義・自由・平和のための教育は、人間の尊厳にとって不可欠である。永続的平和も、政治的・経済的な国際協力だけでなく、人類の知的・精神的連帯に依拠してはじめて確保される。このような文化・教育による平和の思想は**国際連盟**（連盟）の時期に提唱され、戦後、UNESCO の活動に継承されていく。


### （2）国際連盟の経験

　平和のための知的国際協力は、国際連盟期に生まれた。ここでは内田孟男と篠原初枝の研究に依拠して、国際連盟期の経験をたどってみよう。

　学問や文化の知的交流を国境を越えて促進するという意思表明は、1920年、第1回連盟総会でなされた。翌1921年、フランス代表のレオン・ブルジョワは連盟理事会において、「加盟国間に相互的な知的活動の精神がなければ、いかなる国家連合も存続を期待できない」「連盟はできるだけ早い機会に、連盟の政治的理念が、国家を結びつける知的生活のあらゆる側面といかに密接に連関しているかを証する手段をとるべきだ」と訴えた。こうして1922年に、**国際知的協力委員会（ICIC）**が、連盟理事会の諮問機関として設置された。当時、連盟事務局次長であった**新渡戸稲造**は、知的協力機関が必要であることを早くから認識し、ICIC の設置に大きく関わった。そして ICIC 設置後は代表幹事としてその事務を担当した。

第2部　国境を越えた共通問題への共同処理

　連盟時代の知的国際協力は、知識人・研究者の交流から始まった。設立時の ICIC 委員には、哲学者アンリー・ベルグソン、物理学者マリー・キュリー、アルベルト・アインシュタインなどの知識人が就任した。委員は欧米出身者が大半を占めていたが、中国代表は、西洋人は東洋の知性（インテレクチュアリズム）を看過すべきではなく、知的協力はすべての知性を網羅しなければならない、と述べているのは興味深い。

　ICIC は、知識人の交流のみならず、大学や研究機関の協力、知的国際協力の基盤固めのために支援が必要な国の調査などを行った。ICIC は、甚だしい困窮状態にある国の知的生活水準の調査、知的財産権に関する国際条約案の審議、各国の大学間協力などを進めた。ICIC に対応する国内組織として、学術協力国内委員会が各国に作られた。1926年、フランス政府の資金援助により、パリに**国際知的協力機関（IIIC）**が創設された。IIIC は、ICIC の立案する事業の実施機関として活動し、フランス政府のみならず、アメリカの民間団体であるロックフェラー財団なども IIIC に財政支援を行った。

　1930年に ICIC 内に設けられた調査部会は、国際知的協力の定義、活動分野、方法などについて報告書を作成した。それによれば、知的協力の目的は「平和を維持する手段としての国際理解の精神を奨励するために、知的努力のすべての分野において国家間協力を促進すること」だった。そして、ICIC の活動分野として、理念の交換を通じた個人間の接触、知的性格を有する組織の間の協力の奨励、異なる国の文芸・芸術・科学的努力の知識の普及、国際問題についての共同研究の実施、知的権利の国際的な保護と支援、教育手段を通じた国際連盟の原則の周知、の6つをあげている。

　知的協力体制を制度的に整備する作業に加えて、諸国民に平和、政治、歴史をどう教えるかについて、ICIC は設立当初から討議を行ってきた。たとえば、1923年に開かれた ICIC 会合は、大学は諸国間の理解を深めることをめざし、いたずらに敵愾心を煽るようなことがらを教えるべきではないという趣旨の決議を採択した。連盟の仕事や精神を青少年に教育することも重視された。1923年、連盟総会は「各国政府は連盟の存在、目的、規約の精神を児童や青少年に周知させるべきである」とする決議を採択し、「教育による平和」という試みが連盟参加の下に行われることになった。ICIC はこの問題に取り組み、いく

第9章　文化・知的協力

つかの政策を提案している。

　1930年代に入ると、日本、ドイツ、イタリアが連盟から脱退し、1939年には
ソ連が連盟から除名され、連盟加盟国の地理的普遍性は損なわれた。しかしな
がら、連盟が政治的分野でその無力を露呈しつつあったときに、ICICはその
活動を強化していった。軍国主義、全体主義、共産主義が諸国民の自由な知的
交流を阻害する時代にあっても、知的協力と文化の国際主義は死滅せずに底流
として存続し、第二次世界大戦後の国連とUNESCO設立の思想的支柱となっ
ていく。

# 2　国連教育科学文化機関とその活動とはどのようなものか

## （1）平和のための教育・科学・文化

　第二次世界大戦中の1942年、ロンドンに亡命していたヨーロッパ諸国政府の
文部大臣が連合国文相会議を開催し、戦争の破壊と荒廃からの教育の復興の問
題を審議した。連合国文相会議は、その後毎年ロンドンで開催され、教育復興
のための国際機構の任務に「文化」を入れることをはじめ、恒久的な教育文化
機関の設立を準備していく。1945年11月、「教育文化機関設立のための国連会
議」がロンドンで開かれ、国連加盟国44カ国の代表が集まった。各国代表は、
この年の8月に広島・長崎に原子爆弾が使われた悲劇を想い起こし、教育と文
化に加え科学が平和のために生かされなければならないと決意して、
UNESCO憲章を採択した。

　UNESCOは、このUNESCO憲章にもとづいて翌1946年に発足した国連専
門機関である。本部はパリにある。その目的は「正義、法の支配、人権及び基
本的自由に対する普遍的な尊重を助長するために教育、科学及び文化を通じて
諸国民の間の協力を促進することによって、平和及び安全に貢献すること」
（UNESCO憲章1条1）である。「戦争は人の心の中で生まれるものであるから、
人の心の中に平和のとりでを築かなければならない。相互の風習と生活を知ら
ないことは、人類の歴史を通じて世界の諸人民の間に疑惑と不信をおこした共
通の原因であり、この疑惑と不信のために、諸人民の不一致があまりにもしば
しば戦争となった」というUNESCO憲章前文の文章は、UNESCOの理念を

137

第2部　国境を越えた共通問題への共同処理

語っている。前文はまた、文化の広い普及と正義・自由・平和のための教育が
人間の尊厳にとって不可欠なこと、政治的・経済的取極だけでなく人類の知
的・精神的連帯に依拠してはじめて永続的平和が確保できることを宣言する。
これらは連盟期の ICIC の思想を継承している。

### （2）UNESCO の組織

UNESCO の主要機関には、総会、執行委員会、事務局がある。総会はこの
機構の最高意思決定機関であり、2年に1回開かれ、この機関の政策と事業の
主要な方針を決定する。執行委員会は、58の執行委員国から構成され、年2回
開催される。日本は UNESCO に加盟して以来、継続して執行委員国である。
執行委員会は、総会が採択した計画の実施に責任を負い、事務局長が計画を実
施するために必要な措置を執る。事務局は4年任期の事務局長の下、約2400名
の職員から構成される。事務局長は、事業・予算案や活動計画案を作成する。
事業分野別の5つの局（教育、自然科学、人文・社会科学、文化、情報・コミュニ
ケーション）が管理担当部局と協力して UNESCO の事業を実施している。松
浦晃一郎は、第9代事務局長として、1999年から2009年まで2期を務めた。

### （3）UNESCO の活動

UNESCO は国際機構としてどのような事業を行っているのだろうか。その
名前が示すとおり、UNESCO は教育、科学、文化の分野で様々な活動を地球
規模で展開している。

教育分野は教育局が担当する。教育局の事業として、①万人のための教育
(Education for All, EFA) の調整・企画（EFA の国際調整とモニタリング、EFA 達
成のための政策・企画・評価）、②万人のための基礎教育の達成（基礎教育の普及、
識字率イニシアチブと国連識字の10年、教員教育）、③質の高い教育の促進（共生教
育、エイズ予防教育）、④義務教育後の支援（中等教育および技術・職業教育、知的
社会のための高等教育）があげられる。

科学分野は自然科学局と人文・社会科学局が担当する。自然科学局の事業と
して、①科学・環境・持続可能な開発（水の相互作用、危機に瀕するシステムと社
会的挑戦、持続可能な開発のための環境および地球科学）、②持続可能な開発のため

第9章　文化・知的協力

の科学技術分野における能力開発（基礎科学および工学、再生可能なエネルギー開発と災害の軽減、持続可能な開発のための科学技術政策）があげられる。他方、人文・社会科学局の事業として、①科学倫理および哲学（科学倫理、先見、哲学、人文科学、民主主義、人間の安全保障）、②人権および社会変容（人権の促進、社会変容）があげられる。

　文化分野は、文化局および情報・コミュニケーション局が担当する。文化局の事業として、①世界文化遺産の保護（世界遺産保護のための能力開発の強化、無形文化遺産の認定と保護）、②文化遺産の保護と修復、文化的財産の保護、③文化政策・文化産業・文化間対話の強化（文化政策の開発、文化間対話の促進、文化産業と工芸の奨励）があげられる。他方、情報・コミュニケーション局の事業として、①表現の自由に重点を置いた情報と知識のアクセスを通じた人々の能力強化（表現の自由とユニバーサルアクセスの促進のための環境の創造、コミュニティアクセスとコンテンツの多様性の促進）、②コミュニケーションの開発および教育、科学、文化のための情報コミュニケーション技術（ICT）の促進（メディア開発の促進、教育・科学・文化におけるITC利用の促進）があげられる。

　文化分野において、UNESCOはこれまでに世界遺産条約（1972年）、水中遺産条約（2001年）、文化多様性世界宣言（2001年）、無形遺産条約（2003年）、多言語主義の促進に関する勧告（2003年）、文化多様性条約（2005年）などの重要な条約や勧告を採択してきた。

## 3　文化のグローバル化は国際機構での交渉にどのように影響したか

### （1）文化のグローバル化と自由論・規制論

　私たちは、今日、世界のさまざまな地域の書物、音楽、美術、演劇、映画、アニメなどのサブカルチャーに簡単に接することができる。グローバリゼーションの拡大・深化は、人、物、資本、情報の国境を越えた自由な移動とともに、地球規模での文化の普及、流通をも促進してきた。これが**文化のグローバル化**である。文化のグローバル化は、私たちの生活を豊かにしてくれている。しかし他方で、文化のグローバル化はそのときどきの支配的な文化に有利な形

139

第 2 部　国境を越えた共通問題への共同処理

で進むことが多い。その結果、特定文化の世界支配、文化の均一化がおこり、それへの反作用として、少数文化の**文化的孤立**をもたらしかねない。文化のグローバル化がはらむ問題は、このように複雑かつ多面的であって、安易な単純化はできない。

　文化のグローバル化から生じる多様な状況は、文化についての 2 つの対照的な態度を生みだしてきた。1 つは、文化の自由な交流は私たちの生活を豊かにしてくれるから、それは他の物やサービスと同様、市場と資本の論理に従って自由に行われることが望ましいという態度である（**自由論**）。もう 1 つは、市場と資本の論理のみに従った文化の交流は特定文化の世界支配を生み、それは結果的に地球上の文化を画一的で貧困なものにしてしまう。それを回避するた

### コラム10：危機に瀕している世界の諸言語

　UNESCO の刊行物『危機に瀕している世界の諸言語』（2010年）によれば、UNESCO がリストアップした2473の言語のうち、178の言語が10～50人だけで話され、146の言語が10人以下で話され、577の言語が消滅の危機にあり、230の言語が1950年以降すでに消滅した。適切な保護措置を講じなければ、現在地球上で話されている6000以上の言語の約半数が、今世紀末には消滅するという。そこでは、アイヌ語や琉球語も消滅の危機にある言語リストに含められている。

　言語権とは、すべての人が自ら選択する言語、特に母語によって自己を表現する権利である。それは、UNESCO が採択した教育差別禁止条約、文化多様性世界宣言、国連が採択した市民的及び政治的権利に関する国際規約に述べられている。宗教、歴史と並んで言語もまた政治的同一性と密接に結び付く。そのため、諸国政府は、言語権を認めることが国内少数民族の分離独立につながることを恐れ、これをなかなか認めようとしない。ひとつの言語が消滅することは、ひとつの自然環境と共生する社会形態の消滅を意味することが多い。したがって、言語権の保護を欠いたまま、文化の多様性を含む持続可能な人間社会の実現はあり得ない。なお、ヨーロッパでは、欧州評議会が欧州地域言語・少数言語憲章と民族的少数者保護枠組条約を採択し、言語権の擁護に積極的に取り組んでいる。

めには文化の交流に何らかの規制を加えるべきだという態度である（**規制論**）。
この自由論と規制論の対立は、各国の**文化政策**や、貿易の多国間協定である**関税と貿易に関する一般協定**（GATT）、貿易分野の国際機構として GATT を引き継いだ**世界貿易機関**（WTO）、さらには UNESCO における文化に関するルール・制度の形成に大きな影響を及ぼしてきた。

### （2）貿易・投資と文化

　映画、ラジオ・テレビ番組、広告、ビデオ、出版物、インターネットなど、音響・映像についてのオーディオ・ビジュアル分野は、私たちに大変なじみが深い。この分野は、芸術性の観点などから文化であると同時に、商業性も伴うことが多く、文化産業でもある。これらのオーディオ・ビジュアル分野は、一国の文化の問題であると同時に、文化産業が海外市場を開拓することにより貿易や投資の自由化の問題ともなる。そのため、オーディオ・ビジュアル分野は、**貿易・投資と文化**をめぐる自由論と規制論の対立をもたらした。オーディオ・ビジュアル分野の対立は、各国の文化政策や文化的アイデンティティをめぐる対立であると同時に、各国の文化産業間の競争をめぐる経済的対立でもある。それらは、貿易・投資分野の条約の定立、適用、解釈の形をとって、国際機構の場で展開していく。

### （3）映画と GATT

　第一次世界大戦後、アメリカ合衆国（以下、アメリカ）映画が急速に発展し、世界の映画市場の大半を占めるに至った。これに対してヨーロッパ諸国は、アメリカ映画の寡占状態による自国の映画産業の衰退や自国の理想やアイデンティティへの影響を懸念し、自国映画産業を守るための規制、すなわち種々の割当（クオータ）を導入した。これに対してアメリカ政府は、自由論で対抗した。ヨーロッパ諸国との交渉においても、アメリカが外国映画の輸入制限を行っていないことをあげつつ、映画産業への投資リスクを減じるためには映画における自由貿易が必要であることを強調した。

　第二次世界大戦後、国際貿易機構（ITO）の設立を目的に作成されたものの未発効に終わったハバナ憲章は、その19条において、一定の条件のもとで映画

第2部　国境を越えた共通問題への共同処理

の映写時間割当を認めた。映写時間割当が条件つきで維持されたのは、映画は外国との競争から保護されるべき性質をもつことが認められたからである。GATT もその4条において、外国映画への数量規制（映写時間割当）を内国民待遇（第8章「経済・貿易・通貨・開発」参照）の例外として認めた。加盟各国はこの措置を「文化的考慮」により正当化し、国内文化政策を尊重するこの例外をGATT に盛り込むよう求めた。GATT 起草者は、既存の上映割当の維持を容認した。ここには規制論が反映している。

### （4）テレビ番組をめぐる EU、アメリカ等の交渉

　テレビ番組は私たちの日常に欠かせない。1989年に欧州経済共同体（EEC、現在の欧州連合（EU）の前身）はテレビ番組についての規制、「国境なきテレビ指令」を採択した。この4条1項は、ニュースやスポーツに割り当てられた時間を除く放送時間の半分を超える時間を「欧州作品」のために確保することを加盟国に求めた（これをローカル・コンテント要求という）。アメリカは、これをGATT の最恵国待遇、内国民待遇、数量制限禁止（第8章「経済・貿易・通貨・開発」参照）に違反すると主張し、これに対して EEC は、テレビ番組はサービスであり GATT の対象外である、そもそもローカル・コンテント要求には法的拘束力がないから問題ない、と反論した。その後、EEC とアメリカとの間で GATT22条に基づく紛争解決のための協議が行われたが、不調に終わり、合意には至らなかった。

　ほぼ同時期に GATT の対象から外れていたサービスの貿易についての自由化交渉が GATT のウルグアイ・ラウンド（1986〜1994年）（第8章「経済・貿易・通貨・開発」参照）で行われた。サービスの貿易とは、国営の場合の電力や水道のサービスを除いたすべての分野のサービスについての国境を越えた取引・提供・消費で、職業実務、通信、建設・技術、流通、教育、環境、金融、健康、保健など多岐にわたる。これを**サービスの貿易に関する協定（GATS）**として一本化する交渉において、自由派と規制派はオーディオ・ビジュアル分野をどう扱うかをめぐり激しく対立した。アメリカは、文化的アイデンティティは定義できず、オーディオ・ビジュアル分野は他分野のサービスと同様、自由化の対象とすべきだと主張した。これに対して EU やカナダは、**文化的例外論**に依拠

し、これらは文化的アイデンティティにかかわるがゆえにサービスの貿易の自由化の対象にすべきでなく、アメリカの主張は貿易自由化の名のもとに各国固有の文化的表現や言語的多様性に挑戦するものだと主張した。

この対立の妥協の産物がGATS14条である。GATS14条は、GATT20条に相当する「一般的例外」を定めているが、そこに文化的例外事由はあげられていない。他方でGATS 2 条、16条、17条は、最恵国待遇、市場アクセス、内国民待遇を加盟国に課しているが、同時にいずれの義務をも免れ得る手続（最恵国待遇義務の免除については義務の約束表に記載しないネガティブ・リスト方式、市場アクセスおよび内国民待遇義務の免除については自由化を約束する分野のみ約束表に記載するポジティブ・リスト方式）を用意している。文化的例外論はGATS上公認されなかったため、オーディオ・ビジュアル分野はサービス貿易の中の通信サービスとして対象リストにはあげられたものの、諸国は上述の手続により、オーディオ・ビジュアル分野を自由化の対象から外すことが可能となった。つまり、自由論の立場の国は名を取り、規制論の立場の国は実を取ったといえよう。

GATSは、オーディオ・ビジュアル分野の自由化について一時的な「休止状態」を作り出した。最恵国待遇については、EU、カナダ、オーストラリアなど文化的例外を支持する諸国が最恵国待遇義務免除のネガティブ・リスト方式の手続を取ったのに対して、韓国、日本、香港などはそのような手続を取らなかった。市場アクセスと内国民待遇については、ウルグアイ・ラウンド合意の時点で19カ国、その後 5 カ国、計24カ国がポジティブ・リスト方式によってさまざまな制限を付した約束をしたにとどまっている。これらの国にアメリカ、インド、香港、日本、韓国が含まれる。これに対してEU、カナダ、オーストラリアは予想通り約束を行わなかった。

2000年 1 月、WTO加盟国はGATS19条に基づきサービス貿易のさらなる自由化のための交渉を開始した。しかし、2003年 9 月にカンクンで開催された閣僚会議は、ドーハ・ラウンド（2001年〜）の枠組み合意を形成するに至らず決裂した。GATSについては、サービス自由化交渉を継続する義務が確認されたが、他分野と同様、交渉の実質的進展がないまま今日に至っている。

第2部　国境を越えた共通問題への共同処理

### （5）出版をめぐる WTO 紛争

　WTO の紛争処理小委員会（パネル）（第8章「経済・貿易・通貨・開発」参照）では、貿易と文化に関する紛争が扱われた例がある。

　その1つが「出版物およびオーディオ・ビジュアル製品の貿易権・流通サービスに関する措置」事件である。中国が、出版物およびオーディオ・ビジュアル製品の輸入と流通を制限していることに対して、アメリカはそれらが中国のGATS、GATT、WTO 加盟に伴う自由化約束に違反するとしてパネルに申し立てた。パネルは、出版物の輸入と流通については、中国規則が中国企業に比して外資系企業を不利に扱っているので GATS17条に違反すると認定した。他方、オーディオ・ビジュアル製品の輸入と流通についてパネルは、①中国企業との合弁における外資割合を49％以下に制限する中国規則が GATS16条2（f）に違反する、②外国当事者が「支配的地位」を占める合弁に対してオーディオ・ビジュアル製品の流通を禁じる中国規則が中国企業に同じ制限を課していないので GATS17条に違反する、③音声記録物の電子流通を外資系企業だけに禁じている中国規則が GATS17条に違反する、とそれぞれ認定した。

　パネルは、この事件の他に、カナダとアメリカの間で雑誌に関する紛争を扱っているが、いずれの事件においても、文化保護の必要性やそのための政策の正当性について、パネルも上級委員会も、これらを正面から取り上げることはなかった。これは WTO 体制の限界を示すものでもある。

## 4　国連教育科学文化機関において文化的諸価値はどのように実現されてきたか

### （1）文化的例外から文化的多様性へ

　3（4）で見た GATS の最恵国待遇、内国民待遇による処理方式は、一見、自国の文化政策への十分な保証になっているかのようだが、実はそうとは言い切れない。WTO の基本は自由化・規制緩和の実現であり、ラウンドと呼ばれる交渉もそれを目的としている。セーフガードや補助金などの**文化的例外**を守る規制的な対応は、撤廃の方向に向かいこそすれ、逆にそれらが促進されることはない。GATS の処理は一時的な休止状態であり、今後、文化的例外が定

144

着していくことは考えられない――。文化産品を他の物と同様に自由化の対象
とすることを望まない規制論者はこのように考え、貿易交渉の場における文化
例外論という消極的な防御の論理から、文化の特殊性を強調する積極的論理へ
の転換を図る。そして、WTOから文化を直接扱う国連専門機関である
UNESCOに場を移し、そこにおいて、文化的例外にとって代わるものとして
文化多様性を提唱していくことになる。

### （2）文化多様性とUNESCO

すでに述べたように、UNESCOは文化分野においていくつもの条約や勧告
を締結してきた。それらのうち、特に文化多様性世界宣言と文化多様性条約
は、文化的例外から**文化多様性**への論理転換の観点からみて重要である。

**文化多様性世界宣言**採択の背景には、3で扱ったオーディオ・ビジュアル製
品を文化的例外として認めるか否かをめぐるカナダ・フランス対米国の対立が
あった。それに加えて、サミュエル・ハンチントンの著書『文明の衝突』や、
それが具体化したかのような9.11同時多発テロが、文化多様性や文明間対話の
問題への諸国の関心を集めてきた。

同宣言は前文と全12条から成る。宣言によれば、生物多様性が自然にとって
必要であるように、文化多様性は交流、革新、創造の源として人類に必要なも
のであり、その意味で人類の共通遺産である（1条）。文化多様性を実現可能
なものにするのは**文化的多元主義**であり、それは文化交流や創造的能力の開花
に貢献し、民主主義の基盤になる（2条）。文化多様性の保護には人権と基本
的自由の尊重、特に少数民族や先住民族の権利の尊重が含まれる（4条）。こ
のような同宣言は、文化多様性に関する加盟国の倫理的約束として重要な意義
を有し、4年後の文化多様性条約採択に向けての大きな推進力になった。

同宣言を推進力として、**文化多様性条約**（2007年発効、日本は未批准）はその
4年後に採択された。同条約において、文化多様性とは「集団および社会の文
化が表現を見出す方法の多様性」を意味し（4条1）、発展、人権、平和、民主
主義、思想の自由な流通、文化財・文化サービスの国内的・国際的普及、持続
可能な開発、人類の共同遺産などと結びつけられることで（前文および2条1、
5、6、7、8）、開かれた発展的な概念になっている。

第２部　国境を越えた共通問題への共同処理

　ところで、同条約では、文化的表現の多様性を保護・促進するための措置・政策を採るという国の主権的権利が承認された（１条ｈおよび２条２）。今後、国がこの条約を援用して自国の文化政策を正当化することは大いにあり得る。実際に「出版物およびオーディオ・ビジュアル製品の貿易権・流通サービスに関する措置」事件（３（５）参照）において、中国政府はこの条約を援用しつつ、オーディオ・ビジュアル製品は文化財であって中国政府はそれらを保護する主権的権利をもつと述べている。このような援用を通じて、この条約と将来作成される条約との間の実質的な調整が図られるかもしれない。ただし、主権的権利については、それが政府による少数者の文化抑圧の隠れ蓑になる可能性が排除できないものの（４（４）参照）、文化のグローバル化の負の側面、すなわち文化のグローバル化が支配的な文化に有利な形で進み、その結果、特定文化の世界支配、文化の均一化が進む一方で、その反作用としての文化的孤立をもたらしかねないことに対しては、この条約が少なくとも国家間レベルにおいて一定の歯止めとなることが期待できよう。

## （３）持続可能な開発と文化

　文化多様性は「**持続可能な開発（sustainable development）**」**の文化的側面**としてもとらえることができる。文化多様性のそのようなとらえ方に、UNESCOは貢献してきた。

　「持続可能な開発」は、1987年の「環境と開発に関する世界委員会」の報告書『われら共通の未来』の中で提唱されて以来、急速に国際社会に広まった（第10章「環境」参照）。それは「将来世代がその必要を満たす能力を損なうことなく、現在世代の必要を満たすような開発」を意味する包括的な概念であり、気候変動枠組条約をはじめとした環境条約の基本原則として法原則にまで発展した。

　同時にこの概念は現代的な倫理概念でもある。世代間的側面として、現在世代のみならず将来世代の生活の質を考慮に入れている点、および、同時代的な側面では「北」の人々に従来の大量生産・大量消費的生活の転換を迫るとともに「南」の人々に開発とよい統治の必要性を強調している点に、それは現れている。持続可能な開発とは、現在および将来の人々が、等しく人間としての自

己実現の可能性を保障されるべきであるという人間観・世界観に立脚して、私たちの生活を全地球規模で見直すことを促している。

　人間生活が伴う文化的側面を考慮に入れずに、人間社会の持続可能性を論じることはそもそもできないという考え方を UNESCO は早くから採っていた。1982年に UNESCO がメキシコシティで開催した文化政策に関する世界会議は、**文化政策に関するメキシコシティ宣言**を採択した。宣言の「開発の文化的側面」と題された項では、文化は開発過程の基本的部分を構成し、国の独立、アイデンティティの強化に資するものであること、均衡の取れた開発は、開発戦略の中に文化的要素が統合されることによってのみ実現可能となること、それぞれの社会の歴史的、社会的、文化的文脈に照らして開発戦略の見直しが図られなければならないことを、規定する。2001年に採択された文化多様性世界宣言でも、文化多様性は開発の源泉の１つであり、開発は経済開発の観点からのみ理解されるべきではなく、より充実した知的、情緒的、道徳的、精神的生活を達成するための手段として理解されなければならない、と述べている（３条）。

　さらに2005年に採択された文化多様性条約は、**持続可能な開発の文化的側面**として文化多様性が重要な意義を有していることを、国際法的拘束力を伴う条約として承認した。同条約は文化多様性と持続可能な開発との関係について、次のように述べている。文化多様性は持続可能な開発の主動力であり（前文）、特に途上国にとって文化と開発との関連が重要であり（１条 f）、文化が開発の基本的推進力の１つであって開発の文化的側面はその経済的側面と同様重要であり（２条５項）、文化多様性の保護・促進・維持は持続可能な開発にとって不可欠の条件である（２条６項）。


### （4）多文化主義と文化権

　**多文化主義**と**文化権**は、文化多様性と密接にかかわる概念である。多文化主義とは、「民族、移民集団、被差別集団、宗教的少数者などの集団により担われる多様な文化の存在を前提として、一国の政府が、対内的・対外的に複数の文化を恒常的に公認することを許容し擁護する態度」である。それは自由を実現可能にする基盤としての文化の重要性、集団的アイデンティティの適切な承認の必要性、政治的統合を可能にするための同胞意識の必要性という、３つの

第2部　国境を越えた共通問題への共同処理

基本的前提の一部または全部を有している。カナダ、オーストラリア、スウェーデンは多文化主義を国の政策として掲げ、移民、少数者、先住民族に対してきめ細かく多文化主義政策を実施している。

多文化主義を支える諸理念のうち、**文化の選択の自由の理念**については、市民的及び政治的権利に関する国際規約（自由権規約）27条は種族的、宗教的、言語的少数民族が自己の文化を享有し、自己の宗教を信仰・実践し、自己の言語を用いる権利を保障している。その他、子どもの権利条約、移住労働者権利条約にも同様のことが定められている。**平等の理念**については、自由権規約2条、26条、社会的、経済的及び文化的権利に関する国際規約（社会権規約）2条、人種差別撤廃条約1条がそれぞれ差別を禁止している。**共生の理念**についても、社会権規約6条、15条はすべての者の経済的・社会的・文化的生活に参加する諸権利を保障している。

4（2）で見たように、多文化主義は**文化的多元主義**という言葉で文化多様性宣言に含まれていた（同宣言2条）。しかしそれは文化多様性条約からは抜け落ちてしまった。同条約は、一国内の民族・エスニック集団の伝統文化、言語、生活習慣を中央政府が積極的に保護しこれらの集団の社会参加を促すことを、国に義務づけていない。そのような義務を伴うことなく国が文化的表現の多様性を保護・促進する主権的権利をもつと明言するこの条約には、国家間主義的性格が現れており、主権的権利の名のもとに一国内の少数者の文化を中央政府が抑圧する可能性が払拭されていない。したがって、今後、持続可能な開発の文化的側面としての文化多様性が国内的にも確実に実施されるためには、政府が多文化主義政策を採ることが求められよう。

**文化権**とは、文化領域に関する個人の権利の総体である。文化権の内容に関する議論は、憲法上および国際法上、十分に成熟しているとはいえないものの、一般には次のようにいうことができるだろう。文化権は**文化を享受する権利**、**文化を創造する権利**、**文化活動に参加する権利**から成り、そこには自由権的側面と社会権的側面がある。自由権的側面とは、文化が宗教、思想、学問と並んで人間の内面に関わる営為であって、国家権力の介入・統制が行われてはならない領域であることを意味する。自由権的側面は、国内法上、各国憲法の中で保障されている。これに対して社会権的側面とは、文化遺産を保護・継承す

ることやすべての人に文化を享受させることは、個人の自発性や民間の投資によっては達成することのできない国家の責務であることを意味する。この社会権的側面は、憲法規定上、あいまいなものにとどまっている。

　国際法上は、自由権的側面は、自由権規約の表現の自由（18条）、思想・良心の自由（19条）などにより十分に保障されている。社会権的側面も、文化的生活に参加する権利などを保障する世界人権宣言（27条）、社会権規約（15条）その他の人権条約によって、その法的正当化が可能である。

　文化多様性宣言 5 条は「文化多様性を実現する環境としての文化権」を次のように規定している。「文化権は人権の構成部分であり、普遍的で不可分で相互依存的である。創造的多様性を開花させるためには世界人権宣言27条、社会権規約13条・15条に規定された文化権の完全実施が必要である。それ故にすべての人は、自ら選択した言語特に母語により、自己を表現し自己の作品を創造し普及させる権利を有し、自らの文化的同一性を十分に尊重する質の高い教育と訓練を受ける権利を有し、人権と基本的自由を尊重しつつ自ら選択する文化的生活に参加し自らに固有の文化的慣習に従って行動する権利を有する。」

　この文化権により、文化多様性を国家内部の集団の視点からとらえることが可能になる。文化は本来国家という枠組みで括り切れるものではない。一方で一国の中に複数の文化があり、他方で文化圏が国境を越えて広がっている。けれども、国際法は原則として国家間の合意に基づくため、この事実が常に考慮されるとは限らない。文化権は、このような国際法の内在的限界を矯正する機能を果たし得る。文化権が認められることによって、国家の主権的権利にとどまっている国家間主義的な文化多様性が、国内少数民族等の種々の文化の存在を承認する多文化主義に転化し得る。

## 5　文化・知的協力において国際機構はどのような意義を有するか

　UNESCO は、二度の世界大戦を教訓として、連盟期に生まれた平和の実現のための文化・知的国際協力を推進していった。その後、グローバリゼーションの進展とともに、文化のグローバル化という現象が起こり、文化が国境を越

えてより自由に交流するようになった。このような現象は私たちの知的生活を豊かにしたものの、文化的アイデンティティの対立という負の面をももっており、必ずしも平和のための知的国際協力を保障するものではなかった。文化のグローバル化をめぐって従来から続いてきた規制論と自由論との対立の場は、WTO から UNESCO に移った。文化・知的国際協力において国際機構はどのような意義を有しているのだろうか。内田孟男によれば、それは以下の4つである。

第1は、国際機構が国際公共財提供の担い手として適しているがゆえに、文化の知的国際協力の場としての役割を担うという点である。世界平和は国際公共財であり、世界平和を実現する手段としての知的国際協力は国際公共財またはその中間財ととらえられる。そのような公共財・中間財の提供は、国内・国際両レベルにおいて、グローバル化を推進する市場とは異なるアクターである公的機関が主に担うことになる。したがって、知的国際協力の提供は、多国間協力によって、具体的には UNESCO などの国連システム諸機関や他の国際機構によって主に行われることになる。各国や民間団体も文化の振興と交流のための政策を行っているが、世界的な視野からの知的国際協力にはなりにくい。

第2に、国際機構は普遍性と代表制をもち得るという点である。UNESCOや国連システムの活動は、加盟国の普遍性と代表制のもとに行われる。そこには、世界各地域の文化的歴史的多様性を反映し、そのような多様性に配慮しつつ意思決定するメカニズムが備わっている。それは、文化のグローバル化が陥りがちな先進国や支配的文化の偏重への歯止めになり、途上国に自らの関心事を提唱する機会を与え、それを通じて途上国・地域を支援するという役割を果たしている。

第3に、第2と関連するが、西欧知識体系のインパクトの是正という点である。西欧知識体系は依然として優位にあるものの、西欧の開発理論が普遍的に妥当するとは限らないことが1960年代の途上国の経験から明らかになった。その結果、西欧起源の社会科学概念と理論はよりグローバルな視点から批判、再評価されるようになり、ナイーブな西欧中心的な普遍主義は修正されつつある。このような西欧中心的普遍主義の修正・相対化に関して、国際機構は重要な貢献をしている。

第9章　文化・知的協力

　第4に、国際機構が知的国際協力において実績を積んでいるという点である。UNESCO は、加盟国のみならず、地域機構、市民社会、学術団体、専門家、NGO、草の根運動などと密接に連携し、多彩なネットワークを形成・発展させてきた。UNESCO は、条約や勧告を通じて、国際規範を示し、また、共通の認識を育むことに貢献してきた。

　それでは、知的国際協力を担う国際機構の課題とは何か。一般に国際機構の活動・権限と各加盟国の主権との間には、一定の緊張関係が存在する。それは4（4）で述べたように、主権的権利としての文化多様性についても妥当し、それゆえに多文化主義と文化的権利を認めることが文化多様性を対外的・対内的に実質化する上で重要になる。国家主権は、国際的な規範・制度の形成・実施を一方で促進し、他方で制約している。他の分野と同様、文化・知的協力の分野でも、国際機構は加盟国の国家主権との対抗関係の中で活動し、新たな規範・制度を形成し、実施している。

　この世界に存在する多様な文化を認め、守り、それらの絡み合いの中から新たな文化を創造していくこと。これによって、はじめて永続的な平和が実現する。他のアクターと並んで、国際機構には、多様な文化の承認、保護、相互作用の促進に寄与することが求められている。さらに、文化や教育の国内的基盤の弱い国々への支援や、文化的対立・紛争を解消するための活動など、文化の面で国際機構に期待される役割は大きい。

♣参考文献：

内田孟男「国際機構と知的協力」国際法学会編『日本と国際法の100年　第8巻　国際機構と国際協力』三省堂、2001年

篠原初枝『国際連盟──世界平和への夢と挫折』中央公論新社、2010年

デヴィッド・ヘルド編（中谷義和監訳）『グローバル化とは何か──文化・経済・政治』法律文化社、2002年

西海真樹「持続可能な開発の文化的側面」日本国際連合学会編『日本と国連──多元的視点からの再考』国際書院、2012年

# 第10章　環　　境

【この章で学ぶこと】
　地球規模の環境問題は、一国のみでは解決が困難であり、国際機構の役割は大きい。とりわけ国連は、地球規模の環境会議を開催し政策を形成し、また環境に関わる基準設定、原則、環境条約の策定などを行ってきている。国際機構の中でも国連に着目し、環境に関連する活動について学んでみよう。

## 1　環境問題の特徴とは何か

　2015年3月、仙台において国連防災世界会議が開催されている最中に、南太平洋のバヌアツを大型の台風が襲った。気候変動の影響によって、海水が温められ、台風がこれまで以上に発達するようになり、甚大な被害を生んでいる。日本での爆弾低気圧の発生も気候変動の影響といわれている。このほか、北極や南極の氷が溶けて海面が上昇した結果、ツバルなどの島国が消滅の危機に直面している。

　地球規模の環境問題は、1つの国家だけで解決することが難しい。たとえば、ある国が二酸化炭素などの温室効果ガスの放出を制限しようとしても、他国が何の対策もとらなければ、地球の温暖化をくい止めることはできないであろう。また、温室効果ガスをあまり排出していない国が、台風や海面の上昇、砂漠化によって影響を被ることもある。このように、地球規模の環境問題には、すべての国家が対策を講じる必要がある。だが、多くの国家は国益、とりわけ経済的発展を優先させたいと考える傾向にあるため、経済的発展を減速させ、資金のかかる環境の規制を導入することには消極的である。先進国も環境規制によって経済活動が妨げられることは望まない。さらに開発途上国は、現在の環境問題の原因は先進国にあることを主張する。対して先進国は、中国や

152

第10章　環　境

インドなどの新興工業国を代表とする開発途上国も、温室効果ガスを排出していることを指摘する。その結果、両者は激しく対立している。

　このように国家の意見や利益が対立する状況においては、国家がまず一同に会して討議する場が必要である。国連はこれまで多くの環境会議を開催し、討議の場を提供してきた。そして、各国の意見が調整された後に、環境についての基準の設定が行われてきた。さらに、その基準を国家が守っているかをモニタリング（監視）していく制度の構築、必要な場合は履行のための技術的、資金的な援助も提供される。このようなプロセスにおいて国際機構の存在は重要となる。

　環境には、一度破壊された場合に元に戻すことが難しい、不可逆性という問題がある。そのため環境破壊を未然に防ぐことが重要となる。また環境がどのように破壊されるのか、因果関係の確認が困難な場合もある。気候変動についてもさらなる解明が必要とされる。しかし、環境破壊が進んでしまうとそれを戻すことが難しいことから、科学的な解明を待ちつつ、予防措置を法的に課す必要もある（予防原則）。こういった政治的、科学的特徴をもつ地球規模の環境問題に対して、とくに国連はこれまでどのように対応してきたのだろうか。

## 2　国連人間環境会議の前はどうであったか

　環境問題はとりわけ18から19世紀の産業革命以降、人間の活動が自然環境に影響を与えるようになってから顕著となっていった。20世紀に入ると、たとえば、アザラシ保護・保全に関する条約（1911年）や自然状態の動植物の保存に関するロンドン条約（1916年）等、野生生物の保護や天然資源の保全に関する条約が締結された。しかし、当時は、基本的に環境問題は主権国家の領域内の事項として考えられていた。

　第二次世界大戦後、先進諸国では高度経済成長期を迎え、各国の工場等から排出された汚染物質が、周辺の環境や住民に悪影響を及ぼすようになった。これは、「公害」として社会問題化した。この時期に書かれたレイチェル・カーソンの『沈黙の春』（1962年）は、世に先がけて殺虫剤や農薬といった化学物質が環境を汚染することに警鐘を鳴らした。また、1972年にローマ・クラブが発

第2部　国境を越えた共通問題への共同処理

表した『成長の限界』では、高度経済成長が資源を枯渇させることを指摘し、このままの形態の成長には限界があることを提示し、当時の社会に大きな衝撃を与えた。ただし環境問題は、この時期においても基本的に各国内の対応にとどまっていた。日本でも、水俣病などの四大公害病が問題となったことを受けて、1967年に公害対策基本法を制定し、1971年には環境庁を設置した。（いずれも、後に強化され、1993年に環境基本法に、2001年に環境省になった。）

## 3　国連によって開催された環境会議にはどのようなものがあるか

### （1）国連人間環境会議（ストックホルム会議：UNCHE）

1960年代に脚光をあびるようになった先進国における公害問題としての越境大気汚染がある。酸性雨の影響で森や湖が被害を受けたスウェーデンが開催国となり、1972年に**国連人間環境会議**が開催された。この会議は国連の環境分野での取組みの原点ともいえる。しかし、当初は、（人間）環境とは何かという議論や、そもそも国連憲章に規定されていない環境問題について国連が扱うことに疑問も呈された。しかしこの会議の開催後、10年ごとに大きな環境関係の会議が開催されてきた。

国連人間環境会議において、**人間環境宣言（ストックホルム宣言）**および行動計画が採択されたほか、この宣言を受けて国連総会は**国連環境計画（UNEP）**を設立した（後述）。

人間環境宣言は、あらゆる環境問題について国際社会が包括的に取り組むことを宣言している。第1原則の「人は、尊厳と福祉を保つに足る環境で、自由、平等及び十分な生活水準を享受する基本的権利を有するとともに、現在及び将来の世代のため環境を保護し改善する厳粛な責任を負う」という文言は、各国の憲法やその後の環境法にも大きな影響を与えたものである。また、原則21は、「自国の管轄又は管理下の活動が他国の環境又は国の管轄権の範囲外にある区域の環境に影響を及ぼさないように確保する責任を有する」と規定している。これは、国家は、基本的に領域主権を有し、その使用は他国によって制限されることはないが、そこから流れ出た有害物質によって隣国の領土や住民

第10章 環　　境

に悪影響が及ぶ場合は、自らの領域内の活動を規制しなければならないという
重要な原則である。この防止原則は、カナダとアメリカで起きたトレイル溶鉱
炉事件まで遡ることができる。この事件は、アメリカから10キロほど離れたカ
ナダのトレイル市にあるトレイル溶鉱炉から流れ出た有毒ガスが、アメリカの
ワシントン州の農作物や森林に被害を与えたものである。アメリカ＝カナダ仲
裁裁判所は、いずれの国家も他国の領土や人々に損害を与えるような方法で、
自国の領域の使用を許す権利をもたないとした。この考えは、人間環境宣言の
原則21や、その後の国際的な環境条約や文書においても確認されている。

### （2）ナイロビ会議（UNEP 管理理事会特別会合）

　国連人間環境会議開催の10周年を記念して、1982年の5月、UNEP の本部
があるケニアのナイロビにおいて UNEP 管理理事会特別会合が開催された。
この会議は、**ナイロビ会議**としても知られている。この会合では前文と10項目
からなる**ナイロビ宣言**が採択された。

　ナイロビ宣言の前文では、地球規模の環境の悪化を確認し、それに対して国
際社会が早急に対策を講じる必要があること、国連人間環境会議からの10年間
の取組みが不十分であったことを指摘している。また、人間環境会議後に生ま
れた新たな認識として、環境管理や環境評価の必要性、環境、開発、人口問題
および資源の間に存在する密接かつ複雑な相互関係等を確認し、それに即した
措置を講じる必要性を述べている。

　国連人間環境会議が主に先進国の公害問題を討議したのに対して、ナイロビ
会議では、環境の保全と途上国の開発の問題が取り上げられ、先進国と開発途
上国の間の対立が顕在化するようになった。先進国側は環境保護を優先案件と
し、開発途上国側は環境が優先されても開発に制約を及ぼすべきではない、と
いう立場が対立したのである。ナイロビ会議において日本は、**環境と開発に関
する世界委員会**を設けることを提案し、この提案を受けて、後にノルウェー首
相となるグロ・ブルントラントを委員長とするブルントラント委員会が発足し
た。

155

第2部　国境を越えた共通問題への共同処理

## （3）国連環境開発会議（UNCED）

　人間環境会議開催から20年にあたる1992年6月、ブラジルのリオデジャネイロにおいて、**国連環境開発会議（UNCED）**（リオ会議、地球サミットとも呼ばれる）が開催された。冷戦終焉後に行われた会議には、172カ国の首脳が参加したほか、環境関連の多くのNGOが集まり、その数はのべ4万人であったともいわれる。参集した多くのNGOは、会議場におけるロビイング活動のほか、会議場外でも会合を開いたり、デモを行ったりとさまざまな活動を行い、その様子は、テレビや新聞などのマスコミでも紹介された。UNCEDは、市民参加という観点から1990年代に国連が開催した一連の会議の皮切りともいえるものであった。その後開催された世界人権会議（1993年）、人口開発会議（1994年）、社会開発サミット（1995年）、世界女性会議（同年）、人間居住会議（1996年）、国連環境特別総会（1997年）等の国連主催の世界会議においてもNGOなどの市民社会が参加するなど、国際的な討議の場において、NGOの影響力は増していくようになる（第14章「国際機構のパートナー」参照）。

　UNCEDは、その会議名が表すように、環境と開発の問題について取り上げた。1987年に、ブルントラント委員会が発表した『われら共通の未来』の中で**持続可能な開発**の考えが打ち出されたが、この考え方は、UNCEDで採択された**環境と開発に関するリオデジャネイロ宣言**（リオ宣言）でも公式に踏襲された。これは環境と開発は相反するものではなく、共存するものであり、環境保全を考慮した開発こそ将来の世代の欲求を満たしつつ、現世代の欲求も満足させることのできるというものである。

　リオ宣言は、全部で27の原則からなる文書である。この中でいくつか特筆すべき原則がある。まず、「持続可能な開発を達成するため、環境保護は、開発過程の不可分の部分とならなければならず、それから分離しては考えられないものである。」と規定した第4原則である。この原則は、先の持続可能な開発の考えを確認したものである。また、第3原則では、「開発の権利は、現在及び将来の世代の開発及び環境上の必要性を公平に充たすことができるよう行使されなければならない。」とし、将来世代が今日の世代と同じ環境を享受する権利を有し、反対に将来世代に対して現世代は環境問題を悪化させない責任を有するという考えも規定している。

156

第10章　環　　境

　第15原則は、「環境を保護するため、予防的方策は、各国により、その能力に応じて広く適用されなければならない。深刻な、あるいは不可逆的な被害のおそれがある場合には、完全な科学的確実性の欠如が、環境悪化を防止するための費用対効果の大きい対策を延期する理由として使われてはならない。」と規定し、環境汚染の**予防原則**が確認された。また、第16原則では、汚染者が責任を負い、いったん環境が破壊された場合、原則として汚染者が費用を負担すること（PPP 原則）、第19原則では、国境を越える環境汚染については、潜在的に影響を被るかもしれない国に対して、事前の時宜にかなった通告および関連情報を提供しなければならない事前通告制度を確認している。

　第7原則では**共通だが差異ある責任**という原則を導入している。これは、先進国と開発途上国が地球環境問題に対して共通して取り組まなければならない責任を有するが、環境問題の悪化への異なった寄与といった観点から異なった責任があるという考えである。

　リオ宣言の実施のためにリオ宣言とともに採択された**アジェンダ21**は、40章からなる行動計画であり、各国政府が取るべき行動について規定し、4つの部（社会定・経済的側面、開発資源の保護と管理、主たる集団の役割の強化、実施手段）から成り立っている。また、アジェンダ21の実施を全面的に支援するために、国連総会は1992年に**持続可能な開発委員会**（Commission on Sustainable Development: CSD）を設置した。

　UNCED ではこのほかに「全ての種類の森林の経営、保全及び持続可能な開発に関する世界的合意のための法的拘束力のない権威ある原則声明」（**森林原則声明**）が締結された。さらに、起草作業が進められていた**気候変動に関する国際連合枠組条約**（気候変動枠組条約）、**生物多様性に関する条約**（生物多様性条約）が採択され、署名のために開放された。

　森林原則声明は、森林に関する初めての国際的な合意文書であり、前文と15項目の原則からなる。これは、すべての森林の持続可能な管理のための原則を示したものである。UNCED の開催までに世界森林条約の策定を目指していたが、木材が主要な資源となっている開発途上国がこの条約に反対したためにかなわなかった。そのため、UNCED では、森林原則声明およびアジェンダ21の11章（森林減少対策）の採択にとどまった。

157

第 2 部 国境を越えた共通問題への共同処理

　その後国連においては「森林に関する政府間パネル（IPF）」、「森林に関する政府間フォーラム（IFF）」が設立され、2000年には「国連森林フォーラム（UNFF）」が常設の機関として経済社会理事会のもとに設置された（後述）。

## （4）持続可能な開発に関する世界首脳会議（環境開発サミット）

　地球サミットから10年を経た2002年、南アフリカのヨハネスブルグにおいて、**持続可能な開発に関する世界首脳会議**、いわゆる環境開発サミット（リオ＋10）が開催された。この会議の目的は、1992年の地球サミットにおいて採択されたアジェンダ21の実施状況を検証し、より実効性のある行動計画を策定することであった。1990年代になると、南北問題は深刻化していったが、そのような状況の中、環境の保全と開発の両立、貧困の撲滅をめざす**持続可能な開発に関するヨハネスブルグ宣言**と各国および地域が環境保全と開発の両立のために取り組むための計画である世界実施文書が採択された。

　環境開発サミットは、2000年の**ミレニアム開発宣言（MDGs）**の策定直後に開催された。そのため、ヨハネスブルグ宣言や世界実施文書は、清浄な水、衛生、エネルギー、食糧安全保障に関するアクセスの改善、ODA の達成、ガバナンスの強化等、MDGs に言及している。また、世界実施文書は、貧困の撲滅、持続可能ではない生産消費形態の根本的な変更、経済および社会開発の基礎となる、天然資源の保護および管理、グローバル化する世界における持続可能な開発、保健と持続可能な開発、地域における持続可能な開発（小島嶼国、アフリカ、ラテンアメリカおよびカリブ、アジア太平洋、西アジア、ヨーロッパ）に関して、国際機構や国家をはじめとした関係者が取るべき措置のほか、実施の手段についても詳細な規定がある。しかし実施に必要な明確な目標がなく、具体的な数値目標や達成すべき期限についてはほとんど盛り込まれていないことから、批判もある。

## （5）国連持続可能な開発会議（リオ＋20）

　2012年 6 月、リオデジャネイロにおいて**国連持続可能な開発会議（リオ＋20）**が開催された。この会議は、国連が主催した会議の中でも最大級であったといわれる。リオ＋20は、「グリーン・エコノミー」と「持続可能な開発に向けた

制度的枠組み」をテーマとし、持続可能な開発に関する新たな合意の確保、UNCED のアジェンダ21のこれまでの進展および残された課題の評価のほか、新たなもしくは出現しつつある課題について討議した。この会議の成果文書である『**私たちが望む未来（The Future We Want）**』は、全 6 章からなる文書である。

『私たちが望む未来』の中で最も注目されるのが、ポスト MDGs にあたる**持続可能な開発目標（SDGs）**の策定に関する部分である。SDGs は、持続可能な開発の 3 つの側面すなわち経済、社会、環境について、均衡の取れた形ですべて取り上げ、組み入れること、また2015年以降の開発アジェンダに統合されなければならないとした（第 8 章「経済・貿易・通貨・開発」参照）。SDGs の設定のほかに、SDGs の策定のための参加が自由な作業部会（Open-ended Working Group：OWG）の設置、SDGs 実施のために持続可能な開発のための資金戦略を検討する委員会、CSD に代わるハイレベル政治フォーラム（HLPF）の設立等が決定された。

これを受けて、2013年に国連総会は、総会のもとに SDGs を策定する OWG を設置した（決議67/555）。OWG は、2014年 9 月に国連総会に17の目標からなる SDGs を含んだ報告書を提出した。SDGs は2015年 9 月の国連総会で正式に採択された。

このほか成果文書の実施のために、国連持続可能な開発委員会（CSD）（以下参照）に代わるハイレベル政治フォーラムの設置（後述）が合意された。

## 4　環境関連の国連システム諸機関にはどのようなものがあるか

国連は、憲章上規定がないため、設立当初は環境問題について扱うことはなかった。しかし、1972年の国連人間環境会議の後、UNEP を設置し、機構として地球規模の環境問題に取り組むこととなった。今日、地球規模の環境問題とは、①越境環境汚染、②砂漠化、気候変動など地球規模の環境問題、③スラムや都市化といった途上国の環境問題を含んでいる。国連人間環境会議から40年以上を経た今日、国連の第 4 の目的といわれるように、国連システムのほぼす

第2部　国境を越えた共通問題への共同処理

べての機関が環境問題を扱っている。ここではとくに重要な機関を取り上げる。

## （1）国連環境計画（UNEP）

　国連は、人間環境宣言の実施を行う機関として、1972年、国連総会決議（決議2997（XXVII））によって、UNEPを設立した。UNEPの本部は、ケニアのナイロビにあるが、当時の国連としては唯一途上国に本部がおかれていた補助機関である。UNEPにはこのほか、6つの地域事務所と、下部組織として、世界自然保全モニタリングセンターがイギリスのケンブリッジにある。UNEPは、57カ国の理事国（任期4年。国連総会で選出。2年ごとに半数改選）によって構成されており、日本は、創設以来、管理理事国を務めている。UNEPには、地球環境モニタリングシステム（GEMS）、国際環境情報源照会制度（INFOTERRA）、国際有害化学物質登録制度（IRPTC）等があり、各国による環境情報の収集と分析活動も支援している。またUNEPと世界気象機関（WMO）が1988年に設立した**気候変動に関する政府間パネル（IPCC）**は、人為起源による気候変動について、科学的、技術的、社会経済学的な見地から包括的な評価を行う目的で設立された国際的な専門家による組織である。同パネルによる報告書は、地球温暖化について世界中の専門家の科学的知見を集約したものである。2014年に公表された第5次報告書では、気候システムに対する人間の影響が明らかであり、温室効果ガスの排出量が史上最高であること、気候システムの温暖化には疑う余地がないことが指摘された。なお同パネルは2007年にノーベル平和賞を受賞している。

　UNEPの職務権限は、グローバル環境の議題を設定すること、持続的開発の中の環境の側面を国連システム内において一貫性をもって実施することを促進し、グローバル環境の権威ある擁護者として務めること、グローバル環境の先導的権威であること、である。具体的には、国連諸機関の環境保護に関わる活動の総合的な調整・管理の促進、新たな環境問題に関する国際的協力の推進を行っている。その活動分野は、気候変動、災害と紛争、生態系の管理、環境統治、有害物質、資源効率、環境の見直し（ステークホルダーの強化）といった7つの優先領域に及ぶ。

　UNEPはこれまでに、オゾン層保護のためのウィーン条約や気候変動枠組

第10章　環　境

条約をはじめとした国際環境条約の交渉を主催し、成立させてきた。UNEP は、ワシントン条約、バーゼル条約、生物多様性条約、オゾン層保護のためのウィーン条約等の主要な環境条約の事務局も務める。

（2）地球環境ファシリティ（Global Environment Facility: GEF）

　地球環境ファシリティ（GEF）は、1991年世界銀行理事会の決議に基づいて、世界銀行、国連開発計画（UNDP）、UNEP によって設立された信託基金である。開発途上国および市場経済移行国が、環境に関連した能力を構築する際に必要な資金を提供するものである。6つの事業分野である、生物多様性、気候変動、オゾン層破壊、国際水域、土壌の劣化、残留性有機汚染物質に関するプロジェクトの実施にあたって、追加的に負担しなければならない費用（incremental cost）に対して、原則的に無償で資金を提供している。そのほか、生物多様性条約、気候変動枠組条約、砂漠化に対処するための国連条約（砂漠化防止条約）、残留性有機汚染物質に関するストックホルム条約の実施にかかる費用に対して、資金を提供している。

　GEF には、全参加国の代表によって構成される総会、32カ国によって構成される評議会、事務局がある。総会は、主に GEF の政策全般の評価を行うほかに、GEF の設立規定の改正を行う。世界銀行、UNDP、UNEP が実施機関（Implementing Agencies）を務めるが、ほかに、アジア開発銀行、国連工業開発機関（UNIDO）、国連食糧農業機関（FAO）など7つの執行機関（Executing Agencies）が、GEF の資金を活用してプロジェクトを実施している。

（3）国連持続可能な開発委員会（Commission on Sustainable Development: CSD）

　国連持続可能な開発委員会（CSD）は、1992年の地球サミットで採択されたアジェンダ21を受け、同年12月に国連総会が採択した決議（決議47/191）に基づき、翌年の経済社会理事会組織会期において経済社会理事会の機能委員会として設立された。

　その構成は、国連および専門機関の加盟国の中から経済社会理事会において選出された53カ国（アジア11、アフリカ13、ラテンアメリカ10、東欧6、西欧その他

第 2 部　国境を越えた共通問題への共同処理

13) である。日本は、設立以降2007年を除いて選出されていた。任期は 3 年である。

　CSD は、アジェンダ21の実施、NGO との対話の強化、貧困の撲滅、消費・生産様式の変更、天然資源基盤の保護および管理等持続可能な開発に関わる問題について、分野横断的に取り組んだ。

　しかしながら、2012年のリオ＋20において、CSD にとって代わるハイレベル政治フォーラムの設置が決まり、CSD は、2013年 9 月にその役割を終えた。

### （ 4 ）ハイレベル政治フォーラム（High-Level Political Forum on Sustainable Development: HLPF）

　リオ＋20の成果文書である「私たちが望む未来」で、持続可能な開発委員会に代わる**ハイレベル政治フォーラム**の設立が盛り込まれた。これを受けて、2013年に総会は、ハイレベル政治フォーラムを設立した。このフォーラムは、すべての国連加盟国および専門機関の加盟国が構成員となり、総会（元首レベルで 4 年に 1 回開催）および経済社会理事会（毎年）の主催のもとで召集される。とりわけ経済社会理事会のもとのフォーラムは、2016年に始まる持続可能な開発の公約および目標のフォローアップを担うこととなっている。

### （ 5 ）国連森林フォーラム（United Nations Forum on Forests: UNFF）

　UNFF 設立に先立ち、UNCED で採択されたアジェンダ21の11章「森林減少対策」の実施を担うために、1995年 CSD のもとに、アドホックで自由な参加の森林政府間パネル（Intergovernmental Panel on Forests: IPF）が設立された。このパネルを受けてさらに、1997年より 3 年間の期限つきで、CSD のもとにアドホックで自由参加の森林政府間フォーラム（Intergovernmental Forum on Forests: IFF）が設置された。しかし、いずれも活動期間中に目的の 1 つであった森林に関する国際文書の策定はかなわず、条約起草の可能性の討議は、新たに設置される森林に関する国際フォーラムへ先送りされることとなった。

　経済社会理事会再開会合は、2000年、経済社会理事会のもとに国連森林フォーラム（UNFF）を設立した。このフォーラムは、2001年より毎年会合を開催している。このフォーラムの主要な目的は、持続可能な森林開発のための

162

第10章　環　　境

諸施策の検討、IPF/IFF の行動提案の実施の促進、森林に関する条約策定する権限に関して討議し、経済社会理事会へ報告することである。

　2007年、このフォーラムは、国際森林政策と協力に関する合意である、「あらゆるタイプの森林に関する法的拘束力のない文書（Non-Legally Binding Instrument on All Types of Forests, NLB）」を採択した。これは、①持続可能な森林経営の達成および森林に関する世界目標（Global Objectives on Forests: GOFs）の達成のための政治的な関与および、すべてのレベルにおける活動の強化、②貧困の根絶および持続可能な環境についての目標達成のための森林の貢献の推進、の２つを目的としている。拘束力はないものの、2015年までこの国際的な枠組みのもとで、目標の達成および持続可能な森林経営の推進を目指すこととなった。さらに、この文書に基づいた取組みを2030年まで延長することが決定された。

### （6）国連教育科学文化機関（UNESCO）

　国連教育科学文化機関（UNESCO）は、環境問題そして持続可能な開発に関連したさまざまな活動を行っている。古くからあるのは、人間と生物圏計画（Man and the Biosphere: MAB）である。これは、国連人間環境会議よりも前の1971年に立ち上げられたが、自然と天然資源の合理的な利用および保護に関する科学的な研究を政府間で行うものである。1976年に開始した生物圏保存地域（Biosphere Reserved: BR）（日本ではユネスコ・エコパークとして知られている）は、生態系の保全と持続可能な利活用の調和を目的とし、保護・保全と自然と人間社会の共生に重点をおくものである。UNESCO は、このネットワークの構築、生物多様性の保護と持続可能な利用、人材や研究機関の養成等を行っている。BR の登録総数は、119カ国、631地域であり、日本は、福島県只見地域、志賀高原、屋久島のほかに７つの地域が登録されている（2014年６月現在）。

　UNESCO の活動で、最もよく知られているのは、世界遺産の保護であろう。世界遺産は、「文化遺産及び自然遺産の保護に関する条約（世界遺産条約）」によって保護されている。この条約は、古代エジプトの遺産がダム建設によって危機に瀕したことから、このような「人類全体のための世界の遺産の一部として保存する必要性がある」遺産の保護を目的として、1972年に UNESCO 総

163

第2部　国境を越えた共通問題への共同処理

会において採択され、1975年に発効した（日本は1992年加入）。世界遺産は、世界遺産条約に基づき、その特質から「文化遺産」、「自然遺産」、「文化遺産」と「自然遺産」の両方をかねそなえる「複合遺産」の３つに分類される。2014年６月現在、文化遺産は779件、自然遺産は197件、複合遺産は31件ある（第９章「文化・知的協力」参照）。

　このうち環境問題と特に関連があるのは「自然遺産」である。この条約によれば「自然遺産」は次のものをいう。「１　無生物又は生物の生成物又は生成物群から成る特徴のある自然の地域であって、観賞上又は学術上顕著な普遍的価値を有するもの。２　地質学的又は地形学的形成物及び脅威にさらされている動物又は植物の種の生息地又は自生地として区域が明確に定められている地域であって、学術上又は保存上顕著な普遍的価値を有するもの。自然の風景地及び区域が明確に定められている自然の地域であって、学術上、保存上又は景観上顕著な普遍的価値を有するもの。（第２条）」日本の自然遺産は、屋久島、白神山地、知床、小笠原諸島である。

　UNESCO には、世界遺産条約に基づいて世界遺産についての審議を行う世界遺産委員会がある。自然遺産の登録までの流れは、次のとおりである。まず国内で選定し、政府は、推薦の理由を記述した推薦書とともに５から10年以内に登録をめざすものを記載する「暫定リスト」を世界遺産委員会に提出する。推薦書が受理されると、国際自然保護連合（IUCN）が、推薦地域の価値や保護管理状況などの現地調査を行う。この調査の結果は、委員会に報告され、委員会において審査される。認められれば、世界遺産として登録される。推薦地域は、国内の制度に基づき、保護地域であることが求められる。知床の場合は、すでに保護地域として指定されていたため推薦の条件を満たしたが、たとえば、富士山は、1990年代半ばから自然遺産として登録を試みたが、ゴミ問題や屎尿など環境保護と管理の面で政府の推薦が見送られ、そのかわり、文化遺産として、2013年に登録されたことは記憶に新しい（第９章「文化・知的協力」参照）。

　仮に自然遺産として登録されたとしても、その後遺産の保護に問題があると考えられる場合、世界遺産委員会は、「危機にさらされている世界遺産（危機遺産）」として認定し、これを「危機遺産リスト」に加えることがある。改善

第10章　環　境

がみられれば危機遺産リストから外されるが、世界遺産としての価値が失われるほど悪化したと判断された場合は、世界遺産リストから抹消される。たとえば、ドレスデン・エルベ渓谷は、文化遺産として2004年に登録されたものの、渓谷にかけられた橋が環境破壊にあたると判断され、2009年、世界遺産委員会はこの渓谷を世界遺産リストから抹消することを決定した。

　持続可能な開発に関しても UNESCO はさまざまな活動を行っており、特に教育の側面においてアジェンダ21の35章（持続可能な開発のための科学）および36章（持続可能な開発教育）の実施にあたっている。2002年、国連総会は日本の提案により、2005年から**持続可能な開発のための教育の10年**（DESD）とすることを採択し、持続可能な開発のための教育の10年の推進機関として、UNESCO が指名された。また、2013年11月、第37回 UNESCO 総会において、この10年を引き継ぐ「ESD に関するグローバル・アクション・プログラム（GAP）」が採択された。

　UNESCO は、このほかに水資源の問題についても活動しており、世界水評価プログラム（World Water Assessment Progrmme:WWAP）の事務局を務めている。このプログラムは、水資源に関して、24の国連機関および計画がともに活動するものである。2003年の国際淡水年にあわせて、WWAP は、最初の『国連世界水開発報告書』を刊行している。この報告書は、資源の統治および分配において健康、経済、栄養、エコシステムの分野における進展について記載している（第12章「保健衛生」参照）。

## （7）世界気象機関（WMO）

　**世界気象機関（WMO）**の前進は1873年に設立された NGO である国際気象機関（IMO）である。1947年の国際気象台長会議（ワシントンにおいて開催）で採択された世界気象機関条約に基づき、1950年に設立された。世界の気象業務の調整、標準化、改善、ならびに各国間の気象情報の効果的な交換を奨励し、そのことによって人類の活動に資することを目的とした、国連の専門機関である。

　WMO は、地球の大気の状態、大気と海洋との相互作用、それによって作り出される気候および水資源の分布、そして関連の環境問題に関して、権威ある

165

第 2 部　国境を越えた共通問題への共同処理

科学情報を提供している。具体的には、WMO の地球規模、地域レベル、国レベルのネットワークを通して入手したデータを用いて、気候変動枠組条約、砂漠化防止条約といった環境条約の監視の支援、各国の環境評価の諮問、政策の支援を行っている。

### （8）国際海事機関（International Maritime Organization: IMO）

　**国際海事機関**（IMO）は、海事における安全に関する行動が、個々の国家が無調整で実施するよりも、国際的な協力をもってして実行される方が効率的であるという認識から、1958年に設立された（設立当時は「政府間海事協議機関」（IMCO）、1982年に国際海事機関（IMO）に改称）。世界で初めて海事に特化した国際機関である。IMO は設立当初から、航行の安全と海洋汚染に関して扱っており、機構としての目的も「きれいな海における安心、安全かつ効率的な海運」というスローガンに集約されているといえる。IMO は、国連の専門機関の１つであり、本部はイギリスにある。日本は、設立当初から加盟国であり、理事国でもある。また、2015年10月現在、関水康司が事務局長を務めている。

　IMO は、船舶の安全、海洋汚染の防止、海難事故の発生時における適切な対応、被害者への保障等のために、船舶や設備の安全基準、船舶からの油、有害物質、排ガス等の規制等に関する条約、基準設定、実施状況の確認を行っている。中でも、環境の観点から重要なのが、船舶による汚染の防止のための国際条約（MARPOL73/78条約）である。

　MARPOL73/78条約は、1954年の油による海水汚濁の防止に関する国際条約（OILPOL 条約）を引き継いだもので、1973年に IMO（当時 IMCO）で採択されたが、その内容の一部に未解決の問題が含まれていたことから、1978年にこの文書に追加修正を加えた議定書（1973年の船舶による汚染の防止のための国際条約に関する1978年の議定書）が採択され、後者が取って替わることとなった。MARPOL73/78条約にはこれまで数回改正されてきた６つの付属書があり、環境の側面から特に重要なのは、船舶からの廃棄物による汚染の防止のための規則（付属書 V）、船舶からの大気汚染防止のための規則（付属書 VI）である。付属書 V は、プラスチック類の放棄を禁止しており、また、付属書 VI は、船舶から排出される硫黄酸化物、微粒子物質、窒素酸化物の規制を船舶が航行する

第10章　環　境

地理的位置によって定めるほか、地球温暖化の観点から、新しく作られた船舶に対して、エネルギー効率改善規制が導入された。またすべての船舶に対して、効率的な運行計画の策定を義務づけている。

　リオ＋20で採択された「私たちの望む未来」を受け、IMO は持続的な海運

## コラム11：COP/MOP

　環境条約の場合、締約国会議（Conference of Parties：COP）や議定書の締約国会合（Meeting of Parties：MOP）が重要な役割を果たしている。一般的に最もよく知られているのは、気候変動枠組条約によって設立されているCOP/FCCC であるが、ほかにもワシントン条約、ラムサール条約、オゾン層保護に関するウィーン条約、モントリオール議定書、砂漠化防止条約にも同様の組織がある。

　たとえば、気候変動枠組条約の場合、COP は条約の最高機関として位置づけられており、通常会合は原則的に毎年開催され、必要に応じて特別会合が開かれる。COP が採択した法的文書の実施状況の定期的な検討のほか、条約の附属書の採択と改正、議定書の採択といった立法的な権限も有している。気候変動枠組条約は1992年に採択され、1994年に発効したが、その翌年に第１回締約国会議（COP１）が開催された。枠組条約では不十分という認識のもと、議定書の作成が決定した。そして、1997年の COP３において採択されたのが京都議定書である。この議定書は、2005年に発効し、2008年から2012年の機関内に、先進国全体の温室効果ガスの合計排出量を1990年時と比較し５％削減することを目標としている。さらに、①先進国の温室効果ガス排出量に関し、各国毎に数値目標の設定（開発途上国に対しては数値目標など新たな義務は設定せず）、②排出量取引、クリーン開発メカニズム、共同実施などの設立がされた。これらの実施は、COP/MOP が行っている。なお、京都議定書の削減期間が終了したことから、2015年12月、パリにて開催された COP21において、途上国も含めたすべての国家が温室効果ガスの排出を減らすことを合意したパリ協定が採択された。

　COP は国際機構であるのかについては、議論がある。ある種の国際機構と理解する学説もある一方で、他方で、条約上の機関であって、国際行政連合のような外交会議であるとする見方もある。

第2部　国境を越えた共通問題への共同処理

システムを開発している。これは、海上安全、海洋環境の保護、エネルギーの効率運用、エネルギー供給、海上交通のサポートシステムの近代化といった10の領域における具体的な行動計画である。

IMOには、総会（2年に1回開催）、理事会（年2回開催）のほか、条約の審議等を行う海上安全委員会、法律委員会、海洋環境保護委員会、技術協力委員会および簡易化委員会の5つの専門的な委員会がある。

## 5　地球規模問題に対して国際機構はどのような役割を果たせるか

これまで国連システムの環境分野における主な活動についてみてきた。国連の設立当初は、環境問題が扱われることはなかったが、今日では、環境に関係していない活動はほとんど無いという位、中心的な活動となっている。また、近年では、環境問題に加え、開発や貧困問題の関連性が問われるようになり、環境問題だけに特化するのではなく、開発や貧困対策も含めた、持続可能な開発という文脈の中で扱われるようになってきている。その意味で、環境に関する今後の国際機構（とりわけ国連）の取組みも複雑化していくと思われる。

国連をはじめとする国際機構は、地球規模の環境問題と次のようにかかわっているといえる。

第1に、地球規模の環境問題に関する協議の場の提供（協議促進活動）である。すでにみたように国連はこれまで1972年から10年ごとに環境に関する大規模な国際会議を開催してきた。地球規模の環境問題は、一国では対処できない問題である。地球環境の現状の把握や、取らなければならない措置およびその優先順位の決定、下記にみるように基準の設定などにおいて、国家間の協議は不可欠である。さらに最近では、国家だけでなくNGOや関係者（ステークホルダー）も一同に会して地球規模の環境問題について協議することが重要となっており、環境関係の国際会議は、地球規模の環境問題協議のために貴重な場となっている。

SDGsの採択を受け、環境の分野だけでなく開発の分野にたずさわる国連システム諸機関およびその他の国際機構や民間セクターとの対話もますます重要

第10章　環　境

となってくるだろう。

　第2に、環境に関連した基準設定である。国際機構においては、環境基準だけでなく、法的な概念、原則、条約が策定されている。

　国連はこれまで多くの環境条約を起草してきた。たとえば、オゾン層保護のためのウィーン条約、オゾン層を破壊する物質に関するモントリオール議定書（モントリオール議定書）、有害廃棄物の越境移動およびその処分の規制に関するバーゼル条約、生物多様性条約、気候変動枠組条約、京都議定書、砂漠化防止条約等がある。

　また、国連は、これまで多くの環境に関する概念も発展させてきた。その代表例が持続可能な開発であろう。これは、1972年の国連人間環境会議でもその萌芽を確認できるが、1980年に UNEP と IUCN によって出された世界保全戦略で取り上げられ、1987年にブルントラント委員会が公表した報告書で脚光をあびた。報告書の中では、「将来の世代のニーズを満たす能力を損なうことなく、今日の世代のニーズを満たすような開発」という概念として登場している。その後1992年のリオ会議で採択されたアジェンダ21に規定され、国連の環境分野における中心的な原則となった。近年、環境の分野で発展してきた持続可能な開発の考え方が、SDGs の策定にあたって、開発の目標と融合しつつあり、さらなる発展を遂げている。

　共通だが差異ある責任も、国連により発展がなされた原則である。たとえば、地球温暖化ガスなどは、先進国と開発途上国とでは、これまで排出してきた汚染物質の量や経済的な能力の差から、先進国がより重い責任を負わなければならないと開発途上国は主張する。

　環境基準については、上記では取り上げなかった、世界保健機関（WHO）も重要な役割を果たしている。日本で問題となっている PM2.5 や、二酸化窒素や二酸化硫黄などの物質の基準の設定を、健康面から空気質ガイドラインとして策定している。環境基準は、そのほか EU 等の地域的国際機構によっても設定されている。

　第3に、国際機構は、採択された国際環境基準の履行監視に寄与する活動を行っている。また、環境に関する国際文書の内容に基づいた活動をさまざまな形で促進するのも、国際機構の重要な役割である。

169

第2部　国境を越えた共通問題への共同処理

　たとえば、締約国による環境条約の監視手続が定められている場合でも、UNEP をはじめとする国際機構が事務局を務めるなど、履行監視に資する活動を行っている。国連システムの各関連機関は、多くの場合、締約国が用いる科学的なデータを提供する他、データを専門的見地から分析する活動もしており、条約の監視活動に一役買っている。また、UNDP をはじめとする国際機構や機関は、プロジェクトの実施などを通じ、持続可能な開発など環境に関する国際文書の内容を促進する他、途上国に対する技術支援も行っている。

　**国際捕鯨委員会**は、鯨類の保護と鯨産業の秩序ある発展という観点から締結された国際捕鯨条約に基づいて設置され、この条約の履行監視を行っている。日本の科学調査による捕鯨は、しばしば条約違反にあたるとして委員会は決議を採択してきたが、その決議には拘束力を伴わなかったため、調査捕鯨は継続されてきた。これに対して、オーストラリアは、国際司法裁判所（ICJ）に提訴した。2014年、ICJ は日本の調査捕鯨は条約違反にあたるとした判決を下した（第13章「紛争解決」参照）。日本は、これまでのような形での調査捕鯨を継続することはできなくなり、規模を縮小し、調査形態の変更を行うなどの措置をとることとなった。

　このように、国連をはじめとする国際機構は、地球規模の環境問題に大事な役割を担っており、今後も一層重要性が増すと考えられる。


**♣参考文献：**

　多田満『レイチェル・カーソンに学ぶ環境問題』東京大学出版会、2011年
　西井正弘・臼井知史編『テキスト国際環境法』有信堂高文社、2011年
　本多美樹「第12章　環境と資源の保護」渡部茂己・望月康恵編『国際機構論（総合編）』国
　　際書院、2015年
　渡部茂己『国際環境法入門──地球環境と法』ミネルヴァ書房、2001年

# 第11章 運輸・通信

## 【この章で学ぶこと】

運輸・通信分野での各国共通の利益は、経済活動や社会生活の基盤を形成する運輸や通信が、国境を越えて安全につながることである。相手の電話番号やメールアドレスがあれば、国内・海外を問わずいつでも連絡できるし、海外旅行先でも、国内発行のクレジットカードや現地購入の乾電池がそのまま使える。このように国際的に取り決められたルールや規格を国際標準といい、それらを作って利用する活動を国際標準化という。国境を越えて人々を安全につなぐための国際機構や主要な民間団体の活動をみてみよう。

## 1 国際標準化とは何か

### （1）人々を安全につなぐ手段としての国際標準と国際機構の取組み

1990年代後半、携帯電話の第二世代（2G）の規格をめぐり、日本はNTTドコモの開発した独自技術で国際標準の主導権を争ったが、**国際電気通信連合（ITU）** での国際規格は複数のまま統一されず、ヨーロッパの通信方式が普及した海外市場で競争力を失う。その後も国内仕様として独自の進化を遂げた日本の携帯電話は、「ガラパゴス携帯（ガラケー）」と揶揄された。しかし、近年、海外パートナーと共に官民一体となって国際標準化で主導権を確保する「技術外交」の重要性が認識され、2014年、総務省はNTTドコモなどと共同で、現在の100倍の速さの高速通信ができる第五世代（5G）と呼ばれる携帯通信システムの開発に着手した。2020年夏の東京オリンピック・パラリンピック開催を「5Gの貴重なショーケース」ととらえる総務省は、事業化に向けてロードマップの大枠を示し、産学官の連携を強力に推進している。

このように、グローバル市場での競争力獲得を目指し、企業や産業団体など政府以外の利害関係者が国際標準化に積極的に関わるようになったのは、世界

171

第2部　国境を越えた共通問題への共同処理

的な規制緩和・民営化が運輸・通信分野に及ぶ1980年代以降である。伝統的
に、運輸や通信は、社会のライフラインとして国家が独占的に経営する事業で
あった。国際運輸・通信にかかわる国際機構は、各加盟国が主権的に運輸・通
信政策を保持し、運輸・通信の通過の自由を保障する枠組みのもとで、国境を
越えても運輸や通信がつながっていくための相互接続を可能にするルールや規
格（素材・製品・サービス・システムに関する要件・仕様・ガイドライン・性能）を定
める、いわば同業者組合であった。

　18世紀から19世紀にかけて、通商関係が世界全体へと広がるにつれ、国境を
越えた人・モノ・情報の流通が、各国の共通利益となる。国際河川・運河の航
行や国際航海・航空といった国際運輸の制度が整えられるとともに、ITU の
前身である万国電信連合や、**万国郵便連合（UPU）**の前身である一般郵便連合
といった国際行政連合が設立され、関連分野の**国際標準化**に取り組んでいく。
そのしくみが現在も残る国際郵便を例にとって、標準化と国際機構の基本的な
かかわりをみてみよう。

### （2）国際郵便における標準化と UPU の活動

　国際的な郵便条約が初めて締結されたのは、17世紀のヨーロッパ諸国間であ
り、郵便物の運送について取り決めた二国間協定を組み合わせたものであっ
た。しかし、19世紀に入ると、郵送料金や通貨や計量単位がさまざまに異なる
協定の組み合わせは、スムーズな国際商取引の障害になり始める。そこで国際
郵便制度を統一するために、1874年、スイスのベルンに22カ国が集まり、万国
郵便条約（ベルヌ条約）を締結し、一般郵便連合を設立した。1878年には加盟
国の増加に伴い、名称が万国郵便連合に改められる。第二次世界大戦での活動
の一時中断を経て、UPU は1947年に、国際郵便業務の内容や料金など共通の
ルールを定めた基本文書（万国郵便条約および万国郵便連合一般規則）を採択し、
国連との協定に基づき国連の専門機関となった（本部・ベルン、加盟国数192）。
4年ごとに開催される大会議は、UPU の最高意思決定機関である。そこでは、
①「活動戦略」と呼ばれる UPU の活動方針の決定や、②国際郵便業務と国際
送金業務に関する文書の改正と更新締結、③常設機関である2つの理事会の理
事国選出などが行われている。

第11章　運輸・通信

　1874年のベルヌ条約以来、UPU の使命は、安全で迅速な郵便サービスのために、「単一郵便境域」と呼ばれる、事実上国境を取り払った状態を築くこととされてきた。この境域では、国際郵便物に継越し（トランジット）の自由が保障され、UPU 加盟国は、他国郵便物を差別することなく自国の郵便物と同様に取り扱う義務を負う。そのために、加盟国は自国の事業体を指定し（日本では日本郵便株式会社）、UPU が採択した郵便物の種類区分や料金体系などの国際標準に従って、自国領域内で合理的かつ普遍的な郵便サービスが提供されるように監督するしくみとなっている。

## （3）UPU と他の国際機構との間の連携による標準化の促進

　日本でも2007年に国営の郵政公社が民営化されたように、先進国では民間の資本や成果主義といった手法を導入して郵便業務の効率化やサービス向上を図っている。しかし、UPU の各加盟国によって指定された事業体の間で統一ルール・規格に従って郵便物が交換されるという、国際郵便の伝統的なしくみは変わらない。確かに電子メールや SNS など新しい通信手段へのシフトは起きているが、2014年時点でも、世界では国内・国際をあわせて一日平均10億通の通常郵便と1600万個の小包郵便が取り扱われている。UPU の活動方針として2012年の大会議で採択された「ドーハ活動戦略」では、ネット接続のできない途上国エリアや災害被災地にとっては、郵便は依然としてライフラインの役割を果たしていることが明示された。

　郵便という伝統的な通信手段の安全性や効率性を高めるために、UPU は現在、グローバルなサプライチェーン（国際郵便の引受けから送達までの、通関や輸送を含む全プロセスのマネジメント）の構築や、テロ対策を念頭においた郵便セキュリティの確保、郵便物の追跡サービスや商取引関連情報の電子データ交換（EDI）といったデジタル技術の導入、郵便ネットワークを活用した社会的弱者への簡便な送金・決済サービスの開発などに取り組んでいる。その際、世界税関機構（WCO）、世界貿易機関（WTO）、**国際民間航空機関（ICAO）**、国際航空運送協会（IATA）、国際海事機関（IMO）、**国際標準化機構（ISO）**、国際農業開発基金（IFAD）、国連開発計画（UNDP）といった、業界団体から国連の専門機関に至るさまざまなタイプの国際機構や団体と連携し、関連業務の改善に関

173

第2部　国境を越えた共通問題への共同処理

する共同ガイドラインや国際標準を策定し、それらに基づいた業務従事者への
トレーニングも行っている。

# 2　国際標準化はどのように使われるか

## (1) 国際空輸・国際海運における標準化の近年の課題

　人やモノの国際的な移動・流通に従事する事業者を国際標準化や技術協力に
よって支援する国際機構や業界団体は、国際空輸や国際海運の分野にも存在する。
　国際空輸分野では ICAO を中心に、国際路線をもつ世界の航空運輸企業の
業界団体である IATA、国際空港協議会（ACI）、国際商事衛星機構の事業部分
を引き継ぎ国際航空での衛星通信サービスを提供するインテルサット
（INTELSAT）などがある。また、国際海運分野では、海上の安全、航行の能
率や海洋汚染の防止など、海運に影響する技術的・法律的な問題について、政
府間の協力を促進しながら条約や国際標準の策定を行う IMO を中心に、船舶
の検査機関である各国船級協会の国際団体の国際船級協会連合（IACS）、各国
船主協会の国際団体である国際海運会議所（ICS）、国際海事衛星機構の事業部
分を引き継ぎ国際航海での衛星通信サービスや航行安全・海難情報を提供する
インマルサット（INMARSAT）などがある。国連の専門機関である ICAO や
IMO は、上述の UPU と同じく、ITU や世界気象機関（WMO）など、他の国連
専門機関とも緊密な協力を保ち活動していることはいうまでもない。
　かつてこれらの分野では、自国の航空産業や海運産業の育成・増強という観
点から、各国が国を代表する航空会社（ナショナル・フラッグ・キャリアという）
ないし国を代表する海運会社（ナショナル・シッピング・ラインという）を指定
し、領海や領空に有する主権を踏まえた二国間の交渉で、両当事国がほぼ対等
の利益を得る相互主義のもとに、運航の路線、参入、輸送力、運賃などを決定
していた。関連の国際機構は、運航上の安全を確保することを主眼に国際標準
化を行い、加盟国に勧告したり義務づけたりした。
　たとえば、捜索救難活動や航空情報などを提供するため、ICAO（本部・モン
トリオール、加盟国数190）は領空と公海上空を含んだ空域に「飛行情報区
（FIR）」を定め、各国に管轄を割り振り、各国が航空管制を担当する。ICAO

の策定する国際標準は、国際航空運送の原則とICAOの設立について定めた1944年の国際民間航空条約（シカゴ条約）の附属書として、航空従事者の技能証明、航空規則、航空機の登録、耐空性、航空通信、遭難救助、航空保安、危険物の安全輸送など18分野にわたってまとめられている。これらは加盟国が国内で規則を制定する際の標準として尊重すべきものであり法的に拘束力はないが、自国の方式がICAOの標準と異なる場合は、ICAOに通告することがシカゴ条約上義務づけられている。また、ICAOから派遣された監査員により、18の条約附属書が加盟国の国内制度に的確に反映され国際航空の安全が確保されているかについて、監査が定期的に行われている。さらに、シカゴ条約には、締約国間で起こった条約上の紛争をICAOの枠内で解決するための紛争解決条項がおかれており、加盟国からの要請に従って理事会が審議を進める準司法機能もICAOは備えている。

　しかし、規制緩和・自由化の進む今日、航空機や船舶の運航には、伝統的な安全性の確保とともに、コスト削減や効率の改善といった経済性の確保、さらには運航に際しての温室効果ガスの排出削減など環境問題への取組みも求められるようになった。ふたたび国際空輸に例をとれば、ICAOは2013年10月の総会で、2020年までに航空業界に温室効果ガス削減に向けた国際的な枠組みを導入することで合意した。航空機からの温室効果ガスの排出量は世界全体の約２％を占める。定期航空便の旅客数や輸送量は年４〜５％で成長しており、中国など新興国での航空機需要が高まる中、排出削減が注目されていた。単一主要産業が排出削減で国際合意に至るのは初めてであり、削減方法などの詳細は2016年開催の次回総会で決定される（第10章「環境」参照）。

　実は、この「環境問題」への取組みの背景には、2012年１月に**欧州連合(EU)**が始めた航空会社への温室効果ガス排出規制をめぐる、中国・アメリカなどとの通商摩擦がある。EU独自の新たな規制に従った場合の試算によれば、2012年の１年間に航空業界全体で約10億ユーロ（約1400億円）の負担増になる。公式にEU規制に反対を表明した中国やアメリカに加え、業界団体のIATAも「航空業界は雇用を生み、経済成長に資する」とEU規制の見直しを求め、ICAOという国際的な枠組みでの協議を行うことで合意に至った。このように、国際郵便でみた伝統的な標準化と異なり、近年の国際空輸・海運にお

第2部　国境を越えた共通問題への共同処理

ける標準化は、各国産業の国際競争力獲得を賭けた、国や企業の経済戦略上の手段という意味合いが強まっている。

### （2）無線通信における国際標準化と ITU の取組み

モノが利益を生む産業資本主義の時代から情報が利益を生む情報資本主義の時代へと変わりつつある現在、グローバル市場獲得のための経済戦略と密接に関係するのが、情報通信コミュニケーション技術（ICT）分野での国際標準化である。本章の冒頭で取り上げた携帯電話をめぐる国際標準化をみてみよう。

携帯電話で国際標準化が必要な項目は、①電波（世界共通で使える周波数帯）と規則（電波使用上の条件）、および、②通信技術（共通な無線インターフェース技術と相互接続可能なネットワーク技術）である。①について、有限な資源である電波は、携帯電話・PHS のみならず、テレビ・ラジオなどの放送、航空機・船舶の通信、衛星放送、衛星通信、警察・消防・救急の緊急無線、各種レーダー（電波を対象物に向けて発射し、その反射波を測定することにより、対象物までの距離や方向を明らかにする装置）など、さまざまな場面で使われている。同じ周波数の電波を同じ地域で使うと混信するため、電話や無線通信に雑音が入り通話できなくなったり、テレビの画像が乱れるなどの障害が生じる。障害を避けるため、各国とも国内で電波の利用目的別に周波数帯域を割り当てているが、国際間でも混信が起きないよう、電波の国際的分配と調整が必要となる。また、②についても、携帯電話・インターネット・地上デジタル放送などの通信・放送技術に関する国際標準化を行ってはじめて、日本で使っている携帯電話を海外でも使うことができ、周辺機器を他社製品に取り替えても使えるようになる。

このように、無線通信とそれ以外の電気通信に関する規則と国際標準（技術の規格）を定めること、そして最新の通信技術の普及および途上国への電気通信開発の支援を主要な任務とする国連専門機関が ITU である（本部・ジュネーブ、加盟国数193）。本章の１.（１）で触れたように、ITU は1865年にパリで創設された万国電信連合に端を発し、国際行政連合の時代までさかのぼれば、世界最古の国際機構である。さらに、ITU は政府間国際機構であるが、700を超える民間企業や学術・工業団体、２.（４）で触れる地域標準化団体などが、セクター・メンバー（部門構成員）として ITU の会合などに参加し ICT 技術の

## 資料3　国際標準の種類と特徴

〈標準の種類〉

| 標準の種類 | 特徴 | デ・ジュール標準の具体的規格 | | 代表的事例 |
|---|---|---|---|---|
| デ・ジュール標準 | "de jure"はフランス語の「法にあった」、「法律上で正式」の意。公的な機関で明文化され公開された手続きによって作成された標準（公的標準）。右の3標準が代表的なもの。 | 国際標準 | ISO（国際標準化機構）<br>IEC（国際電気標準会議）<br>ITU（国際電気通信連合） | ・フィルム感度（ISO100等）<br>・環境マネジメントシステム（ISO14000） |
| | | 地域標準 | EN（欧州規格） | |
| | | 国家標準 | JIS（日）、ANS（米）、BS（英）、DIN（独）等 | |
| フォーラム標準 | 関心のある企業などが集まって結成された"フォーラム"が中心となって作成された標準。規格間競争を想定せず、標準策定の推進意志があるすべての有力企業が自発的に集まり、合意によって業界の標準を確立させる。電子情報分野等の変化の早い分野では、実質的にはデ・ジュール標準案の検討機関として働く。 | | | ・Bluetooth<br>・DVD-ROM |
| コンソーシアム標準 | 技術開発を他社と共同で行い、同様の目的で形成された競合する企業連合との間の市場競争での勝利及びデ・ファクト標準の獲得を目的とした企業連合標準。参画するには同じ方向の戦略目標を持つ必要があるほか、技術上の貢献が求められる場合が多く、参画にはクローズなことが多い。 | | | 次世代大容量光ディスク |
| デ・ファクト標準 | "de fact"はフランス語の「事実上の」の意。法的根拠はないが実質的に国際市場で採用しているいわゆる「世界標準」。 | | | ・Windows<br>・Intel |

出典：表・右下図ともに先浦宏紀「ニュースのことば　国際標準化戦略」MIE TOPICS No.64（2011年4月号）23頁
[http://www.miebank.co.jp/mir/news/20110401n.pdf]。

標準化活動を行っている。ITUの構成は、電気通信標準化部門（ITU - T）、無線通信部門（ITU - R）、電気通信開発部門（ITU - D）と事務総局に大別される。それら諸部門の上位に位置づけられる最高意思決定機関として、全権委員会議が4年ごとに開催され、そこでITUの基本的任務と組織などについて規定する国際電気通信連合憲章と国際電気通信条約が改正・更新締結される。

〈標準の拘束度と自由度〉

第2部　国境を越えた共通問題への共同処理

## （3）無線通信規則と ITU － R 勧告とデ・ファクト標準

　国際標準は、ISO などの公的な標準化団体が策定する「デ・ジュール標準（法律上で正式の標準）」と、産業団体や民間の標準化団体などが策定し市場で広く利用される「**デ・ファクト標準**（事実上の標準）」に大別される。デ・ファクト標準には家庭用ビデオの VHS やパソコンの OS のウィンドウズなどがあげられ、デ・ファクト・スタンダードとも一般に呼ばれている。（具体例については、資料3を参照のこと。なお、同表ではデ・ファクト標準をさらに細分化して示している）。国際標準はそれを制定した団体の種類・規模によって適用範囲が異なってくるが、ITU をはじめ、電気・通信および電子技術分野を除く全産業分野の国際標準化を行う ISO（詳細は3.（3）を参照のこと）、そして電気・通信および電子技術分野の国際標準化を担当する国際電気標準会議（IEC）といった、代表的な民間標準化団体が策定するデ・ジュール標準は全世界で適用される。また、ITU、ISO、IEC は、標準化活動の促進のために、ステークホルダー（政府機関や民間企業、学会、NGO など、さまざまな利害関係者）すべてにとって透明性があり信頼できるグローバルな情報交換や議論の枠組みとして、2001年に世界標準協力会議（WSC）を設立し連携を深めている。

　上述の携帯電話の電波分配・調整に関しては、ITU 全権委員会議のもとに設けられる3部門の1つ、ITU 無線通信部門（ITU － R）の中で、およそ4年ごとに開催される世界無線通信会議（WRC）での合意に基づき、「無線通信規則（RR）」として決定される。RR は国際電気通信条約の一部を構成する国際法として ITU 加盟国を拘束する。他方で、通信技術（国際標準）に関しては、セクター・メンバーなどから提出された提案を、ITU － R の内部組織である研究委員会（SG）とその下部機関の作業部会（WP）が検討し、勧告案を作成し採択する。この勧告案が ITU 加盟国の投票にかけられ、デ・ジュール標準の「ITU － R 勧告」として成立する。この ITU － R 勧告は、規則とは異なり法的拘束力を有さないが、RR が加盟国の国内法（日本では電波法や省令など）により加盟国内で履行される際には、必要に応じて取り入れられる。

　また、市場性の高い（広い範囲のユーザの期待するイメージや使用条件に合う）携帯電話や無線 LAN などの分野では、電気電子技術者協会（IEEE）や第三世代移動体通信システム標準化プロジェクト（3 GPP）などの民間の標準化団体が

178

策定するデ・ファクト標準（規格や仕様）も、標準化の重複作業を避ける ITU との合意により、そのまま ITU － R 勧告に採用される場合がある。本来はデ・ファクト標準であったものが ITU で採用されデ・ジュール標準となることにより、各国の国内法や国内市場に取り入れられていくことになる。

### （4）グローバル市場獲得の経済戦略としての国際標準化と EU の取組み

　従来から、デ・ファクト標準は、基本部品の共有などにより製造コストの削減を図り、製品の互換性や相互接続性を確保し、製品の品質を保持し安全を保証するために、企業によって利用されてきた。しかし、1995年の WTO の設立以降、国際標準（デ・ジュール標準）を使用した貿易や政府調達が義務づけられるようになった。さらに、製品生産は一国内の垂直統合型から国境を超えたサプライチェーンによる分散化が進み、製品自体も通信による相互接続で機能を発揮するものが圧倒的に増えている。

　その結果、製品生産における国際標準の影響は格段に大きくなり、自社や自国に有利なデ・ファクト標準を公的な標準化団体のデ・ジュール標準として認めてもらうことが、国際競争力の獲得のために不可欠となっている。自国企業の開発した技術が国際標準となり市場で普及すれば、グローバル市場の席巻のみならず特許などの知的財産からの莫大な収入も期待できる。他方で、技術的に優れた製品であっても、国際標準に合致しなければ海外市場を獲得できないばかりか、国際標準に適合した海外向けと独自の国内標準に適合した国内向けの２通りの製品が必要となり、価格競争で敗けて技術開発にかけた巨額の投資費用も回収できず、国際競争力を失う危険性がある。「国際標準を制する者が世界を制す」といわれるように、国際標準化は、国・産業・企業の存亡を賭けた経済戦略としても位置づけられるのである。

　このように国際標準化の意義が変化する中、2．（1）でもみたように、近年、EU 主導で環境配慮型のデ・ジュール標準化が活発となり、ITU と並ぶ、代表的な民間標準化団体である ISO や IEC も、エネルギーや資源の無駄を減らし持続可能な社会を実現する手段として国際標準をとらえ始めた。その背景には、欧州標準化委員会（CEN）や欧州電気標準化委員会（CENELEC）など EU の地域的な標準化団体が、1990年代初めから ISO や IEC などと情報交換

第2部　国境を越えた共通問題への共同処理

や規格の共同開発を行うことにより、ヨーロッパ地域の統一規格（EN 規格と呼ばれるデ・ジュール標準）をヨーロッパ以外にも広める体制を築いてきた経緯がある。

　本章冒頭で日本のガラケーについて触れたように、携帯電話の通信規格のみならず、これまで日本は、さまざまな分野で技術（ものづくり）は先行しながら国際標準化（ルールづくり）に失敗し、海外市場を取り損ね、ガラパゴス化してきたといわれる。2013年6月に閣議決定された「世界最先端 IT 国家創造宣言」では、国際標準化戦略の重要性が謳われた。日本は EU と2016年中の妥結を目指して経済連携協定（EPA）交渉を進めており、燃料電池車やパーソナルデータの取扱いなどの5分野の標準（規格や規制）を統一する方針を確認している。統一した規格や規制の国際標準化も日欧共同で進めて、アメリカやアジア市場にも浸透させる意向である。これからの日本企業は、環境負荷の低減や安全、高齢者・障がい者への配慮といった世界に共通する価値を技術理念として、戦略的に国際標準化に取り組む必要があろう。言い換えれば、どのような新しい市場をつくることができるのか、どの海外パートナーを選べばよいのか、新市場で販売する新製品では、何をコア技術として非公開（知的財産化による囲い込み）にしておくのか、どこまでを技術公開して市場で広く採用されるデ・ファクト標準をつくるのかといった問いに、日本企業は長期的かつ現実的に取り組む必要があるのである。

## 3　国際標準化は内容（コンテンツ）にも及ぶか

### （1）クラウド・コンピューティングと国際協力を必要とする諸問題
　スマートフォンの普及により、私たちひとりひとりが手軽にインターネットにアクセスし、常時さまざまな情報を閲覧し、SNS を駆使してリアルタイムで情報を広く伝播できるようになった。それに伴い、ユーザの GPS（全地球測位システム）による位置情報、インターネット上のハイパーテキストである WWW（ワールド・ワイド・ウェブ）の閲覧履歴やネットショッピングの購買履歴、メールやカレンダーから健康情報まで、社会活動のあらゆる場面で膨大な量の個人に関するデータが「クラウド」に蓄積されていく。

クラウド・コンピューティングの略称であるクラウドとは、雲を意味する。主に IT 業界において、コンピュータのシステム図などでネットワークを雲の形で表すことからその呼称が生まれた。従来は、ユーザが自分の携帯電話やパソコンの中に、ソフトウェアやデータなどを保有し、使用・管理していた。しかし、クラウドの場合は、ネットワーク上にあるサーバの中にソフトウェアやデータが存在し、ユーザは必要に応じてネットワーク経由でそれらにアクセスし、サービスを利用することになる。つまり、クラウド化すれば、自分の携帯やパソコンの中身を、国境を越えるネットワーク上の共有プールに預け、管理をまかせることになる。2016年現在、グーグルやアマゾン、IBM など多くの企業が単独でクラウド・サービスを提供しているが、サービス相互間でデータをやりとりする技術・仕様の標準化に、40以上の産・学・官のグループが取り組んでいる。

確かに、ユーザが膨大なデータを保管・共有できることや、クラウド上で提供されるシステムの利用によって中小規模の企業がビジネスを行いやすくなるなど、クラウド・コンピューティングは利便性も高い。しかし、データ所有者やシステム所有者の国籍とデータセンター所在地がまったく異なるエリアであることも数多い。膨大なデータが国境を越えたネットワーク上で分散処理され共有されれば、そこで生じる諸問題は、当然、1つの国や地域では解決できない。国際的な協力が不可欠となる例として、ビッグデータの行政的・商業的な利活用から個人が識別されてしまうプライバシーの問題、違法コピーなどの著作権侵害やサイバー攻撃への対処、政府によるインターネット規制に伴って生じる表現の自由や知る権利の侵害、テロ対策など国家の安全保障政策に基づく「データベイランス」（データ処理を基軸とした国内外の通信傍受やデータ収集）の問題などがあげられよう。


（2）インターネット・ガバナンスと政府間協議による合意形成のむずかしさ

そこで近年、「インターネット・ガバナンス」への関心が高まり、さまざまな国際会議で活発に議論されるようになった。インターネット・ガバナンスとは、インターネットの運営上の諸問題に対する取組み全般を指す言葉で、インターネットを健全に運営する上で必要なルール作りやしくみ、それらを検討し

第2部　国境を越えた共通問題への共同処理

て実施する体制などを含む。たとえば、国連決議に基づき2003年と2005年に開催された世界情報社会サミット（WSIS）や、同サミットで設立が決まり国連主催で2006年以降毎年開催されている、複数のステークホルダー間で意見交換を行うインターネット・ガバナンス・フォーラム（IGF）などで、ガバナンスのあり方が総合的に議論されている。また、2013年には政府による機密保護と市民の政府情報へのアクセス権との調整を図るための指針「国家安全保障と情報への権利に関する国際原則」（ツワネ原則）がとりまとめられた。この指針は、70カ国に及ぶ人権や安全保障などの専門家、国連や欧州安全保障協力機構（OSCE）などの関係者500人以上が2年間にわたり議論し、政府の機密保護立法の際のガイドラインとして22団体によって起草されたものである。

## コラム12：インターネット・ガバナンスと国際機構の取組み

　本文で触れたWSISやIGF以外にも、国連の内外でさまざまな角度からインターネット・ガバナンスに関する議論が行われている。

　侵害となりえる通信の傍受やデータ収集が、昨今の情報通信技術の発展により技術的に可能となり、実際に政府・企業・個人により行われている現状をふまえて、2013年に国連総会は「デジタル時代におけるプライバシーの権利」決議を採択した。市民的及び政治的権利に関する国際規約17条のプライバシーの権利はオンライン上でも保障されるべきとして、そのために独立した監督機関の設置などの法整備を各国に求める内容である。人権理事会も2008年からインターネット関連の人権問題の調査・議論を開始し、インターネット上の言論・表現の自由に関する特別報告者の2011年報告が公表された後、2012年からは普遍的定期審査（UPR）でも、インターネット関連の人権への各国の取組みが審査の項目になった（第7章「人権・人道」参照）。

　国連専門機関の世界知的所有権機関（WIPO）や国連教育科学文化機関（UNESCO）も、デジタル環境下での知的財産の保護や表現の自由に関して調査・議論を重ねている。また、ビッグデータに含まれるパーソナルデータ（個人に関する情報）のプライバシー保護に関しては、各国の個人情報保護法のモデルとなったOECDの1980年プライバシーガイドラインが、2013年に30年ぶりに改正され、1980年欧州審議会（CoE）個人データ保護条約やEUの1995年個人データ保護指令も、現在それぞれ、改正作業やEU規則への格上げの作業

が進んでいる。EU の規制強化への対応もあり、アジア太平洋経済協力会議
(APEC) は2004年に APEC プライバシー原則を定め、2011年には越境プライ
バシールールシステム (CBPR) を築いた (アメリカ、メキシコに続き、2014
年に日本も参加)。このシステムは、企業などが APEC のプライバシールール
に適合しているかどうかを審査して第三者機関が認証するしくみで、認証を受
けた企業などは、参加国間でのパーソナルデータの越境移転を行うことができ
る。
　さらに、加盟190カ国それぞれを代表する警察機関の連絡協議体であり「イ
ンターポール」の名でも知られる国際刑事警察機構 (ICPO) は、**サイバー犯
罪**の対策拠点となるセンターを2014年にシンガポールに設立した。サイバー
犯罪は世界中どこでも態勢が脆弱なところから攻撃が開始されるため、サービ
ス・プロバイダや銀行など民間企業が蓄積した能力をも活かして、犯罪の予
防、発見、抑止、捜査を行う必要がある。ICPO は官民連携でグローバルなサ
イバー・セキュリティ対策を推進している。

　しかし、インターネットの利用の仕方や利害の内容に関し、先進国と途上国
では大きな隔たりがある。とりわけ政府間協議の場で、インターネットの利用
の何を、有害で規制の対象となる行為とみなし、誰がどのように規制していく
かについて、統一的な合意形成を行うことには困難さがつきまとう。
　たとえば、ITU が2012年12月に開催した、国際電気通信規則 (ITR) の改正
のための世界国際通信会議 (WCIT) は、インターネットに関する条項とネッ
トワーク・セキュリティの確保に関する条項を、国際電気通信条約の条約規則
の1つである ITR に入れるか否かで紛糾した。電気通信にインターネット (あ
るいはネットワーク・セキュリティ) が含まれることが条約規則で明示されれば、
ITU はインターネット (あるいはセキュリティの対象になるインターネット上のコ
ンテンツ) の規制を議論する場となる。民主化運動「アラブの春」で SNS 情報
などに大きく影響を受け、政府による規制を強めたい中東、ロシア、アフリカ
諸国などと、インターネット上の情報の自由な流通を確保するために規制につ
ながる内容は排除したい先進国が対立した。全体会議の最終案では、規制排除
を主張する先進国へ配慮して、規則本文には「インターネット」という用語を
入れず、インターネット関連条項を「法的拘束力を持たない付帯決議」とする

第 2 部　国境を越えた共通問題への共同処理

妥協が図られた。ネットワーク・セキュリティの確保についても、同様に先進国に配慮して、新たに規則とするが「コンテンツには適用しない」との条項も追加された。

ITU は伝統的にコンセンサスによる決定を重んじてきたが、この WCIT 全体会議では多数決が行われた。改正 ITR 案は採択されたが、政府によるネットの検閲や遮断につながりかねないとして非署名を表明した国は、日本、アメリカ、EU 加盟国など55に上った。改正 ITR は2015年 1 月から施行されたが、非署名国には旧 ITR が適用され続ける。採択された ITR という条約規則に対して署名を拒否する加盟国が多数出たことは、この分野での ITU の活動への信頼性を失わせる可能性があり、アメリカでは ITU への拠出金削減の動きも起こっている。

### （ 3 ）越境データのプライバシー保護と ISO の国際標準

インターネットは、さまざまな必要性から自律的に構築された無数のネットワークが、相互に接続された総体である。その相互接続のために、本章でみてきた標準化団体が、通信プロトコルなどのインターネット全体で共有される国際標準を策定してきた。その際、先駆的な技術者達は、インターネット全体を一元的に管理する、中央集権的な統制のしくみがなるべく少なくなるような技術の標準化を指向し、さまざまなステークホルダーが直接ガバナンスに参加できる、開放的で透明性の高いボトム・アップ型の合意形成の方式を尊重してきたといわれる。

このように、自主的に行われる取組みを尊重し、複数のステークホルダー間で合意形成を繰り返しながらリスク管理をしていく手法は、国境を越えたパーソナルデータ移転での**プライバシー保護**の取組みの中で、プライバシー影響評価（PIA）としてすでに活用され、コラムに挙げた近年の OECD、CoE、EU、APEC のデータ保護文書や加盟国の国内法に取り入れられている。その取組みを支えるのが、本章でたびたび触れてきた ISO の国際標準化である。

ISO は、165カ国の代表的な国内標準化機関によって組織される非政府間機構で、日本からは JIS を制定する日本工業標準調査会が参加している。ISO は政府間国際機構ではないが、国際標準の策定に重要な役割を担い、ジュネーブ

に本部をおき、国連でのオブザーバー資格を有する（第５章「国際機構の意思決定」参照）。専門家から構成される250を超える専門委員会が、１万9500以上のISO規格と呼ばれる国際標準を策定している。ISOは電気・通信・電子技術を除く全産業分野の標準化を担当するが、IECとも合同委員会（JTC１）をもち、ISO／IEC規格としてCIT分野の国際標準も策定するので、実質的に国際標準化全般にかかわっている。

ISO規格では、コンテナの海陸一貫輸送に不可欠なコンテナ標準の規格化といった、物の寸法などの物理的要件の規定のみならず、近年では、品質、環境、食品安全、情報セキュリティなどのマネジメントシステムの機能要件や、ソフトウェアの作成手順、信頼性・安全性を確保するための規定など、対象となる事柄が達成されるための要件、条件、プロセスなどを規定する国際標準が増えている。ISOでは2011年に、パーソナルデータを扱うシステム開発などでのプライバシー保護のための「ISO／IEC 29100（プライバシーフレームワーク）」規格が策定され、JTC１でPIAのISO／IEC規格化が進められている。

PIAは、「環境影響評価」と同じく、事業の実施前にアンケートやヒアリングを行って複数のステークホルダーの考え方をくみ取り、適当な対策を講じながら合意づくりをすること（リスク・コミュニケーション）を通じて、事業計画の改善（リスク回避）を図ることを目的とする。すでに日本でも、社会保障・税の個人番号（マイナンバー）制度において、特定個人情報保護評価という呼称でPIAが行政機関に義務づけられ運用が始まっている。そのPIAの背景にある考え方が、プライバシー・バイ・デザイン（PbD）である。PbDとは、パーソナルデータの収集を伴うサービスやアプリなどを開発する際、データを適切に扱えるように、プライバシー侵害リスクを事前に評価し、サービスやアプリの設計段階でプライバシー保護のしくみを盛り込み、そのリスクを回避・最小化する考え方である。

今後、通信手段の技術仕様のみならずコンテンツの取り扱いに関しても、国際標準化と関連国際機構の果たす役割は、ますます重要になろう。PbDは、2015年12月に合意されたEUの新データ保護規則に導入され、一定の条件に当てはまるパーソナルデータを取り扱う場合、PIAの実施が官民を問わず義務づけられることになった。新規則では、違反した企業に対する制裁金の上限は

当該企業の世界の年間売上高の４％とされている。さらに、企業にウェブ上のパーソナルデータの削除を要請することを認める「忘れられる権利」への対応コストなどへの懸念もあり、EUで事業を行う日本企業は、関連国際機構や標準化団体の活動を注視し始めた。出来上がったルールを「どう守るか」も大切である。しかし、さまざまなステークホルダーの参画による自律的なインターネット・ガバナンスのために、これからの私たちに求められるのは、国際標準というルールを「どうつくるか」への積極的な貢献であろう。

**♣参考文献：**

石井夏生利『個人情報保護法の現在と未来——世界的潮流と日本の将来像』勁草書房、2014年

内海善雄『「国連」という錯覚——日本人の知らない国際力学』日本経済新聞出版社、2008年

橋本明著、日本ITU協会編『無線通信の国際標準化』日本ITU協会、2014年

藤井敏彦『競争戦略としてのグローバルルール——世界市場で勝つ企業の秘訣』東洋経済新報社、2012年

# 第12章　保健衛生

【この章で学ぶこと】
　保健衛生分野の国際協力は、世界保健機関（WHO）と国連児童基金（UNICEF）が長く役割を担ってきた。近年はサミットでも保健衛生は政治経済の重要課題として取り上げられ、先進国、世界銀行などさまざまな国際機構に担い手が広がっている。本章では、国際保健協力に関わる国際機構を紹介し、保健衛生の重点活動を紹介する。この分野の新しいパートナーシップの姿も理解していこう。

## 1　なぜ保健衛生のために国際機構が必要になったか

### （1）国境を越えた感染症の制圧

　2014年の夏、代々木公園などで蚊にさされた人がデング熱に感染したニュースは人々に驚きを与えた。日本でのデング熱の発症は、第二次世界大戦中の大流行以来70年ぶりという。同じく2014年には西アフリカのギニア、リベリア、シェラレオネでエボラ出血熱の大規模な感染が問題となった。エボラ出血熱は、2013年12月に南部ギニアでの流行から周辺国に広がった。二次感染の影響は国境を接するナイジェリア、セネガルや、治療にあたった医療従事者に及んだ。大韓民国における MERS コロナウイルスの感染患者発生で、日本も対応に追われた。現代は、航空機で人やモノが24時間以内に国境を越えて移動できる時代である。感染症と無縁の国は地球上に存在せず、一国で完全に対処できる国はない。

　紀元前のインフルエンザ、14世紀のペストなど、感染症の大流行を人類は歴史上何度も経験してきた。19世紀半ばにヨーロッパでペストとコレラの大流行があり、国際衛生会議が幾度も開催され、1903年にはペストとコレラの防止や治療につき共通の対処方法を定めた政府間の協定「国際衛生規約」が結ばれた。同規約により、1907年、パリに**国際公衆衛生事務局（OIHP）**が設立された。

第2部　国境を越えた共通問題への共同処理

　第一次世界大戦後は東欧各国でチフスの撲滅が課題となり、その規模は小規模な OIHP の対処能力を超えた。そこで国際連盟のもとに保健衛生のための常設の機関として、1920年に**国際連盟保健機関（LNHO）**が設置された。第二次世界大戦後、LNHO を引き継いだのは、**国際保健機関（WHO）**である。WHO は、保健衛生分野を設立の目的に定めた国際機構として誕生し、感染症を中心としつつ、すべての人々の保健衛生水準の向上への寄与を目指している。

### （2）戦災国への緊急医療支援

　二度の世界大戦は、戦災国における緊急医療の提供を必要とした。戦闘に参加した兵士がけがや病気になった場合の傷病兵の保護や、戦争が原因で家や家族を失い、けがや病気、また食糧難から飢餓で苦しむ人々への保護が必要となった。戦災国では乳幼児と母親は体力の低下や栄養失調で病気にかかりやすくなるため、母子保健のための支援も必要となった。

　戦災国への医療支援は、1943年から1946年まで国連救済復興機関（UNRRA）により短期間実現した。UNRRA は第二次世界大戦後の医療支援、子ども支援、難民支援を行った。1946年から**国連児童基金（UNICEF）**が UNRRA を引き継いで、戦災国の緊急援助・母子保健に関わることとなった。第二次世界大戦後の日本の子どもたちも1949年から15年間、UNICEF から学校給食用の粉ミルク、医薬品などの支援を受けた。

## 2　保健衛生分野ではどのような国際機構が活躍しているか

### （1）世界保健機関（WHO）

#### ① WHO の任務

WHO は、1948年に設立されたこの分野を代表する国連の専門機関である。

　WHO 憲章が定める「健康」の定義は広い。WHO は健康を「単に病気や虚弱の存在しないこと」ではなく「完全な肉体的、精神的、社会的安寧の状態」とする。また、「到達しうる最高水準の健康を享有する」ことは基本的人権であるとした。そして、すべての人民の健康が平和と安全を達成する基礎と位置づけ、個人と国家の十分な協力によって成り立つとした（WHO 憲章前文）。

WHO の目的は、「すべての人民が可能な最高の健康水準に到達すること」（WHO 憲章 1 条）である。その目的に向けて、次の任務を負う。①国際保健事業の中心かつ調整機関として行動し、国連、専門機関、政府や保健行政機関、専門的団体等と協力すること、②要請や受諾により加盟国に対し保健分野の技術協力、援助、助言を行うこと、③国際保健事業に関する条約、規則、勧告を提案、制定し、それらが WHO に与える義務を遂行すること、④伝染病、風土病、その他の疾病の撲滅事業の展開、⑤栄養、住宅、衛生、レクリエーション、経済上または労働上の条件、環境衛生状態の改善の促進、⑥母子の健康と福祉の増進、⑦統計、⑧疾病等の国際用語表の作成、診断方法の標準化、食品・生物学的製剤や類似の薬品の国際的基準の発展・向上、⑨医療関係者への訓練、⑩精神的健康分野の活動等、である。WHO の掲げる健康についての広範な定義により、WHO の扱う対象は多義に解釈されている。WHO は、専門的知見を動員し科学的証拠に基づいて判断し、行動する。

②WHO の組織

主要機関として、まず、全加盟国が参加する審議機関として世界保健総会（WHO 総会）がある。WHO の加盟国数は194である（2016年 3 月現在）。WHO総会には各国の保健大臣（日本からは厚生労働大臣）が出席し、政策決定と、保健関係の条約や国際保健規則等の重要な規則制定を行う。WHO 総会は、予算の決定、理事会等の候補国・候補者の選挙も行う。WHO 総会には WHO が公式に認めた NGO やその他の国際機構の代表もオブザーバーとして参加が可能である（第 5 章「国際機構の意思決定」参照）。

WHO 総会の決定を実施し、また総会をサポートする機関に執行理事会がある。34の執行理事は、総会で選ばれた34カ国が推薦する保健分野の資格を有する個人である。理事会の任務は、WHO 総会による決定や政策の実施、総会への助言や提案、総会の議事日程（議題）の準備、緊急措置や事務局長への注意喚起等である。

WHO の事務局は分権的で、本部ならびに自立性の高い地域事務局にわかれて存在し、本部の WHO 事務局長と職員、地域事務局の事務局長と職員から成る。本部事務局はスイスのジュネーブにおかれている。WHO 事務局長は第 7代事務局長で 2 期目のマーガレット・チャン（中国・香港）である。日本人医

第2部　国境を越えた共通問題への共同処理

師の中島宏は東アジア出身初の事務局長であり、第4代事務局長を1988年から2期10年を務めた。WHO事務局長は、医師等の公衆衛生専門家である。

WHOの地域事務局は、アフリカ、米州、東南アジア、ヨーロッパ、東地中海、日本の所属する西太平洋地域の6カ所ある。各地域事務局で地域事務局長が選ばれ、意思決定機関として地域委員会がある。各地域の開発途上国中心に150カ所の国事務所もおき、WHO職員全体の半数以上は国事務所に勤務する。

### （2）世界銀行

**世界銀行**は戦後の戦災復興支援および開発途上国のインフラ整備への資金協力（融資）を行う金融機関として知られる。世界銀行はロバート・マクナマラ総裁の時代の1968年から、人口問題にかかわる産児制限、子どもの栄養などの保健衛生分野に着手した。世界銀行が教育や保健といった社会分野への資金供与を重要視するようになったのは1980年代に入ってからで、1980年代終わりに早くも世界銀行は保健衛生分野の資金供与において最有力な国際機構になった。

世界銀行は1980年代から1990年代にかけて開発途上国を中心に国家の保健衛生セクターの改善に関わる資金供与を行ってきたが、そのアプローチは一定の条件（コンディショナリティ）を付与して財政支出の削減を求めるものであった。この背景には開発途上国の累積債務問題があり、マクロ経済を安定させる必要から、社会サービスへの公的予算の削減などを求めた。世界銀行は保健衛生セクターの資金供与についても、緊縮財政、経済効率の達成、患者の自己負担の導入により保健医療施設の収入増によるサービスの向上を目指した。

世界銀行の資金援助は、保健衛生セクターの改善だけでなく、環境の整備、たばこ、HIV/エイズ、マラリア等感染症の制圧など個別課題にも重点をおく。

### （3）保健分野の任務を含む国連の機関

①国連児童基金（UNICEF）

UNICEFのグリーティングカードを購入すると、代金の約50％が子どもへの予防接種や薬など活動資金になる（第4章「国際機構の財政」参照）。

UNICEFは、現在、武力紛争時および自然災害時の緊急支援を行うととも

に、子どもの権利を基盤とした母子保健の援助機関となっている。UNICEF
がつくられた1946年には戦争の被害を受けた国の子どもたちに食糧や薬を届け
る活動を行った。名称には国連国際児童緊急基金という名前で緊急という文字
が入っていた。UNICEF は UNRRA の後３年間だけの予定でつくられた。

　1950年に UNICEF の活動を終了とするかどうかが議論された際に、国連総
会副議長でパキスタン国連大使のアハメド・シャー・ポカリが、「戦争犠牲者
となったヨーロッパの子どもたちよりも、開発途上国の［普通］の生活をして
いる何百万人もの子どもたちの方が、もっと悪い状況におかれている」と演説
した。UNICEF の任務を開発途上国の貧困の子ども支援にまで拡大すること、
UNICEF を恒久機関とすることが、1953年の国連総会において全会一致で決
定された。その際に、「緊急」が正式名称から除かれたが、UNICEF という略
称は残され緊急を示す E の文字もそのままとされた。

　UNICEF は国連の自立的補助機関であり、36カ国政府代表から成る執行理
事会と事務局長、職員がいる。執行理事会の許可を得れば UNICEF 独自で支
援をするプロジェクトやプログラム、支援先を決めることが可能になる（第２
章「組織としての国際機構」参照）。また、職員の85％がニューヨークの UNICEF
本部から離れた世界各地の現地事務所に勤務している。UNICEF は国連開発
グループ（UNDG）に属する開発援助機関でもあり、個々の具体的な母子保健
のためのニーズを調査し、国別援助計画を立て、プロジェクトを計画し実施す
る。重点分野は、保健、栄養、水と衛生、教育、子どもの保護、緊急支援であ
る。

　②国連人口基金（UNFPA）

　2014年の世界の人口は72億4400万人であると**国連人口基金（UNFPA）**が世界
人口白書で発表した。UNFPA は国際社会で人口問題への対策が重視されたこ
とから、1967年に国連人口活動信託基金として発足し、1969年国連人口活動基
金として国連開発計画（UNDP）のもとで活動を開始した。1972年に UNICEF
と同様の国連の自立的補助機関の地位となり、1978年に国連人口基金という名
称になった。人口増加は、それに見合った食糧やエネルギーの供給など開発途
上国が取り組まなければならない課題でもあり開発と密接な関係があるが、家
族が子どもを何人生むか、どれくらいの間隔で生むのかは、母と子の健康に

第2部　国境を越えた共通問題への共同処理

とって極めて重要である。UNFPA は、出生率、安全な出産、家族計画など妊産婦の命と健康を守る保健衛生分野の機関としての顔ももっている。

③国連合同エイズ計画（UNAIDS）

**国連合同エイズ計画（UNAIDS）**は、HIV/エイズに対処する国連機関であり、1990年代初頭の HIV/エイズの蔓延を機に1996年に発足した。そもそもHIV/エイズに対しては1987年に WHO がエイズ世界計画を設置していた。しかし、HIV/エイズは年間約200万人の発症者とは別に HIV ウィルス感染者が世界で3500万人という規模に及ぶことから、複数機関による分野横断的な対応が必要となった。WHO 総会は HIV/エイズ関連機関の合同によるプログラムをつくることを WHO 事務局長に提案した。WHO とともに HIV/エイズ対策に取り組んでいた UNICEF、UNDP、国連教育科学文化機関（UNESCO）および世界銀行が共同スポンサーとなり、国連の経済社会理事会においてUNAIDS の設置が承認された。2014年現在の共同スポンサー機関は、国連システムの11機関・機構、すなわち、UNDP、UNICEF、UNFPA、国連難民高等弁務官事務所（UNHCR）、国連薬物犯罪事務所（UNODC）、世界食糧計画（WFP）、UNESCO、国際労働機関（ILO）、WHO、世界銀行、UN Women（ジェンダー平等と女性のエンパワメントのための国連機関）である。

UNAIDS の本部事務局はスイスのジュネーブにおかれ、事務局長がそれを統括し、80カ国以上に事務所を設置している。また、政策決定機関である事業調整理事会は、日本を含む22の理事国、11の共同スポンサー機関に加えて患者団体を含む5つの NGO が参加をしている。予算はすべて国連加盟国または共同スポンサー機関からの自発的拠出金で賄われる。

# 3　保健衛生にはどのような活動分野があるか

## （1）感染症の制圧
①新興・再興感染症の制圧

感染症の制圧は古くてかつ新しい問題である。感染症には、HIV/エイズ、エボラ出血熱、新型インフルエンザ等の新たな感染症や、コレラや結核等古くからの感染症の再流行の双方が課題である。これらの**新興・再興感染症**につ

第12章　保健衛生

き、WHO など国連システム諸機関は予防と制圧に努力している。

　黄熱病の研究では日本人医師野口英世の功績が有名である。日本も第二次世界大戦が終わるまでは感染症に苦しむ国であり結核などの感染症の治療や研究が行われていた。この黄熱病をはじめとした感染症に対処するための最初の国際的枠組みに、WHO 総会が採択した「**国際保健規則**」がある。国際保健規則は、コレラ、ペスト、黄熱病の特定の３疾患のみを制圧する国際枠組みであった。国際保健規則によれば、対象３疾患の発生後、加盟国は24時間以内にWHO への報告や必要な現地調査団の受け入れを義務づけられる。

　国際保健規則は、３つの感染症の他にも新興・再興感染症を対象に含める体制に転換した。その契機が、2003年のSARS（重症急性呼吸器症候群）の流行であった。2005年に国際保健規則は改正され、2007年６月に効力を発生した。**改正国際保健規則**により、コレラ、ペスト、黄熱病の３疾患のみを対象とした旧規則から、公衆衛生上の危機が懸念されるあらゆる新興・再興感染症について、発生地および加盟国による迅速な報告とそれに対する対応の枠組みができ

---

**コラム13：エボラ出血熱**

　西アフリカのギニア、リベリア、シェラレオネでエボラ出血熱が大規模感染し、WHO のチャン事務局長は、エボラ出血熱を PHEIC と認定した。感染症が国家の存亡まで危うくする事態に対し、2014年９月15日、国連の安全保障理事会（安保理）も、エボラ出血熱の大流行を国際の平和と安全の脅威とする決議を全会一致で採択した。安保理が保健衛生の問題を平和と安全への脅威の問題として決議を採択したのは、今回のエボラ出血熱が３回目である。先の２回はHIV/ エイズ関連であり2000年と2011年に採択された。潘基文国連事務総長はエボラ緊急展開国連ミッション（UNMEER）を提案し、国連総会で承認された。保健衛生危機対処の初のミッションである。国連、WHO は、流行３カ国と国連諸機関、専門機関、諸外国は連携・調整の上、共同で流行拡大阻止にあたった。エボラ出血熱の大流行は2014年後半にピークを迎えたが、2015年５月にはリベリアで終息宣言が出され、ギニア、シェラレオネでも新規症例数が減少した。SARS や鳥インフルエンザに比べて人的被害が大きく、エボラ出血熱の発症は２万人を超え死者は１万人に達した。反省が今後に活かされてほしい。

た。対応を必要とする感染症の認定には、「国際的に懸念される公衆衛生上の緊急事態」(PHEIC) であることを科学的根拠に基づき WHO 事務局長が決定することが必要である。2009年の鳥インフルエンザ (H5N1型) の流行は SARS に次ぎ PHEIC とされた。改正国際保健規則は、感染症のみならず、科学物質汚染、放射能災害などの健康危機管理に関する対応も含む。

②予防接種による特定疾患の制圧キャンペーン

WHO は創設から60年間に10を超える特定疾患の制圧キャンペーンを実施した。これらは、予防接種計画や新薬の支援、保健医療衛生により感染経路を遮断する対策を取ることで、特定の疾患の制圧を試みるものである。1968年から1980年の天然痘撲滅キャンペーンは成果をみて、1980年に天然痘が根絶された。1988年からの世界ポリオ根絶計画により、中南米、西太平洋地域ではポリオの撲滅が宣言された。

③エイズ、結核、マラリアへの対策

エイズ、結核、マラリアは3大感染症と呼ばれる。その死亡者数は、毎年約600万人と推定されている。国際保健規則で指定されたコレラ、チフス、黄熱病が減少する中、3大感染症の被害者は拡大している。感染者の多い開発途上国では経済や社会への影響もあり、政治的不安定の原因にもなりうる。

結核は先進国でも感染が広がり、1993年に WHO が結核の感染を地球的危機であると宣言した。1980年以降、マラリアの再興が深刻になった。1998年、WHO、世界銀行、UNDP、UNICEF の共同による**ロールバックマラリア・パートナーシップ**が発足し、国際機構とマラリア蔓延国が連携し、マラリアに関する広報、対策、研究に必要な資金を提供するしくみができた。HIV/エイズについては、上述の UNAIDS が機関間合同の国際的枠組みとして発足した。しかし、何百万という感染者の出る感染症対策には資金が圧倒的に不足した。

2000年 (九州・沖縄)、2001年 (イタリア) の G8サミット (主要8カ国首脳会議)、2001年の感染症に関するアフリカサミットは、HIV/エイズ、結核、マラリアを国際社会が取り組む重点課題として位置づけた。**ミレニアム開発目標 (MDGs)** は、目標6に HIV/エイズ、マラリア、その他の疾病の蔓延防止として、項目の1つにこの問題を明記した。2002年1月には、莫大な資金問題に対応するため、**世界エイズ・結核・マラリア対策基金 (世界基金)** が発足した。世

界基金は、発足から2013年末までに、約140カ国の1000以上の案件に、累積で約230億米ドルを供与してきた。資金は、治療薬、医薬品の購入、医療従事者の人材育成などの人件費などであり、HIV/エイズに50％、地域ではサブサハラアフリカ向けが55％となっている。資金はUNAIDSの構成機関等を通じて実施に向けられる。2013年末までの成果としてHIV/エイズでは610万人に抗レトロウイルス薬治療の提供、結核では1120万人への直接監視下短期科学療法（DOTS）の実施、マラリアでは3億6000万張りの殺虫剤浸漬蚊帳の配布を行い、その結果、870万人以上の生命を救ったと推定される。

④顧みられない熱帯病

**顧みられない熱帯病**（Neglected Tropical Disease: NTD）とは、アフリカ・中南米・アジアの熱帯、亜熱帯地域・開発途上国を中心に蔓延している寄生虫や細菌感染症である。WHOはNTDを2005年より提唱し、現在17の熱帯病が指定されている。NTDはMDGsにも明記されず、先進国では患者が少ないため、国際的な関心が集まらなかった。しかし、世界149カ国で10億人の人々がNTDに苦しみ、年間50万人が死亡するという状況にある。

NTDに指定された17の熱帯病は、デング熱、狂犬病、トラコーマ、ブルーリ潰瘍、トレポネーマ感染症、ハンセン病、シャーガス病、メジナ虫症、アフリカ睡眠病、リーシュマニア症、囊尾虫症、包虫症、リンパ系フィラリア症、オンコセルカ症、食物媒介吸虫類感染症、住血吸虫症、土壌伝播寄生虫症（回虫等）、である。

NTD疾患には共通の問題がある。NTDは貧困地域、スラム、紛争地帯に集中し、国の保健政策の遅れが影響している。NTDへの罹患は貧困層に集中しやすく、発症すると奇形や障がいにつながり、貧困状況を長引かせ、偏見や差別の原因にもなる。後発開発途上国（LLDC）では複数のNTDが蔓延している。

NTD対策も共同対処による相乗効果が期待できる。複数のNTD疾患に同時に効果のある治療薬の使用により、予防や制圧が可能である。いずれも寄生虫の対策等の予防、生活水準や衛生環境の改善が効果を生む。NTDには低開発問題や人権問題への対処も必要である（第7章「人権・人道」参照）。

日本の小・中学校で長く実施されてきた寄生虫の検査は日本の文部科学省のもとで学校保健を通じた保健衛生対策の1つであるが、2015年度限りで廃止と

第2部　国境を越えた共通問題への共同処理

なった。しかし日本の感染症克服のための寄生虫等の対策の経験を背景に、1998年、当時の橋本龍太郎首相は、バーミンガムでのG8サミットで国際保健における寄生虫対策や学校保健の重要性を訴えた。その後も日本がこの問題に取り組んだことが、NTDの取組みの背景にある。

　NTDについては、WHOのみならず、アメリカ国際開発庁（UNAID）、イギリス国際開発省（DFID）、日本の国際協力機構（JICA）など先進国の援助機関による支援もある。NTDには医薬品会社からの薬剤の無償提供、民間財団の取り組みも盛んである。日本の笹川記念保健協力財団はハンセン病対策に長年取り組んでおり、マイクロソフトのビル・ゲイツ夫妻によるビル＆メリンダ・ゲイツ財団はNTD関連の研究開発の支援をしている。


## （2）基礎保健ならびに母子保健分野
### ①プライマリヘルスケアとミレニアム開発目標

　感染症など個々の疾病の予防、制圧は、垂直的な保健衛生の取組みといえる。保健システムの整備といった環境的、社会的要因への対応は水平的な保健衛生への取組みであり、国際機構は、垂直的な取組みとともに取り組んでいる。

　1978年、WHOとUNICEFは、キルギスタンで**プライマリヘルスケア**に関する国際会議を開催し、最終文書として**アルマ・アタ宣言**を採択した。宣言では、2000年までに「すべての人に健康を（Health for All）」を掲げ、その手段としてプライマリヘルスケアが提唱された。プライマリヘルスケアとは包括的なケアであり、病気の治療といった医療にとどまらず、長期的な公的保健衛生サービスの提供、女性への教育、予防接種などの保健衛生への社会的なアプローチである。多くの開発途上国では、大都市にはハイテクの医療機器を備えた大病院があっても、大都市から遠く離れた農村には病院はおろか医師もいないという状況さえある。プライマリヘルスケアは地域住民が主体であり、日本でいう保健所や病院など地域での一次医療、必須医薬品、疾病予防など、健康教育、食糧と栄養、安全な水など、途上国の農村地域も含め地域住民が保健システムにアクセスできることを目指した。アルマ・アタ宣言では、地域の保健システムを国家の保健事業政策の中に含めるよう国家に求めた。WHOとUNICEFの活動は、地域保健システムの技術援助に向けられた。

第12章　保健衛生

　「すべての人に健康を」を目指すプライマリヘルスケアは、息の長い取組み
である。UNICEFは次項でみるように、母子保健でも焦点を絞った形での選
択的プライマリヘルスケアを実践していく。世界銀行が1980年代から保健衛生
分野に進出すると、保健衛生セクターへの資金供与に経済効率性の要素が重視
され、公的な保健衛生分野にも利用者負担や国の財政の抑制などが求められ、
費用対効果の高い選択的プライマリケア的な保健政策が助長された。今日も包
括的なプライマリヘルスケアの目標とする医療アクセスへの平等、低所得者に
よる医療アクセスへの格差の問題が残っている。2005年のWHO総会でユニ
バーサル・ヘルス・カバレッジ（UHC）という概念が提唱され、2012年には国
連総会でも関連の決議が採択された。UHCは、経済的負担を心配せず基礎的
な保健医療サービスが受けられることを目的としている。

　WHOは2003年にグロ・ブルントラント第5代事務局長の指揮のもと、「健
康が経済発展のための基礎であり、不健康な環境のもとでは経済発展は達成で
きない」として、保健衛生を開発援助の重要な柱に位置づけた。MDGsの10
の目標のうち4項目に保健衛生分野が入り、WHOや世界銀行をはじめとする
保健衛生に関心をもつ国際機構や政府は、保健問題を国際社会の開発援助、経
済開発のアジェンダにのせた。また、WHOはUNDGや世界銀行とともに、
MDGsに掲げる基礎保健分野を開発援助、経済開発の視点を入れて整えるこ
とを目指した。MDGsの保健分野で積み残された課題は、**持続可能な開発のた
めの2030アジェンダ**の目標（SDGs）にも引き続き含められた（第8章「経済・貿
易・通貨・開発」参照）。

　②母子保健

　UNICEFは、武力紛争時に加えて自然災害のもとでの子どもに対する緊急
支援を行う他、母子保健の強化に焦点を当てて取り組んできた。

　MDGsの目標4には乳幼児死亡率の削減が掲げられ、開発関係の国際機構
にとっても重点とする分野とされた。MDGs目標4の指標は、2015年までに
5歳未満児の死亡率を1990年の3分の2に減少させるとする。5歳未満児死亡
率の削減はUNICEFの重点分野であり、SDGsにおいても継続されている。

　1990年に世界の5歳未満児の死亡数は1279万人であったのに対し、2013年に
は630万人にまで減った。それでも毎日1万7000人もの5歳未満児が死亡して

いると、UNICEF は報告している。地域としては、サブサハラアフリカとオセアニアの5歳未満児死亡率が1990年に比べて増えている。コーカサス、中央アジア、南アジアも MDGs の目標4に届かなかった。死亡原因は予防や治療が可能な感染症や下痢症が多く、栄養不足による死亡が半数近くに上る。

5歳未満死亡率の削減のため UNICEF が行ってきたのは、伝統的には、はしか、破傷風などを防ぐ乳幼児への予防接種である。UNICEF は加えて発育不良の回避や免疫強化のため、完全母乳育児の普及、ビタミンなど必須栄養素の母子への接種も行ってきた。

安全な水と衛生施設（トイレ）の問題は、家庭での利用はもちろんのこと、学校教育や病院や保健施設でも保健衛生上必須である。安全で適切に整備されなければ病気への感染のリスクが高くなるため、井戸、上水道や下水道の整備を含めた水とトイレは保健衛生に欠かせない。安全な飲料水の不足は、特にサハラ以南のアフリカで深刻である。そうした地域では女児と女性が水汲みなどの仕事をし、就学や職業の機会を奪うことにもなる。

1980年代に国連が「水供給と衛生の国際10年」を定め、WHO は飲料水、トイレの整備を行った。1991年に水供給衛生調整会議が設立され、2001年のドイツでの淡水国際会議において万人のための水と衛生キャンペーンを立ち上げた。MDGs 目標7環境の持続可能性確保の指標は、安全な飲料水を利用できない人々の割合を1990年の半分にすること、および、すべての学校にトイレや手洗い場を整備すること等を定めた。

UNICEF と WHO は合同で『衛生施設と飲料水の前進』という報告書を出している。上記報告書によれば、2010年末には世界の人口の89％が改善された水源を利用し、都市部では96％、農村部では82％まで改善された。MDGs の安全な水の指標は2015年以前に達成された。トイレについては、都市部で80％、農村部で47％に改善されたが、MDGs の目標数値は下回っている。SDGs では、きれいな水と衛生が目標6として掲げられることになった。

③女性の健康

女性の健康への支援は、基本的人権であり、女性のエンパワメント、ジェンダー平等の一貫であると同時に、次世代や家族、コミュニティ全体の健康の向上にもつながっていく。

第12章　保健衛生

　MDGs 目標 5 は妊産婦の健康の改善である。そのターゲットの 1 つは、2015年までに妊産婦の死亡率を1990年の水準の 4 分の 1 に削減することである。SDGs でも引き続き取り組みは継続される。妊娠や出産により死亡する女性は年間数十万人、 1 日で800人以上に達し、その90％はアフリカとアジアで起きている。母親の死亡は女性の生存権の問題であるとともに、家族の崩壊や子どもの健康・発達に影響が及ぶため、子どもの心身の健康の問題とも結びつく。1994年の国際人口開発会議で採択されたカイロ宣言では、**リプロダクティブヘルス・ライツ**（性と生殖に関する健康と権利）という女性の出産に関する人権が定められた。UNFPA はこのカイロ宣言の実施機関とされた。

　リプロダクティブヘルス・ライツは、女性が出産間隔をあけて安全な妊娠・出産を確保できるよう、避妊などの家族計画を推進することである。MDGs目標 5 の指標は、2015年までにリプロダクティブヘルス関連のケアやサービスを受けられるようにする、と定めた。UNFPA は安全な妊娠出産のため、妊産婦が産婦人科医や助産師による専門的なケアを受けるための支援も行っている。

## （3）保健衛生に関連する製品の国際基準

　WHO は、プライマリヘルスケアの一貫として、広範囲に健康に影響を与える製品について適切な使用、品質の維持向上、健康上の問題に対する国際基準づくりを行ってきた。1977年には、**WHO 必須医薬品**モデルリスト、すなわち必要最低限の医薬品のリストをつくり、医薬品の安全性の確保と合理的で適切な使用を目指した。リストは 2 年ごとに改訂される。WHO 総会は、1981年に母乳代用品のマーケティングに関する国際基準を採択し、赤ちゃんへの安全で十分な栄養の供給のため、母乳育児の保護、粉ミルクなどの乳児用人工乳を使う場合の安全性と経済コストなどの情報提供などを義務づけた。2003年にWHO 総会は**たばこ規制枠組条約**を採択し、たばこによる健康リスク対策、個人の行動の変更に取り組んでいる。

## （4）知的財産権と医薬品アクセス

　HIV 薬や新型インフルエンザのワクチンなどの高価な医薬品を、開発途上国でどのように確保するかは大きな問題である。医薬品は知的財産権によって

第2部　国境を越えた共通問題への共同処理

保護されておりコピー薬が出回らないようになっている。開発途上国が自分の国で自由に生産しようとしても製造が制約される。たとえば、異なる HIV 薬の混合薬を製造しようとすると複数の知的財産権が問題となってくる。抗レトロウイルス薬に関連する知的財産権は、知的財産権の貿易関連の側面に関する協定（TRIPS 協定）によって保護されていた。

2001年に世界貿易機関（WTO）において、「TRIPS 協定と公衆衛生に関する宣言」（ドーハ宣言）が採択された。この宣言で、TRIPS 協定とドーハ宣言により、開発途上国の加盟国が公衆衛生を守るための緊急事態においては、知的財産権を制限して国内企業に生産させることが可能になった。

鳥インフルエンザなどの新型インフルエンザ対策には、各国からの初期の情報提供が重要である。先進国の製薬会社がワクチンを製造するが、高値で販売され、流行国の開発途上国が新型ウィルスの検体の提出など情報提供をしてもワクチンを購入できないという問題がある。開発途上国へのワクチンの提供、ワクチン製造技術の支援等が必要である。

近年、航空券税を利用して、感染症への医薬品を長期に大量に購入し、医薬

---

### コラム14：たばこ規制枠組条約

たばこは、がん、心臓病等の原因となり、たばこ関連死は毎年約490万人と報告される。たばこ規制枠組条約の締約国は180カ国である（2016年3月現在、日本も2004年に批准）。WHO のたばこ規制の取組みは、国際民間航空機関（ICAO）による全国際航空路線における喫煙禁止、世界銀行のたばこ関連プロジェクトへの融資停止によっても強化された。

日本でも禁煙や分煙などが公共の場で広がった。たばこ規制枠組条約によれば、たばこのパッケージについても、健康の警告表示が必要となっている。条約起草時にはたばこの名称に健康被害を和らげるようなマイルドやライトといった表現を禁止するかの議論があり、各国に任せられることになった。EU の閣僚理事会と欧州議会では条約を受けてたばこの害を和らげる言葉の使用を禁止した。日本のマイルド・セブンは2013年には新ブランドとしてメビウスに名称変更を行っている。

品の価格を下げるための取組みが展開されている。2006年にフランスの呼びかけで設立された**ユニットエイド（UNITAID）**という国際機構がその例である。UNITAIDは、エイズ、結核、マラリアに苦しむ開発途上国に対し、高品質の医薬品や診断技術の価格を下げて広く供給することを目的としている。加盟国は28カ国と２財団である。UNITAIDは市場原理を利用する方法で、これまでに小児HIV治療薬、マラリア最良治療薬、HIV第二選択薬、最新の結核診断費用等の価格を下げることに成功した。

# 4　グローバルヘルスとは何か

### （1）地球規模の保健対策

改正国際保健規則の引き金になったSARSの大流行は30カ国にまたがり、感染者が8000人を超え、死亡者も800人弱となった。アジア太平洋地域の経済的損失も甚大であった。日本でのHIV/エイズの感染が、国境を越えた感染者による血液が入った血液製剤に含まれていたことで服用した人に感染が及んだ。グローバル化により保健衛生課題が生まれている。

1990年代は世界規模でHIV/エイズ感染が広がり、サミットでも保健衛生問題が政治的に重要な課題とされた。2000年代には新型インフルエンザ、SARS等多数の国で保健衛生への対策が必要な事態も生じた。開発途上国を経済的・人的に支援する従来型の国際協力から、地球規模で対策を講じるべき課題となり、保健衛生は**グローバルヘルス**と呼ばれることが増えている。

### （2）グローバルヘルス分野のパートナーシップ

保健衛生分野は、WHOや世界銀行などの国際機構や先進国の援助機関といった従来からの機関に加えて、NGOの影響力が大きい。赤十字国際委員会（ICRC）、セーブザチルドレン、ロックフェラー財団のように第一次世界大戦後に創設された保健衛生の有力なNGOがある。国境なき医師団（MSF）も有力なNGOである。民間財団も近年増えている。ジョージ・ブッシュ元米大統領による大統領エイズ救済緊急計画、ビル＆メリンダ・ゲイツ財団、ビル・クリントン元米大統領によるクリントン財団がその例である。

第2部　国境を越えた共通問題への共同処理

　保健衛生分野では**パートナーシップ**という新しい協力の形態が生まれている。パートナーシップとは、「共通の目的をもつ関係機関が参加する活動体」という意味である。

　UNAIDS、ロールバック・マラリア・パートナーシップは複数機関合同の疾病対策・支援の枠組みであり、この新たな形態である。パートナーシップでも官民が連携したものに、資金を提供する機関・団体がある。代表例は、先にあげた3大感染症分野の世界基金がある。また、航空券税を用いたUNITAIDは、上述の通り、医薬品等の価格の引き下げの革新的なパートナーシップである。**ワクチンと予防接種のためのグローバルアライアンス（GAVI）**は、開発途上国の子どもへの予防接種の普及を目的とした資金援助プログラムである。GAVIの構成機関をみてみると、支援国、開発途上国の被援助国とともにWHO、UNICEF、世界銀行、ビル＆メリンダ・ゲイツ財団、ワクチン産業界、研究機関、NGO等であり、官民連携のパートナーシップとなっている。GAVIを支えるワクチン債は、個人投資家からの資金調達を可能にしている。

　保健衛生の国際協力は、WHOやUNICEF、世界銀行といった国際機構、先進国の援助機関、被援助国、NGO、民間財団などの基金、業界団体、企業など、担い手が多様化している。その分、内容、アプローチともに多様な協力が可能となった。その一方で、支援業務の重複や競合の問題、保健システムへの総合的な対応がなされないこと、活動の一貫性や持続可能性の確保、民間企業による利益誘導のリスクなどの問題が指摘されている。

　保健衛生分野では、国内保健システムの支援強化が重要である。国内の保健衛生の脆弱性の問題がすぐさま国際保健に跳ね返る。国際機構は、各国の保健セクターの能力強化を支援するとともに、国家以外のアクターの調整にも果たす役割がある。競合から協調による協力が国際機構の場で求められている。

♣**参考文献：**
　　安田佳代『国際政治のなかの国際保健事業——国際連盟保健機関から世界保健機関、ユニセフへ』ミネルヴァ書房、2014年
　　日本国際保健医療学会編『国際保健医療学（第3版）』杏林書院、2013年
　　ピーター・ピオット（宮田一雄他訳）『ノー・タイム・トゥ・ルーズ——エボラとエイズと国際政治』慶應義塾大学出版会、2015年

# 第13章　紛争解決

**【この章で学ぶこと】**
　今日の国際社会では、紛争を平和的に解決することが目指されている。国連憲章では、「すべての加盟国は、その国際紛争を平和的手段によって国際の平和及び安全並びに正義を危くしないように解決しなければならない」と定め（2条3項）、さまざまな制度やしくみが作られている。国際機構において用いられてきた紛争解決の制度や具体例について、考えてみよう。

## 1　紛争を平和的に解決するとはどのようなことか

### （1）国連憲章上のしくみ

　2013年3月、**国際司法裁判所（ICJ）**は、日本とオーストラリアの間の「南極海における捕鯨」事件において、南極海における日本の調査捕鯨が、国際捕鯨取締条約の範囲内ではない（したがって条約違反である）、という判決を言い渡した。翌年、**世界貿易機関（WTO）**の紛争処理小委員会（パネル）は、中国が行っているレアアースなどの輸出規制措置について、日本やアメリカ、欧州連合（EU）の主張どおり、WTO協定に適合しないとの判断を行った（第8章「経済・貿易・通貨・開発」参照）。条約の適用や解釈をめぐって、国家間で意見の違いや対立がみられた場合には、話し合いや第三者機関によって解決しようとする枠組みが国際社会で用いられている。

　人類の歴史は、争いの歴史といっても過言ではない。戦争は紀元前から世界各地で行われてきたし、現在でも行われている。かつて戦争は、国家間の対立を解決する手段の1つとして用いられていた。しかしながら、19世紀末から戦争違法化の流れが進み、ハーグ平和会議（1899年、1907年）の開催、不戦条約（1929年）の締結など、紛争解決手段としての戦争は、徐々に制限されていった。二度の世界大戦は、人類に未曽有の悲劇をもたらしたが、その後、戦争を

第2部　国境を越えた共通問題への共同処理

含む武力行使の違法化と、国際紛争を平和的に解決する義務が国際社会において確認されてきた。

　国連の主な目的は国際の平和と安全の維持、諸国間の友好関係の発展と世界平和の強化、国際協力の達成である（国連憲章1条）。具体的には、国連加盟国は、国際的な紛争を平和的手段によって解決しなければならない（2条3項）。国家は、武力による威嚇または武力行使を、いかなる国の領土保全または政治的独立に対するものも、また国連の目的と両立しない他のいかなる方法によるものも慎まなければならない（2条4項）。つまりは、戦争を含む武力の行使や威嚇は国連憲章上認められておらず、国家は平和的に紛争を解決しなければならないのである。

　ところで、平和的に紛争を解決するとはどのようなことなのだろうか。武力による物理的な紛争もあれば、武力行使を伴わない経済的、政治的な圧力や、意見や考え方の違いによる対立などもあるだろう。国際社会では、司法（裁判）による解決とそれ以外の解決があるので、さまざまな手段と方法について理解を深めることが求められる。

　国連憲章6章では、紛争の平和的解決が定められており、**交渉、審査、仲介、調停、仲裁裁判、司法的解決、地域的国際機構または地域的取極の利用**について記されている（33条）。どのような措置を取るのかについては、原則として、当事者が選ぶことができる。またこれら平和的な紛争の解決手段は、安全保障理事会（安保理）による行動を担保として成り立っており、平和的手段によっても紛争が解決しない場合には、安保理のもとで強制措置によって、紛争の解決が図られる可能性がある（国連憲章7章）。

## （2）予防外交、平和維持、平和構築

　紛争を解決する、という場合に、具体的にどのようなことまでが想定されるのだろうか。現在では、武力紛争が終わり和平合意が締結されることに加えて、平和を維持し、さらには二度と紛争状態が生じないように、より積極的に平和を確保する**平和構築**も、その範疇に含められる。また紛争を解決するのであれば、そもそも紛争を起こさせないようにした方が合理的でもある。国連では、**予防外交**がすでに1970年代に提唱されていたが、冷戦後に再び注目される

204

第13章　紛争解決

ようになった。特に**平和維持活動（PKO）**が従来の停戦監視や選挙監視などの任務に加えて、紛争が生じたり拡大したりしないようにするために現地に配置されるなど、いわゆる予防展開を行う状況もみられた。

　PKO は、国連憲章 6 章半の行動、すなわち国連憲章 6 章の紛争の平和的解決と、7 章の平和に対する脅威、平和の破壊および侵略行為に関する行動の間に位置するといわれてきた。つまり国連加盟国から派遣された軍や警察を、紛争当事者の合意に基づいて第三者として紛争地域に展開することで、紛争の悪化を防ぎ当事者間の停戦を監視し、これにより紛争の再発を防ぐ措置である。PKO は、冷戦中、安保理の機能不全によって国連憲章 7 章に基づく措置が行えない状況で生み出されてきた。現在においては、平和は維持されることでは十分ではなく、紛争の再発を防ぐためには、平和を構築することも求められている。それゆえに、紛争を経験した国に対しては、従来の停戦監視や選挙監視に加えて、平和構築の一環として、人道援助や開発援助、さらには国家建設への支援も行われてきている（第 6 章「安全保障・軍縮」参照）。

## 2　裁判以外の方法でも紛争は解決されるか

### （1）当事者によるもの

　紛争の解決手段として最も頻繁に用いられているものは、当事者同士の交渉である。これは国家の代表による話し合いという形式を取ることが多く、他の紛争解決手段（第三者によるものや司法機関によるもの）と並行しても行われる。交渉は二国間や多国間において、公式の場でも非公式の場でも行われる。

　たとえば1950年代に、日本とオーストラリアの間で、アラフラ海での真珠貝漁業をめぐり紛争が生じた。日本は ICJ への事件の提訴を提案し、オーストラリアも同意したことから付託合意書が用意されたが、交渉により紛争が解決したことから、ICJ に事件が付託されなかった。

### （2）第三者によるもの

　紛争の解決は、また紛争当事国以外の第三者により、あるいは紛争当事国と第三者を交えて試みられ、周旋（斡旋）、審査（調査）、仲介、調停などがあ

205

第2部　国境を越えた共通問題への共同処理

る。

①周旋（斡旋）

**周旋（斡旋）**とは、他国の元首や首脳、国際機構の長など、紛争の当事国（者）でない第三国（者）が、紛争当事国に対して交渉の開始を促したり、または交渉のための場や手段を提供したりするものである。第三国（者）は、交渉の内容には立ち入らず、紛争当事者に対して交渉を促す支援を外部から行う。周旋は、紛争当事者間に外交関係がない場合や、あるいは紛争当事者間の直接の交渉が行き詰った時に有効な手段と考えられている。

国連の事務総長も、紛争の解決に向けて周旋の役割を担う。事務総長による周旋は、事務総長の独立性や公正な立場を利用して、紛争の発生や拡大や拡散を防ぐことを目的とするものである。事務総長は交渉の内容に立ち入らず、紛争当事者に交渉を開始することを勧誘したり、交渉のための場を提供したりする。事務総長は自ら周旋を行い（たとえば1990年のイラン・イラク戦争）、あるいは、周旋を担う特使や特別代表を任命する（1998年の西サハラ）。2010年の「アラブの春」の影響を受けたシリアの内乱については、国連とアラブ連盟によって、コフィ・アナン前国連事務総長やアルジェリアの外交官ラクダール・ブラヒミが特使として任命され、周旋活動を行った（第3章「国際公務員」参照）。

②審査（調査）（国際審査委員会、真実委員会）

審査とは、紛争にかかわる事実について調査を行い、時には事実に関して法に基づいた評価を行うことである。その際に、紛争当事者の合意に基づいて設立された**国際審査委員会**が中立的な立場で行動する。

安保理は、あらゆる紛争について、また国際的な摩擦をもたらしまたは紛争を生じさせるおそれのあるいかなる事態についても、紛争または事態の継続が、国際の平和および安全の維持を危うくするおそれがあるかどうかを決定するために調査を行うことができる（国連憲章34条）。

さらに紛争の終了後や体制の移行後に、真実委員会が設立され、過去の人権侵害行為などを調査し、その事実について評価したり、政府に対して勧告を行ったりする。南アフリカ共和国に設立された真実和解委員会は、アパルトヘイト体制のもとで行われた人権侵害行為を明らかにし、一定の条件のもとで人権侵害行為の加害者に特赦を与えることを目的としていた。シエラレオネの真

第13章　紛争解決

実和解委員会や東ティモールの受容真実和解委員会は、国際社会からの支援を受けて設立され、国際的な人権基準に基づいて人権侵害行為について調査を行い、過去の事実を特定化し、さらには紛争の再発を防ぐために政府や紛争当事者に対して勧告を行った。

③仲介

**仲介**は、第三国が交渉の内容に立ち入って交渉を支援することである。国連の事務総長など中立的な立場にいる第三者が仲介を行う場合もある（第3章「国際公務員」参照）。ただし、仲介において提示される解決案は紛争当事者を拘束するものではなく、解決案を受け入れるか否かは、紛争当事者の判断による。第三国が交渉に関与する際には、それが内容に立ち入らない周旋に該当するのかあるいは仲介なのか、区別が難しいこともあり、調停案は拘束力をもつ。

④調停

紛争当事国の合意により設立された委員会が、紛争当事国に対して、受け入れ可能な調整案を示す。解決主体は委員会であり、調停案は拘束力をもつ。


## （3）条約に基づいた紛争解決メカニズム

紛争を想定して、紛争解決のメカニズムが条約に規定されている場合がある。このメカニズムは、厳密な意味で裁判機関ではないものもあるが、当事国間で問題となっている法律上の紛争について判断を下す。

①WTO紛争解決手続機関

世界貿易機関（WTO）の紛争解決手続は、「多角的貿易体制に安定性及び予見可能性を与える中心的な要素」とされている。また「加盟国が、対処協定に基づき直接又は間接に自国に与えられた利益が他の加盟国がとる措置によって侵害されていると認める場合において、そのような事態を迅速に解決することは、世界貿易機関が効果的に機能し、かつ、加盟国の権利と義務との間において適正な均衡が維持されるために不可欠である」と定める。この手続は、加盟国による協定違反の行為に対してWTOが懲罰を与えるというものではなく、むしろ加盟国によるWTO協定違反の行動の是正を促すものである。

WTOの紛争解決手続は、**紛争処理小委員会**（パネル）と上級委員会の二審制である。まず紛争当事国間で協議が行われ、それにより紛争が解決できない場

207

第2部　国境を越えた共通問題への共同処理

合には、当事国からの要請に基づいて、パネルが設置される。パネルの設置
は、それに反対するコンセンサスが形成されない限り設置される、いわゆる**ネ
ガティブ・コンセンサス方式**が採用されている（第5章「国際機構の意思決定」参
照）。3人の委員により構成されるパネルは、付託された事項について検討を
行い、原則として6カ月以内に紛争当事国に報告を送付する。パネル報告の内
容に満足できない場合には、紛争当事国は、7人の委員により構成される上級
委員会に対して申立てを行うことができる。上級委員会は、原則として60日以
内に紛争当事国に報告を送付する。なお、パネルおよび上級委員会の報告に
は、勧告または裁定が記される。この勧告や裁定は、紛争当事国により速やか
に実施されなければならず、紛争解決機関は、これらの実施を監視する。勧告
または裁定が妥当な期間内に実施されない場合には、当事国は、代償や譲許そ

---

### コラム15：日本とWTO

　日本は、WTOの紛争解決手続において、申立側として18件、被申立側とし
て12件にかかわってきた（2015年7月現在）。それらは私たちの日常の生活に
直接に影響する案件である。1995年に、日本の酒税制度に関して、EU、カナ
ダ、アメリカが、蒸留酒である焼酎とウィスキーにかかる酒税の税率の違いを
指摘し、焼酎の酒税がウィスキーの酒税よりも低いことは焼酎の優遇であり、
内国民待遇に違反すると申立てを行った。日本は、焼酎とウィスキーは異なる
ものであり、原産国による差別は行っていないと主張したが、WTOのパネル
および上級委員会は日本の制度がWTO協定違反であるとの判断を下した。こ
の判断を受けて、日本は焼酎の酒税を引き上げ、ウィスキーなどの蒸留酒の酒
税を引き下げることにより、税率を是正した。

　「食用のり」について、日本は輸入割当制度（特定の輸入品を輸入する数量
を制限する制度）を設けているが、韓国はこれをWTO協定違反である数量制
限にあたるとして、WTOに申し立てた。日本は、WTO協定には一定の場合
に数量制限を行うことについて例外として認められていることを主張して、こ
の制度がWTO協定違反ではないと反論した。パネルでの議論が行われる一方
で、日本と韓国は協議を続け、その結果、日本は、2006年に韓国からの、のり
の輸入量を増やすことに合意し、WTOのパネルは終了した。

第13章　紛争解決

の他の義務の適用の停止などの対抗する手段（対抗措置）を試みることができる。この対抗措置を行うに当たり、当事国は、紛争解決機関に承認を申請する（第8章「経済・貿易・通貨・開発」ならびに第9章「文化・知的協力」参照）。

　なお、WTOによる紛争解決手続においても、斡旋、調停、仲介が紛争当事国の合意に基づいて任意に行われることが定められている。またWTO事務局長は職務上の資格として斡旋、調停、仲介を行うことができる。

②投資紛争解決国際センター（ICSID）

　多国籍企業が外国で企業活動をしていたところ、同国により国有化された場合に企業はどうしたらよいのだろうか。国家は主権を有することから、企業は何の手段も取ることができないのであろうか。このような企業と国家の間の紛争を解決するための国際的な場が、**投資紛争解決国際センター（ICSID）**であり、私企業と国家との間の紛争に対して調停や仲裁を促している。ICSIDは、世界銀行が提唱した投資紛争解決条約によって1965年に設立された独立の国際機構であり、世界銀行グループの一機関である。ICSIDの目的は、国際投資紛争に関する調停および仲裁の手続を提供することである。自由貿易協定や国際投資協定では、投資家と投資受け入れ国との間で投資紛争が生じた場合に国際仲裁等により紛争を解決する旨を定めた紛争解決（ISDS）手続を定めている。ICSIDが扱った事件の大部分は、国際投資協定のISDS条項に基づく。

　なお、ICSIDは、紛争の調停や仲裁を直接行う機関ではなく、事件ごとに設立される独立した調停委員会または仲裁裁判の制度上および手続上の枠組みを提供する。ICSIDを利用した事件数は、これまで約550に上る（2015年12月現在）。日本は投資紛争解決条約の締約国であるが、これまでに日本が扱われた事件はない。

# 3　裁判を通じての紛争の解決にはどのような特徴があるか

## （1）仲裁

　仲裁は、紛争が生じた場合に、そのつど、紛争当事者が裁判官を指名して設立する裁判機関によって行われる。仲裁「裁判」と呼ばれることもあるが、「仲裁裁判所」という常設の裁判機関は存在しない。基本的に仲裁は、各紛争

当事国の付託への合意に基づいて行われる。付託合意には、裁判官の選任、裁判に付託する紛争の内容、裁判手続、裁判準則などが含まれる。要するに、紛争が起こった時に、その問題のどの点について、誰によって、どのような法に基づいて判断してもらうのかについて、紛争当事者間で決定するしくみである。上述のICSIDは、制度化された仲裁の手続と位置づけられる。

　国際紛争平和処理条約に基づく常設仲裁裁判所は、裁判の法廷をおかず、事務局と常設評議会を常設の機関とし、オランダのハーグを所在地とする。常設仲裁裁判所には裁判官名簿が常備されており、事件ごとに裁判官が選出され裁判組織がそのつど構成される。常設仲裁裁判所は国家間紛争の仲裁、投資条約などに基づく私人（企業）と国家との間の紛争、国家や国営企業、政府間機構間の協定のもとでの仲裁の書記局となっている。

### （2）常設の国際裁判所
### ①国際司法裁判所（ICJ）

　オランダのハーグにある国際司法裁判所（ICJ）は、国連の主要な司法機関であり、付託される紛争を国際法に従って裁判する。ICJの裁判部は、15人の裁判官により構成される。ICJの当事者になることができるのは国家であり、私人や企業がICJに訴えを提起することはできない。ICJにおいて扱われる事件（管轄）は、当事国が付託するすべての事件、特に国連憲章または条約に規定されている事項に及ぶ。

　ICJは国家に対して強制管轄権を有さないので、一方の当事国からの提訴のみでは裁判は行えない。すべての紛争当事国による付託合意により、ICJは管轄権を行使できる。そこでICJが管轄権を行使できるように、国家に対してICJの管轄権を事前に国家に認める方法も取られている。1つは、条約に、条約の適用や解釈に関する紛争についてICJへの一方的な付託を認める条文を規定する方法である。もう1つの方法は、ICJの強制管轄権を国家が任意に受諾する宣言を行う方法である（ICJ規程36条2項）。この強制管轄権を受諾している国は、72カ国である（2016年1月現在）。日本は1958年に強制管轄権を受け入れている。

　裁判を行うにあたり、ICJは国際法を援用する。具体的には、①一般または

第13章　紛争解決

特別の国際条約で係争国が明らかに認めた規則を確立しているもの、②法として認められた一般慣行の証拠としての国際慣習、③文明国が認めた法の一般原則、④法則決定の補助手段として裁判上の判決および諸国の最も優秀な国際法学者の学説、である。また当事者の合意がある時は、「衡平および善」に基づいても裁判が行われる（ICJ 規程38条）。

　ICJ の判断は終審であり、上訴する制度はない。また ICJ での裁判は当事者間において、またその事件に関してのみ拘束力を有するので、先例拘束性はないとされる。ただし、ICJ の判断が後の裁判において参照され、引用されることは一般的に行われている。また ICJ の裁判は、国際法の権威ある解釈として

---

### コラム16：国際司法裁判所における法律上の紛争の解決

　主権国家により構成される国際社会においては、国家は自らの同意なくしてICJ の管轄権には服さない。国家が ICJ の管轄権を受け入れることによって、紛争が ICJ に付託される。国家間の法的紛争に関して、一方の国が ICJ への付託に合意しなければ裁判は行われない。日本は、竹島の帰属について、ICJ への付託を過去3回（1954年、1962年、2012年）提案したものの、韓国からの合意が得られず実現していない。また、北方領土問題について、日本は、1972年に当時のソ連に対して ICJ への付託を提案したが受け入れられなかった。

　ICJ において扱われた事件の係争国は98に及ぶ（2016年1月現在）。ICJ に事件が付託された場合に、当該問題については、出席した裁判官の過半数で決定される。また判決が下される際に、ICJ の裁判官は個別意見や反対意見を表明することができる。個別意見とは、判決の結論を支持しながら裁判官が個別に付す意見であり、反対意見とは、判決を支持しない裁判官が付す意見である。事件によっては、裁判の判決よりも長文の個別意見や反対意見が付される場合もあり、興味深い意見が表明されて判決以上に注目されるものもある。

　ICJ は、特定の問題について個別具体的な判断を与えることにより、法律的な紛争の解決を図る。裁判所の判決に当事国は従うことを約束している。仮に、一方の当事国が ICJ の判断に基づく義務を履行しない場合には、もう一方の当事国は国連安保理に訴えることができ、安保理は勧告を行いあるいは措置を決定することができる。このように、裁判所の判断の履行を促す手続も用意されている。

第2部　国境を越えた共通問題への共同処理

位置づけられている。

　ICJ は、判決以外にも、勧告的意見を与えることができる。ICJ に対して勧告的意見を要請できるのは、国連総会または安保理、あるは総会が許可した国連のその他の機関および専門機関である。ICJ はこれら機関の要請に基づいて、あらゆる法律問題について勧告的意見を与える。

②国際海洋法裁判所（ITLOS）

　**国際海洋法裁判所（ITLOS）**は、国連海洋法条約に基づいて設立された常設の裁判所であり、海洋に関する紛争を解決する。国連海洋法条約は、条約の解釈または適用に関する紛争解決の手段として、ITLOS、ICJ、仲裁裁判所、特別仲裁裁判所を挙げ、国が、これら手段のいずれかを自由に選択できるとする。

　ITLOS はドイツのハンブルグにあり、21人の裁判官により構成される。ITLOS には、海底紛争裁判部が設置されている。海底紛争裁判部は、締約国に加えて、国際海底機構およびその他の主体にも開放されており、非国家主体の当事者適格を一定の範囲内で認めている。

　日本との関係では「みなみまぐろ事件」（オーストラリアおよびニュージーランド対日本）が挙げられる。この事件では、オーストラリアとニュージーランドが、国連海洋法条約に定められている仲裁裁判所に紛争を付託し、ITLOS に対しても暫定措置を求めた。ITLOS は、この主張を認めて暫定措置命令を出した。その後、設置された仲裁裁判所は、紛争に関しては管轄権がないという判断を行い、また当事国に対しては紛争解決のために交渉の再開を勧告した。この勧告を受けて、3カ国は交渉を行い、最終的には共同調査漁獲に合意した。

③国際刑事裁判所（ICC）

　**国際刑事裁判所（ICC）**は、国際社会全体の関心事である最も重大な犯罪（集団殺害犯罪、人道に対する犯罪、戦争犯罪、侵略犯罪）を裁く刑事裁判所であり、国際刑事裁判所に関するローマ規程に基づいて設立された（締約国数は2016年1月現在123カ国、日本は2007年に加盟）。裁かれる対象は個人である。ICC の所在地はオランダのハーグである。

　ICC は、裁判部、検察局、書記局により構成されている。裁判部は、予審裁判部門、第一審裁判部門および上訴裁判部門により構成されている。予審裁判部門は、逮捕状の発行など公判前の事項を扱い、公判は第一審裁判部門および

上訴裁判部門により行われる。ICC は18人の裁判官により構成される。なお ICC の裁判官の選出にあたっては、世界の主要な法体系が代表されること、地理的に衡平に代表されること、そして女性の裁判官と男性の裁判官とが衡平に代表されることが定められている。ICC には検察局が設立されており、裁判部とは別個に独立して行動する。検察局は、捜査を行い、情報を受理し、また逮捕状の発行を予審裁判部に要請する。書記局は、裁判所の運営と業務の中で、司法分野以外について責任を担う。

　ICC は個人の重大犯罪を裁くが、その役割は、国家の司法機能を補完することである。すなわち、管轄権を有する国が、事件について捜査または訴追を真に行う意思または能力がない場合に限り、管轄権を行使できる（補完性の原則）。ICC が管轄権を行使できるのは、①ローマ規程の締約国が、犯罪が行われたとされる事態を検察官に付託する場合、②国連の安保理が、国連憲章7章の規定に基づいて事態を検察官に付託する場合、③検察官が犯罪に関する捜査に着手した場合、である。なお ICC は警察機能を有しておらず、捜査や被疑者の逮捕について締約国は裁判所に協力する義務を負う。

　なお ICC では欠席裁判は認められていない。また適用される刑罰は、拘禁刑、罰金、財産などの没収であり、死刑はない。拘禁刑の執行は、刑を言い渡された者を受け入れる意思を示した国で行われる。ICC は、犯罪行為者の訴追と処罰の手続を行う一方で、犯罪の被害者と家族のために信託基金を設置している。

### （3）地域にある常設の裁判所

　世界の各地域に司法機関が設立されている。ヨーロッパにおいて、EU の司法部門としての EU 司法裁判所や、また欧州人権条約に基づいて欧州人権裁判所がベルギーのルクセンブルグに設置されている。南北アメリカには、米州人権裁判所が、米州人権条約に基づいてコスタリカのサン・ホセに設立され、アフリカには、人と人民の権利アフリカ裁判所がタンザニアのアルーシャに設立されている。またアフリカ連合（AU）の司法機関としてアフリカ司法裁判所（ACJ）が設立されたが、同裁判所と人と人民の権利アフリカ裁判所の統合が目指されている。東アフリカ共同体（EAC）のもとには東アフリカ司法裁判所

第2部　国境を越えた共通問題への共同処理

がアルーシャに設立されている。

### （4）その他の暫定的な（アドホック）裁判所

　国連憲章7章に基づいて、安保理は一定の期間に裁判を行う暫定的な（アドホック）裁判所を設立した。旧ユーゴスラビア国際刑事裁判所は、旧ユーゴスラビア領域内で行われた、国際人道法、集団殺害、人道に対する罪の重大な違反について責任を追う個人を訴追するために1993年に設立された。同様に、ルワンダ国際刑事裁判所も、1994年に、ルワンダの領域内で行われたジェノサイドおよびその他の国際人道法の重大な違反に責任を有する個人および近隣諸国においてその様な違反に責任を有するルワンダ市民を訴追する為に設立された。なお両裁判所はほぼ任務を終了しており、残された任務を引き継ぐ、国際残余メカニズム（IRMCT）が設立された。

## 4　国際社会における紛争解決の意義とは何か

　以上のように、国際社会では、紛争を解決するさまざまな制度や手続が用意されており、国際機構が一定の重要な役割を果たしている。これはどのような意味を有するのであろうか。

　紛争解決を目的とした多様なメカニズムの設立とその利用可能性は、一方では、国家が自らに都合のよい制度を選択し、紛争の解決を図ろうとすること（法廷あさり）への懸念も示される。またさまざまな裁判所において判断がなされることは、多くの判決が下されることにより「法の断片化」をもたらすともいわれる。

　他方で、紛争解決制度の多様化は、かならずしも問題を生じさせるのではなく、むしろ、国際社会において紛争が生じた場合に、共通する価値やルールに基づいて解決が図られることが確認されてきていることの現れであるとも指摘される。そうであれば、国際機構による紛争解決は、国際社会が、国際法に基づく秩序に位置づけられることを確認するものである。

　さらに、紛争解決の制度や手続は、国家に対して、ルールに基づいた行動を促すことになる。国家間で条約の解釈をめぐって意見の相違など対立が生じた

場合に、解決する手段が事前に確立していることも国際社会の制度化の現れである。以上の通り、国際機構による紛争解決は、国際社会において法に基づいた秩序構築を目指すものであり、その意味で国際社会を安定に導く役割が確認されるのである。

## ♣参考文献：

アムネスティ・インターナショナル日本国際人権法チーム編『ぼくのお母さんを殺した大統領を捕まえて。──人権を守る新しいしくみ・国際刑事裁判所』合同出版、2014年

小田滋『国際法の現場から』ミネルヴァ書房、2013年

小松正之・遠藤久『国際マグロ裁判』岩波書店、2002年

# 第14章　国際機構のパートナー
## ——NGO・企業・市民社会・個人

【この章で学ぶこと】
　「国際機構」とは、本来国家の間で組織された機構のことであり、国家を対象
として活動してきた。しかし、国際化の進展とともに、国際社会には、個人や
NGO、企業のような国家以外のアクターも多数登場するようになった。そのよ
うな国家以外のアクターと国際機構とのかかわりを考えよう。

## 1　新しい「スーパーパワー」とは何か——市民社会の出現

　国際機構の「国際」とは、英語で書けば international であり、文字通りの
意味では、「国家と国家の間」ということになる。その意味では、国際機構と
は、国家と国家の間に成立する組織ということになる。また、国際機構の代表
である**国際連合**も、英語では United Nations であり、その名称の示すように、
正式にメンバーとして加盟することが出来るのは、国家のみである。現在一般
に「国際機構」と呼ばれている組織のほとんどは、正式には政府間の国際機構
であり、国家のみをその正式な構成員としている。しかし、国連のアナン事務
総長は、国連のさまざまな活動に無視できない影響を与えるまでになった各種
の市民団体や **NGO**（Non-governmental Organization）、**NPO**（Nonprofit Organization）
などを指して「**市民社会は新しいスーパーパワー**」と表現し、本来正式のメン
バーになることはありえない民間のグループが、いまや有力国と同じように国
連の活動に大きな影響力を及ぼすまでになっている現状を認めた。

　また、現在の国際社会には、**国際赤十字**や国際オリンピック委員会、あるい
は巨大な**多国籍企業**のように、民間で組織された機構でありながら、**政府間国
際機構**に劣らないほどの大きな影響力をもち、国際的に重要な役割を担ってい

216

る存在も珍しくない。ここでは、国際機構という公的な存在と、従来の国際社会においては、必ずしもその存在を重要視されてこなかった民間の組織や企業、個人といった存在との関係について考えてみたいと思う。

## 2　近代的な「国際社会」の成立とそのアクターとは何か

### （1）近代国家の誕生
　現在の独立国家を主な構成員とする国際社会は、一般的に1648年の**ウェストファリア条約**に基づいて成立したと考えられている。ウェストファリア条約以前には、「帝国」という形式で、国家の間に従属関係が成立していたり、中世のカトリック教会に代表されるように、宗教的な権威が、世俗的な意味でも国家権力を凌駕するような大きな権威をもつようになっていたりした場合もあり、むしろ、多くの場合、国際社会において、国家のもつ権限が相対的に限定される時代が続いていたともいえる。しかし、ウェストファリア条約において**国家主権の尊重**が規定されたことで、国際社会は、相互に独立した、平等な主権国家が並立する、いわゆるウェストファリア体制を基礎とする近代的な国際社会へと移行したのである（第1章「国際機構の歴史」参照）。

　国家主権の確立を意図したウェストファリア条約の成立以降、各国は、対外的には政治的独立と**内政不干渉**の原則、対内的には絶対主義の勃興という形式で国家主権の強化に努めた。その結果、主権国家のみを基本的な構成要素とする近代的な国際社会が確立したのである。その過程において、国家以外のアクターは、国際社会から意図的に排除されていったといっても良い。もちろん、このような近代的な国際社会はヨーロッパを中心に成立したものであり、アジア、アフリカ、ラテンアメリカの大部分は植民地として国際的に独立した存在としては長い間認められず、また、日本や中国、トルコのように植民地とはならなかった地域も、欧米諸国と対等の国家として認められるまでには時間がかかった。しかし、第二次世界大戦後、次々と植民地が独立したことで、独立した主権国家を基礎とする国際社会は世界的な規模で完成したのである。

217

第2部　国境を越えた共通問題への共同処理

## （2）社会の近代化と国際社会

　しかし、ウェストファリア体制の確立とは裏腹に、各国とも産業と経済が発展するにつれ、国境を越えての通商、交通、通信そして人的な交流は拡大し、人々の生活が必ずしも国家の枠内だけでは成立しないようになるという側面も同時に拡大していった。

　そのような国境を越えての経済活動に対し、国境が大きな障害となった典型が貿易にともなう関税の問題であった。関税を含め、国内でどのような税金を、どの程度徴収するのかは、各国が独自に決定すべきことであり、本来他国が干渉すべきことではない。しかし、ヨーロッパの場合、複数の国家を貫流する国際河川と呼ばれる河川が、流通経路として重要な役割を果たしていた。そのため商品を積んだ船が国際河川を航行し、国境を越える度に流域国が任意に関税を課した場合、最終的に商品にかけられる関税の総額が大きなものとなり、貿易が阻害されるという問題が生じることになる。このような問題を回避し、貿易と流通を促進するために、重要な国際河川の管理を国際化し、流域国の国際河川に対する管轄権を制限するための制度がヨーロッパで発足した。これは国際河川委員会と呼ばれる組織であり、ライン川（1804年）、エルベ川（1821年）、ドナウ川（1859年）などにそれぞれ設立され、各国に代わり、実質的に国際河川を統治する幅広い権限を認められていた。

　また、国際的な貿易と流通を促進するためには、通信や運輸、度量衡をはじめとして、主に技術的、手続き的な問題において、国家間で統一した単位や基準が必要になり、**国際電信連合（ITU）、万国郵便連合（UPU）、国際度量衡連合**などの**国際行政連合**が組織されるようにもなったのである（第1章「国際機構の歴史」を参照）。これは、間接的には、人々の必要性が国際的な組織の必要性につながったともいえる現象である。政治や安全保障の分野とは異なり、このような経済や技術に関する分野でいち早く人々の生活が国際機構の発展を促したという側面に注目し、非政治的、機能的な分野から国際的な統一化が進んでいくとする**機能論**あるいは**機能的統合論**と呼ばれる理論が、一時期、国際機構をめぐって展開されるようにもなった。

第14章　国際機構のパートナー

## （３）社会の近代化と国際的な民間団体の拡大

　さらに、主権国家体制の確立と国家の統治システムの近代化、技術の発達によって、戦争の規模が質、量ともに拡大し、犠牲が大きくなるにつれて、人道

---

### コラム17：国際赤十字

　一般に**国際赤十字（IRC）**と呼ばれているものは、**赤十字国際委員会（ICRC）**、**国際赤十字赤新月社連盟（IFRC）**およびそのメンバーである、各国の赤十字社・赤新月社の総称である。赤十字の組織およびその地位、活動やそれにともなう権利などの多くが戦争犠牲者の保護に関するジュネーブ条約に基づいているために、誤解されがちであるが、赤十字は政府間機構ではない。国際赤十字運動の中心であり、武力紛争における犠牲者の保護を進めてきた赤十字国際委員会は、国際的な活動を展開しているものの、組織そのものはスイスの民間団体である。また、各国の赤十字社・赤新月社の連盟である国際赤十字赤新月社連盟は、各国政府によって承認され、設立されたものであるが、それ自体は政府間の組織ではない。ちなみに日本では、認可法人である日本赤十字社が国内赤十字社であり、その代表が IFRC に日本代表として参加している。国際赤十字は、非政府組織であるために、かえって国籍等にとらわれずに、広く戦争や災害の犠牲となった人々を保護、救済することが可能になるという利点があり、創設以来現在に至るまで国際赤十字は、非政府で、それ自体独立した組織という立場を貫いている。

　また、国際赤十字は、人道分野での支援活動だけでなく、国際人道法と呼ばれる分野での条約の作成にも積極的に寄与している。当然のことながら、国際赤十字は「非政府」という立場上、条約に加入し、当事者になることはできない。しかし、特に「ジュネーブ条約」と呼ばれる戦争時の捕虜や市民の保護などを定めた一連の条約とその追加議定書、地雷のような非人道的な兵器の規制や廃止に関する条約の作成においては、しばしば議論を主導し、各国に積極的に働きかけて、条約の成立を促した。そのためジュネーブ条約は、「赤十字条約」という略称でしばしば呼ばれるほどである。このような国際赤十字の成功は、個人や民間の組織であっても、分野や状況によっては、各国の政府と同様あるいは各国の政府以上の活動を展開し、国際社会に影響を与えることができるという可能性を証明するものとなった。

---

219

第2部　国境を越えた共通問題への共同処理

的な観点から、戦争犠牲者の保護を図ろうとする動きも顕著になった。戦争犠牲者の抑制と保護に関しては、「国際法の父」とも呼ばれるオランダの**フーゴ・グロティウス**やスイスの国際法学者エメール・ド・バッテルが取り上げているように、ウェストファリア体制の成立時期から国際的な関心を集める問題であった。しかし、実際に国際的な対応が展開されるようになるのは、19世紀の後半に、スイスの**アンリ・デュナン**が国際赤十字運動を組織し、また、イギリスの**フローレンス・ナイチンゲール**による傷病兵の国際的な救護活動などが国際的にも認知されるようになってからである。

　同じように民間の組織でありながら、国際社会に大きな影響を与えるようになった組織に、**国際オリンピック委員会（IOC）**がある。これは、スポーツを通して国際の平和を促進しようと考えたフランスのクーベルタン男爵が、19世紀の末に近代的なオリンピックを創設した際に、その運営のために設立されたNGOである。IOCは、オブザーバーとして、オリンピックの開催中は、すべての戦闘行為の中止を促すという、いわゆる「オリンピック停戦決議」の1993年の国連総会での初めての採択を推進したり、2000年の国連ミレニアム・サミットでもオリンピック停戦についての言及を促したりするなど、国際的に大きな影響力をもつようになっている。

### （4）国際機構の出現と個人

　公的な国際機構においても、**国際連盟**の**難民高等弁務官**に就任した、探検家としても有名なフリチョフ・ナンセンの提案により、主にロシア革命の影響によりロシア国外に流出した難民の救済のために、無国籍者に対し国際連盟が国際的な身分証明書（「ナンセン・パスポート」）を発行するという活動が、1922年から始まった。これは、国際社会が政府間国際機構を通して、国家の保護を受けられない個人に対して、一定の保護を直接与える可能性を示唆するものであった。国際連盟のこの活動は、ナンセンの死後、国際連盟の中に設立されたナンセン国際難民事務所へと引き継がれ、現在の国連難民高等弁務官事務所の母体の一つとなった。政府間国際機構である国際連盟の組織に個人の名前がつけられたのは、異例という他はないであろうが、それだけナンセン個人のイニシアティブが国際社会において広く認められていたということである（第7章

「人権・人道」参照）。また、国際連盟では、新渡戸稲造が事務次長、安達峰一郎が常設国際司法裁判所の裁判長を務めるなど、日本人が国際社会で活躍する舞台ともなり、必ずしも国家の代表ではない個人が、国際機構を通して国際社会に直接貢献するという道を拓いた。

# 3 国連はなぜ民間団体を重視したか

### （1）国家以外のアクターの役割

　第二次世界大戦後、国連が設立されるに当たっては、政府間機構であるにもかかわらず、その憲章の前文が「我ら連合国の人民は」で始まっていることに象徴されるように、国家だけでなく、国際社会における個人の存在も意識した制度が各所に取り入れられた。これは、第二次世界大戦が、各国間の利害の衝突のみならず、個人の人権と尊厳を公然と蹂躙するような政策を肯定する国家体制を放置したことも遠因となって引き起こされたとの反省に立っての決定であった。

　まず、**経済社会理事会**においては、現在では一般に NGO と呼ばれている民間団体がオブザーバーとして協議に参加する制度が設けられ、議決権や提案権は無いものの、自分たちの意見を、口頭や文書により理事会に対して表明する権利が認められることになった（第5章「国際機構の意思決定」参照）。これは経済社会理事会の「協議資格」と呼ばれるものであり、一定の基準を満たしたNGO は、経済社会理事会の NGO 委員会の審査を経て、この協議資格を取得することができる。協議資格には、①経済社会理事会とその委員会の取り扱う分野を全般的かつ大規模に取り扱っていると認められ、基本的にすべての公開セッションに参加できる資格（**総合協議資格**）、②特定の分野で国際的に重要な活動をしていると認められ、関連する分野の公開セッションに参加できる資格（**特殊協議資格**）および③活動範囲が限定されており、限定された参加が認められる資格（**ロスター**）の3種類がある。

### （2）NGO の国連への協力

　このよう現在では、特に人権、人道、経済、社会あるいは環境などの分野に

第2部　国境を越えた共通問題への共同処理

おいて、NGOによる意見や情報の提供は、議論を進めるうえで不可欠な貢献であると認められるまでになっている。特に、人権、人道や環境など分野において、深刻な問題や放置できないような事態が発生した場合、国際的な批判や責任の追及を恐れ、報告に消極的だったり、問題を隠ぺいしようとしたりする国家は珍しくない。しかし、国連をはじめとする国際機構が、関係する国家の反対を押し切って国内の調査を強行することは難しく、また、人員や予算の制約から、普段から幅広く各国の状況を把握することも難しい。たとえば人権関係の委員会では、各国が数年おきに報告書を提出し、それを審査するという方法で、国別の状況を評価しており、基本的には各国政府の報告が根拠とならざるを得ない。それに対し、人権関係のNGOが批判や反論を提出したり、表面化していない問題を指摘したりすることで、国際的な関心を集めることは、現在では極めて一般的にみられる現象であり、もはやNGOの協力無しでは、国際的な人権状況を効果的にモニタリングすることは不可能であるといっても良い。

### （3）NGOによる協力の拡大

　また、より積極的にNGOが国際機構の活動の重要な部分を担当するような事例も増えている。たとえば、**国連教育科学文化機関（UNESCO）**の**世界遺産**の登録過程では、その候補の選定において、**国際記念物遺跡会議（ICOMOS）**と**国際自然保護連合（IUCN）**の2つのNGOの行う勧告が極めて重要な意味をもっている。

　人権、人道、開発、環境などの特に社会的な分野においては、問題提起、情報提供だけでなく、具体的なプロジェクトの遂行においても、すでにNGOは国際機構の活動の重要な担い手として不可欠の存在になっている。当然のことであるが、国連システムを見た場合、人権の保障や人道援助、開発協力、環境保全などの膨大なプロジェクトを自力で遂行することはできない。また、それに十分な人員や組織を普段から常備しておくことは無駄が多い。そこで、実際の施行においては、第三者にこれを委ねるのが一般的である。もちろん、専門の企業を下請けとして契約し、商業ベースでプロジェクトを施行することも多い。しかし、商業ベースに乗りにくい小規模で複雑な開発協力プロジェクトや、紛争地帯での人道支援、難民救護などの場合には、NGOと協力する場合

が多い。現地の事情に明るく、すでに現地にネットワークをもっている現地の
NGO に開発協力プロジェクトへの参加を依頼したり、現地のボランティアを
活用したりするのは、国際機構にとっても、現地の受益者にとってもメリット
が大きい。また、難民キャンプの設営や管理、大きな災害や紛争地帯での医療
支援などは、十分な経験を積んだ専門家を揃えた国際赤十字や「**国境なき医師
団**」のような組織の協力無しでは成り立たないであろう。このような分野で、
国際機構が NGO に依存する側面は大きい。

## （4）「市民社会」の存在の拡大

　このような NGO 等による活動は、国連では一般的に「市民社会」による参
加と呼ばれ、国連自体も、この章の冒頭で取り上げたアナン事務総長の言葉に
象徴されるように、積極的に活用しようとする姿勢が顕著になってきた。そし
て、現在では、経済、社会的な分野だけでなく、従来は国家の専権事項である
と考えられる傾向の強かった安全保障や軍縮の分野にまで拡大しようとする動
きもみられる。具体的には、安全保障理事会のメンバーが市民社会と意見交換
の場をもとうとする試みが実施されたり、2013年には国連総会第 1 委員会に、
核軍縮に関し、市民社会の参加も認める「公開作業グループ（OEWG）」が設
置されたりするなど、市民社会による協議への参加の道も開かれつつある。
　また、**国連難民高等弁務官事務所（UNHCR）、国連児童基金（UNICEF）**のよう
な国際機構の機関が、被害を受けたり、厳しい状況におかれたりしている個人
に対し、国家を仲介とするのではなく、直接保護や援助を与えようとする活動
を展開することも珍しいことではなくなった。あるいは人権関係の各種委員会
組織や地域的な人権裁判所等、直接個人から請求を受理し、その保護や利益の
拡大を直接の目的とする国際機構も目立つようになっている。このように、現
在では、国際社会における個人の地位の拡大に関連し、国際社会が直接個人の
保護や尊厳に対して何らかの責任をもつべきであるとする「人間の安全保障」
や「保護する責任」に関する議論が国連を中心として活発になっている。この
ことは、国際社会が国際機構を媒介として、より積極的に個人の権利と福祉の
向上にかかわるという流れが形成されつつある兆候といえるかもしれない。

第2部　国境を越えた共通問題への共同処理

# 4　国際機構による民間企業への支援はなぜ拡大してきたか

## （1）民間企業と国際機構

　国際社会が国家間社会である限り、個人やNGO、民間企業などの非国家アクターは、国家を通してのみ、国際社会に間接的にかかわるのが通常の手段であった。しかし、グローバル化が進む現在、そのような間接的な方法だけでなく、個人やNGOのみならず、民間企業が国際社会とさまざまな方法で直接かかわるようになっている。そして、そのような変化の背景には、国際機構の存在も重要な役割を果たしている。

　人権や人道の概念の発達に伴って、個人の権利や安全の保障に、国際機構が直接関与し、個々人を保護するための行動を取るのと同様に、**多数国間投資保証機関（MIGA）**や**投資紛争解決国際センター（ICSID）**のように、企業の国際的な投資を保護、促進する役割を果たしている国際機構も存在する。これらは、伝統的な国際社会では、「自国民の保護」を理由として、被害を受けた個人や企業の母国が国家として介入し、国家対国家の問題としない限り、国際的な問題とすらみなされず、国内における法的な問題として扱われてきた性格のものである。しかし、現在では、これらの問題を単に「国内問題」として処理することはしばしば困難である。しかしその反面、国家間の問題として責任を追及すれば、政治的な緊張をもたらすなどの可能性があり、かえって解決を困難にするような場合も発生する。そのような場合、国際機構の介在は、問題の解決にとって極めて重要である。このように国際機構がある種の安全弁として機能することで、国際社会における個人や企業の保護に寄与してきた側面は見落とすわけにはいかない。

　さらに、**国際金融公社（IFC）**のように、開発援助の一環として、国際金融機関が民間の企業を対象に融資を行ったり、**アジア開発銀行（AsDB）**が民間の株式に投資するなど、直接民間セクターに資金を投入する仕組みを国際機構がもつようになり、国際機構の活動の対象が国家だけでなく、個人や企業に向けられる範囲は確実に拡大している。

第14章　国際機構のパートナー

（2）国連グローバル・コンパクトの意義

　企業についても、国際機構とは　契約関係で業務を委託したり、備品を納入したりという業務の上での関係が主であると従来認識されており、貿易や投資などにおいて、不当にその権利が侵害されないような制度の構築が見られる例などを除いて、積極的に関与させようという試みは従来あまりみられなかった。しかし、たとえば、アメリカのエクソン・モービル、ゼネラル・エレクトリック、マイクロソフト、オランダ／イギリスのロイヤル・ダッチシェル、日本のトヨタ自動車のような世界的な大企業の営業利益は、年間で数兆円の規模に上ることも普通で、これはガーナ、パナマ、パラグアイ、ネパールのような、経済規模としては世界でも中位に位置する国々のGDPに匹敵する額である。このように国際社会に大きな影響力をもつ民間企業と国際機構の展開している活動を、どのように連携させていくかは、現在大きな課題となっている。

　1999年の世界経済フォーラム（ダボス会議）において、アナン事務総長は、特に企業に国連の活動へのより積極的な協力を促す目的で、「**国連グローバル・コンパクト（UNGC）**」というイニシアティブの枠組みを提唱し、現在この動きが広がっている。UNGCとは、企業や民間の団体等が、人権の保護、不当な労働の排除、環境への対応、腐敗の防止という４つの分野の10原則に賛同し、また国連の進めているミレニアム開発目標（MDGs）と持続可能な開発の促進に協力する旨の文書に署名、国連事務総長室の下に設けられたグローバル・コンパクトオフィスに登録し、活動するという運動である。現在、UNGCは、UNHCR、**国連環境計画（UNEP）**、**国際労働機関（ILO）**、**国連開発計画（UNDP）**、**国連工業開発機関（UNIDO）**、**国連薬物犯罪事務所（UNODC）**および「**ジェンダー平等と女性のエンパワーメントのための国連機関（UNWomen）**」の７つの国連機関と連携し、活動している。具体的には、UNGCに参加している企業、団体の間で、目標達成のための会議や研究会、意見交換を行ったり、自主的に共同で社会活動を実施したりしている。また、UNGCに参加している企業や団体は、毎年その活動と目標の達成度について、「コミュニケーション・オブ・プログレス（COP）」と呼ばれる報告書の提出が義務づけられている。国際的な企業のもつ国際社会への影響力の大きさを考えるならば、今後はより積極的に企業を国際機構の活動の中に取り込んでゆくための工夫は、ますます重要に

225

第2部　国境を越えた共通問題への共同処理

## コラム18：国連グローバル・コンパクト（UNGC）

　UNGC の具体的な内容は、①人権擁護の支持と尊重、②人権侵害への非加担、③組合結成と団体交渉権の実効化、④強制労働の排除、⑤児童労働の実効的な排除、⑥雇用と職業の差別撤廃、⑦環境問題の予防的アプローチ、⑧環境に対する責任のイニシアティブ、⑨環境にやさしい技術の開発と普及、⑩強要・賄賂等の腐敗防止の取組みの10原則を容認、支持、実行することと、MDGs をはじめとする国連の掲げる目標の達成へ向けての活動の推進、およびUNGC の普及などである。これらの目的を達成するために、UNGC に参加している企業や団体は、自主的に、独自で、あるいは他の UNGC メンバーと協力してさまざまな活動を展開している。UNGC には、現在世界約145カ国で、1万を超える団体が参加しており、そのうち民間企業が約7000を占めている。

　日本では、2014年7月の時点で、191の企業や団体が参加しており、日本国内の組織として、グローバル・コンパクト・ジャパン・ネットワーク（GC-JN）が設けられている。参加企業には、三井物産や三菱商事のような商社、アサヒやキリン、味の素のような飲料・食品メーカー、朝日新聞や日本テレビのようなマスコミ、全日空やヤマトのような運輸など、日本を代表する企業が並んでいる。

　そして、UNGC の原則に沿って、荏原製作所が環境保全のために東南アジアの技術者養成を行ったり、住友林業がインドネシアで植林を行ったりするなどの環境対策を進め、また、資生堂が女性研究者への支援、リコーがインドの農村部で女性を含めての起業支援を行うなどの活動を展開している。さらに、GC-JNが、参加している企業から参加を募り、協同事業として東日本大震災の復興支援を進めるなどの活動も行っている。このような活動は、**企業の社会的責任（CSR）**の一環として社会的に評価されるだけでなく、活動に参加した社員の意識やモーティベーションの向上にもつながるという側面も注目されている。

　UNGC には企業だけでなく、労働組合や NGO、サンフランシスコやソウル、川崎市のような地方自治体、そして、大学や学術団体も参加している。大学としては、やはり経営、経済系の大学、大学院や国際系の大学、大学院の参加が多く、ハーバード・ビジネススクールやマサチューセッツ工科大学（MIT）なども UNGC に参加している。日本では、関西学院大学、国際基督教大学、同志社大学、同志社女子大学、敬愛大学国際学部が参加している。また、日本サッカー協会も一般の団体として UNGC に参加している。

なってくるであろう。

# 5　グローバル社会で国際機構はどうなってゆくか
## ──これからの国際機構と非国家主体

　現在の国際社会は、「国際」といいながらも、個人から、NGO、企業のよう
なさまざまな非国家アクターが活動しており、それらをすべて一度「国家」と
いう枠組みを通して間接的に国際社会に関与させるという方法はもはや現実的
ではない。しかし、分権的な国際社会において、それらをまとめるための受け
皿となるような枠組みもまだ存在していない。また、国家から離れて国際社会
で活動するグループには、国際的な犯罪組織やテロ組織のように、国際社会に
とってマイナスとなる存在も含まれている。さらに、情報通信の発達によって
生み出された、いわゆる「サイバー空間」のように、実質的に誰の管轄権も及
び難い領域も存在している。

　国内社会のように、国際社会において、これらの多種多様な動きに対して最
終的に権限を行使できる中央政府の樹立を期待するのは、当分の間は現実的で
はない。そのような状況の下で、今後、国際機構が、狭い意味での「国家間機
構」から、国際社会で活動するさまざまなアクターを取り込んでいくことがで
きる、一定の柔軟性をもつグローバルな組織へと少しずつ変化してゆくこと
は、当然の展開であるといえるだろう。

**♣参考文献：**
　庄司真理子・宮脇昇編著『新グローバル公共政策』晃洋書房、2011年
　馬橋憲男・高柳彰男編著『グローバル問題とNGO・市民社会』明石書店、2007年

# 終章　国際機構と日本

## 【この章で学ぶこと】

　2015年10月24日に国連は70歳の誕生日を迎えた。日本は、1933年に国際連盟を脱退してから23年後の1956年12月、80番目の国連加盟国となり、国際社会からの孤立の道を離れた。2016年には国連加盟60周年を迎える。これを機に、国際機構と日本のかかわりを振り返ってみよう。東名高速道路や東海道新幹線、上水道である愛知用水など日本の重要なインフラは、世界銀行の融資で建設された。目に見えるものだけではない。労働基準、女性の人権、保健衛生、文化財の保護、運輸・通信など国際機構は日本に多くのかかわりをもつ。では、日本の側は国際機構に対してどのようなかかわり方をしてきたのか。終章は国際機構と国家、私たちとの関係を日本から考えよう。

## 1　国際機構と日本の関係はいつから、どのように始まったか

### （1）復興支援の受け入れから援助大国へ

　国連児童基金（UNICEF）の日本人職員の方から、「日本という国はUNICEFからの援助を受けながら支援側でもあった珍しい国です」と『子どものためのパートナーシップ—日本とユニセフの協力の60年』という冊子を手渡された。その冊子は、UNICEFが脱脂粉乳や衣料用の原綿の支援を開始したのが、日本の国連加盟国になる以前の1949年であったことを紹介している。当時、第二次世界大戦直後の日本では、新生児のうち50人に3人は1歳未満で死亡していた。

　戦後復興まもない日本は、最初は支援される国であったにもかかわらず、翌年には大韓民国の緊急援助に協力し、支援する側になっている。UNICEFから日本への支援は、1964年の東京オリンピック開催の年まで、15年にわたって

続いた。

　UNICEF を通して日本が他の国を支援する動きは、学校募金などの全国での実施をはじめとして市民の間にも広がった。支援を受け、助けられたという経験が、同じ状況にある他国の人々への共感を市民にもたらしたのだろう。

　日本は1965年には先進国であることを意味する経済協力開発機構（OECD）加盟国となった。日本が**政府開発援助（ODA）**を開始してからすでに60年以上がたつ。日本は、国連において第2位の分担金拠出国であり、国連システム諸機関の自発的拠出金でも多額の資金拠出国となった。2011年の東日本大震災の時には、人道援助では米ドルベースで国連加盟国中第3位の支援を受ける側でもあった日本が、同年の ODA 支出総額では、引き続きアメリカに次ぐ世界第2位の拠出国として国外の開発援助を行った。

### （2）日本の国連加盟と国連中心主義

　日本が国連に加盟した1956年12月18日、重光葵外務大臣が国連総会で行った演説がある。その中で、重光外相は日本が国連に加盟申請を行った1952年6月に述べたことと提出した宣言を引用し、再び確認している。

> 「日本国民は国際連合の事業に参加し且つ憲章の目的及び原則をみずからの行動の指針とする」、「日本国が国際連合憲章に掲げられた義務を受諾し、且つ日本国が国際連合の加盟国となる日から、その有するすべての手段をもってこの義務を遂行することを約束するものである」。

　この姿勢は、国連憲章が掲げる国際公益ともいえる理念を、日本の国益と調和させようとする立場である。そして、日本の国連加盟は各国から歓迎されただけでなく、日本国民にとっても喜ばしいことだった。国連加盟直後の1957年、日本の『外交青書』第1号には、日本の外交三原則として、①国連中心、②自由主義諸国との協調、および、③アジアの一員としての立場の堅持、を掲げたのである。日本の外交が**国連中心主義**を柱の1つに掲げたのはこの時からである。

　しかし、日本の国連中心主義は、かならずしも、日本の外交三原則において中心的な地位を占めたわけではなかった。冷戦の影響により安全保障理事会（安保理）が機能麻痺に陥ったこの時期、1959年の『外交青書』第3号では、

第2部　国境を越えた共通問題への共同処理

「国連が世界平和維持機構として役割を十分に果たしえない」として、自由主義諸国との協調を優先的に掲げた。日本が、国連や多国間外交を重視する国連中心主義と、逆に二国間外交をより重視するなど、国連を軽視する傾向とが交錯し、日本の国連対応は曖昧であると評されてもきた。

　現在は、国連中心主義という言葉は使われていないが、日本は国連外交、多国間外交を重要視しまた必要とする姿勢を維持している。

## 2　日本の国際機構外交はどのような展開をみせてきたか

　二国間外交とは違い、国際機構とかかわる外交（国際機構外交）は、**多国間外交**の中に入る。たとえば、国連外交を遂行するために、**国連大使**が存在する。以下に、日本の国連外交、国連システム諸機関に対する外交の具体例をみてみたい。まず国際機構の理事国等への立候補と意思決定への参加について、次に国際機構を持続させるための財源の拠出と人材の供給について、さらに日本が重視してきた活動分野について取り上げる。

### （1）国際機構の理事国等への立候補と意思決定への参加

　日本は、加盟国として、国際機構の設立文書が掲げる義務を誠実に履行するべきことは当然であるが、国際機構の組織の中で、責任ある地位にも就き意思決定に関与した。国連加盟の翌年の1957年には、安保理の非常任理事国に早くも選出されている。日本は、2015年10月に11回目の非常任理事国への選出を果たし、国連全加盟国中最多の選出回数を誇る。経済社会理事会にも1959年の以来選出され2007年を除き理事国である。

　日本は、安保理の常任理事国入りを1980年代後半から表明してきた。非常任理事国のアジアの理事国数が2カ国であり、そこに、頻繁に日本が入ると、国連加盟国数の多いアジアで1回も非常任理事国に選出されない国が出てくるということで、安保理の非民主性を訴えたアジアの開発途上国の側の声もあった。日本の安保理常任理事国入りについては、国連設立時から加盟国数が約4倍にも増えた状況において、安保理の代表性の問題として論じられた。コフィ・アナン事務総長の時代には安保理を含む国連改革について報告書も作成

され、広く議論された。日本の常任理事国入りは、広い支持を受けることができず、実現していないが、**安保理改革**と拒否権の付与の問題は現在も議論が行なわれている。

日本は国連の主要機関以外にも、2005年の国連改革で新しくできた人権理事会や、平和構築委員会においても創設時からそのメンバー国に選出されてきた。また、総会のもとの自立的補助機関においても、日本は管理理事会の理事国として何度も選出されている。加えて、UNESCO の執行委員国はじめすべての専門機関において理事国等の重要な地位についてきた。そのようなことから、第1章でもふれたように、日本は多くの国際機構において、責任を担うことのできる国として見られている。

### （2）財政拠出国と行財政改革

日本は、国際機構の財政も支えてきた。1974年の時点で、日本はアメリカ、ソ連（現ロシア）に次ぐ国連分担金の拠出国となり、1986年以降はアメリカに次ぐ第2位の国連分担金拠出国となり、自発的拠出金についても上位の拠出額を提供している。国連平和維持活動（PKO）や国際刑事裁判所の運営にも日本の拠出金が大きな割合を占めている。日本は、人間の安全保障基金、国連地雷対策支援信託基金といった国連の基金の主要拠出国でもある。

日本はまた、国際通貨基金（IMF）や世界銀行といったブレトンウッズ機構に対しても、多くの資金拠出を行ってきている。第5章でみた通り IMF や世界銀行において加重票がアメリカに次ぐ第2位の配分を受け、それらの国際機構における意思決定への影響も大きい。

国際機構の財政を支えるのは政府の拠出金だけではない。第4章でみたように、財政への貢献は、世界銀行の場合、世界銀行債を民間からの投資信託により購入もできるため、日本の民間資金も世界銀行の活動を支えている。また、UNICEF のように日本ユニセフ協会を通じて日本の市民による寄付や募金が活動資金となる例もある。

1980年代には、大口拠出の加盟国から国連予算に対する厳しい批判が寄せられた。日本は、賢人会議（18人委員会）の設立を提案し、国連の行財政改革のために尽力した。その後も、日本は、国連等の資金が誠実に履行されるための

第2部　国境を越えた共通問題への共同処理

外交を展開してきた。

## （3）国連システム諸機関における日本人の活躍の促進

　本書の第3章（国際公務員）でもみたように、国際機構の職員は加盟国の出身者により構成される。日本の国連職員数は、望ましい職員数とされている245名の上限の半分にも満たない数であることを学んだが、国連職員全体の中で、日本人職員の数は190を超えた。日本人職員は、総数からいって世界の国々の中ではけっして少なくはない。国際連盟事務次長であった新渡戸稲造、初めての国連職員であった明石康（元国連事務次長）、また、国連難民高等弁務官であった緒方貞子に加え、国連教育科学文化機関（UNESCO）、世界保健機関（WHO）、国際原子力機関（IAEA）、国際海事機構（IMO）の事務局長も日本人が務めるなど、国連システム諸機関で活躍する日本人幹部職員も中堅・若手職員とともに次々と輩出している。

　第14章でも学んだように、日本人が国際公務員として活躍することは、政府を代表するということではなく、政治的には中立の立場をとりながら職務を遂行することである。日本の外務省は、ジュニア・プロフェッショナル・オフィサー（JPO）派遣制度の制度を設け、日本人の国際公務員を増やす努力をしている。

　常設国際司法裁判所の裁判長を務めた安達峰一郎以来、日本人の国際裁判所裁判官も出ている。国際司法裁判所、国際刑事裁判所、また、旧ユーゴスラビア国際刑事裁判所やカンボジア特別法廷などの国際刑事法廷への裁判官や裁判長も日本人が務めている。日本人から多くの専門家が、人権や労働分野の条約の履行監視のための任務も果たしてきた。

　UNICEFの黒柳徹子民間親善大使のほか、歌手のMISIAは生物多様性条約会議（COP10）の名誉大使に任命されるなど民間人の活躍もある。また、日本のNGOが、欧米の有力なNGOと肩をならべ、国連システム諸機関のパートナーとして活躍している例も増えてきた。その他にも選挙監視など個人の資格で関わる人も珍しくない。このような人々の姿に接するとき、根気強くよりよい世界を目指して、国際機構において職務に取り組む日本人がいること、日本人が必要とされている場が開かれていることを知ることができる。

終章　国際機構と日本

### （4）国際機構に対する日本外交の重点分野

#### ①開発援助

日本は、国連加盟前の1954年に、コロンボプランという開発途上国援助のための枠組みに加盟をし、開発援助政策を早くから表明した。今日、日本は開発援助の主要国となっている。

国連等へ国際機構に提供される日本の資金は多くは、日本のODAから拠出されるが、日本のODAは、1991年から2000年まで世界1位の拠出額を提供してきた。そのうち約8割は二国間援助として、残る約2割が国際機構を通じた援助、すなわち、**多国間援助**として拠出された。日本のODA総額は、1997年にピークを迎える。1992年に、日本はODA大綱を発表し、開発途上国の自助努力に資することを謳った。日本の二国間ODAはアジアに6割が配分されてきたため、ODA拠出が手薄であったアフリカへの援助については、1993年から東京アフリカ開発国際会議（TICAD）を5年ごとに2013年までに計5回開催するなど、UNDPや世界銀行など開発に関する国際機構とともにアフリカへの開発援助も強化していった。

この間、アジアの多くの国々が、インフラ等の必要な国家基盤を整備し、発展を遂げ、安定的な国家の運営が多くの国々で可能となった。もう一方で、弱い国家、崩壊国家と呼ばれる、主権国家としての基盤の強化が望まれる国々も存在している。その意味では、どのような支援が真に有用といえるのか、再度考える必要がある。

日本は、2000年代に入り、国の財政的事情から、ODAの削減を行い、資金拠出の効率性を高めることに努力した。ミレニアム開発目標（MDGs）やポスト2015開発アジェンダの持続可能な開発目標（SDGs）では、国民総所得の0.7％を拠出するべきところ、日本は、0.2％前後の達成であり、ODAの額自体の拠出はさらに求められているのが現状である。

国際機構への拠出である多国間援助は、日本のODAの約2割にすぎない。多国間援助への資金を削減することは、国際機構の活動に大きく影響を与えることになる。

#### ②平和と安全の維持・軍縮

冷戦後の1990年代は安保理が動き出した時である。日本は、1992年、**国際平**

233

第2部　国境を越えた共通問題への共同処理

**和協力法（PKO法）**により、国連の平和維持活動（PKO）への人的貢献を開始した。日本は2015年までに13のミッションに、のべ9000人以上を派遣し、カンボジア、東ティモール、ハイチ、南スーダン等に自衛官と一部警察官も派遣した。

軍縮分野では、1991年に**国連軍備登録制度**の構築に尽力し、2001年には、紛争予防、紛争の再発防止の観点から、小型武器の非合法取引や除去、撲滅を目指す外交を展開した。日本は、国連総会および国連小型武器会議を通じて、**国連小型武器行動計画**の採択を実現させた。また、唯一の戦争被爆国である日本は、核兵器の不拡散、核軍縮、また、核兵器の究極的廃絶にむけた取り組みにも力を注いできた。たとえば、日本は国連総会で**核兵器廃絶決議**の提案国として毎年の採択を成功させている。包括的核実験禁止条約（CTBT）に関連して必要な、核実験の国際監視制度の整備のために、日本は地震学の探知技術等を通じて貢献をしている。

2001年9月11日のアメリカにおける同時多発テロと、その後の、アフガニスタンへの対テロ攻撃、イラクへの攻撃においては、アメリカをはじめとする有志連合がイニシアティブをとり、国連は主要な責任が果たせなかった。日本は、アメリカとの関係をはじめとする自由主義諸国との連携を選び、国連の対処は補足的なものとなった。このように、国連外交と自由主義諸国との連携とが衝突したこの事例で、日本は自由主義諸国との連携を選んだ。

③人間の安全保障

日本が提唱した外交政策を代表するものに、「**人間の安全保障**」がある。

人間の安全保障は、国連開発計画（UNDP）が1994年の『人間開発報告書』の中で公式に提唱したものである。1996年にはカナダの外交政策にも掲げられた。そこでは、冷戦後のグローバルする世界にあって、伝統的な安全保障である武力紛争という脅威に加えて、人々が「新しい脅威」に直面しているとして、人間の直面する脅威の多様化と突発性、国家の役割の限界等が議論されてきた。暴力的な脅威である武力紛争は、非国家アクターによるテロリズムや人々の迫害を含むようになり、環境破壊や貧困、経済危機、感染症、自然災害なども脅威としてとらえることを提唱した。

日本については、1997年のアジア通貨危機を受けて、1998年に小渕恵三外務

終章　国際機構と日本

大臣（当時）がシンガポールでの演説で用いたが、それが人間の安全保障を外交の場で用いた最初である。それ以来、日本は、難民、国内避難民等の人道上の要請、貧困、保健衛生などの開発援助の観点から、恐怖からの自由、欠乏からの自由、尊厳をもって生きる自由を、多国間主義のもとで協調して実現するため、国連の場で人間の安全保障を主流化することに尽力してきた。人間の安全保障の担い手は、国家、国連システム諸機関、地域的国際機構をふくめた国際機構、NGOなど市民社会、コミュニティなど多様な主体である。

　2003年に日本は、緒方貞子とアマルティア・センを共同議長とする人間の安全保障委員会の設置を支援し、人間の安全保障の概念の明確化を試みた。2005年には世界首脳会議成果文書の1項目として人間の安全保障が言及され、国連総会によるさらなる議論と、実施への提言が行われていった。すでにふれた人間の安全保障基金の設置により、複数の国連諸機関の連携による人間の安全保障プロジェクトを実現した。2003年のODA大綱の改訂により、ODAの目的に自助努力とともに人間の安全保障への配慮を含めた。第12章でもみたように、保健衛生分野において、G8も含めて日本はグローバルヘルスの分野でイニシアティブを発揮し、母子手帳や学校保健など日本ならではの経験を発信し支援してきた。

　人間の安全保障とも密接に関連して、日本は人道援助にも多大の貢献をしてきた。1980年代後半より**インドシナ難民の受け入れ**、さらに、ミャンマーからの**第三国定住**も実施している。欧米に比べて受け入れの規模は小さいものの、日本はアジア太平洋地域では、難民の受け入れを試みるため難民認定制度を用意した国でもある。

　他方、2005年のスマトラ沖大地震およびインド洋津波災害の際の、緊急人道支援については、日本は有志連合による対応ではなく、むしろ国連を通じた支援を行う道を選択した。その後も、国連の人道支援体制の強化のために責任ある地位に日本人幹部を送ってきた。

　1996年の阪神淡路大震災、2011年の東日本大震災を受け、日本は防災分野にも力を注いだ。**国連防災世界会議**は、第1回（1994年）に横浜、第2回（2005年）は神戸、第3回（2015年）は仙台で開催された。第2回会議では、2005年から2015年までの国際的な防災指針としての兵庫行動枠組が採択された。第3

235

第2部　国境を越えた共通問題への共同処理

回会議では、日本はポスト兵庫行動枠組の作成を主導した。

## 3　国際機構を生かすために日本が果たすべき役割とは何か

### （1）国際機構と国家のかかわりの多元化

　日本は、とりわけ開発援助や人道支援の分野において主要な役割を担ってきた。しかし、この本を通じてわかるように、日本も国際機構を通じた支援を受けてきた。とくに今日、国際機構と日本のかかわりを考えるとき、そこでいう「日本」は多元的な意味合いをもつ。単に日本という場合、国際機構の加盟国である国家・政府を主に指す場合が多いが、実際には日本人、日本の法人、日本のNGO、消費者や生産者など、さまざまな「日本」と国際機構とのかかわりがみられる。

　現在の「日本」は、かつては新幹線建設への融資から今は携帯電話にもかかわる周波数の国際的な割り当てに至るまで国際機構によって有形無形に利益を受けている。また、平和構築、貧困の撲滅、人権や環境においては、より一層の改善や努力も求められている。そこにおいては、日本政府もさることながら、私たちに影響が及ぶことが出てくる。

　本書では、第8章においては、国際機構の決定の影響は、同じ日本にあっても消費者と生産者で異なることも学んだ。国際機構の決定のため消費者としては国際機構の決定が商品の自由化を促して低価格の商品を手に入れられることもあるが、生産する商品や農産物の競争をも左右するのである。第13章の紛争解決との関係でも、国際司法裁判所の捕鯨判決は、日本の捕鯨関係者ひいては政府の科学的調査目的の捕鯨政策の見直しを促すものとなった。

　そして、第5章で学んだ国際機構の意思決定についてもプロセスは複雑化している。ガラケーと称される日本の携帯電話の規格や、今日では汎用性の高いウィンドウズなど、第11章のデファクト標準で学んだように、産業団体等の規格が市場に広く出回った後に、政府が国際機構において規格を承認するという決定プロセスも行われるようになっている。

終章　国際機構と日本

## （2）グローバルな組織としての国際機構の役割と日本の課題

　世界政府が存在しない、分権的な国際社会においては、国家間や国境を越えた問題、国家の間で共有される平和や環境といった価値を守ること、人類の将来を話し合うために、国際機構は必要な存在である。個別の問題についての意思決定の場、軍縮、人権、環境、SDGsなど国境を越えたルール作りと継続的な監視の場が必要である。平和と安全が脅かされる紛争については、それを防止し、あるいは対処し、規制していくことが国際機構に課されている。また、貧困を克服できず、あるいは、人道問題に見舞われるような国、地域、さらには統治がおぼつかない国には、国際機構を通じて諸国が連帯し、開発、人道支援、平和構築支援を行っていくことが必要である。国家間の紛争解決を促し国際犯罪を裁くための国際裁判所も必須である。

　しかし、国際機構がそうした問題を解決できるだけの資金力、人的資源、技術を完全に備えているわけではないことも事実である。現在の国際機構の能力では、世界の諸問題に対処するには不十分である。資金をとってみても、第4章で指摘したように、国際機構の財政規模は主要な先進国や新興国と比べてかなり小さい。国連広報センターのホームページ「国連を正しく知るために」によれば、国連の2012年度通常予算（約25億7600万米ドル）は、世田谷区の2013年度の一般会計当初予算額とほぼ同じであり、しかも、加盟国の分担金の滞納額は、2012年10月現在約8億5500万米ドルにのぼる。人材の面でも、国連職員数4万3747人（2011年6月）は、トヨタ自動車職員数の6万9148人（2012年3月）よりも少ない。PKOに関しても、国連にPKO部隊が常設されているわけではなく、加盟国から要員の提供を受けなければならない。そのため、日本はPKO法を制定してこの分野の要員派遣をはじめた。第3章でもみたように、国際公務員以外にも多くの専門家がいなければ国際機構の仕事は成り立たない。しかも、国際機構は、少ない予算や人的資源で、無駄を省き、効率的、効果的に国境を越えた諸問題に対処しなければならない。しかし最大限の能率と効果を上げたとしても、国際機構がいかに優秀なプロフェッショナル集団であっても、国際機構のみでは十分ではない。加盟国の政治的意思なくしては、国際機構の仕事は続けることができない。加盟国との協力・連携が不可欠である。

第2部　国境を越えた共通問題への共同処理

　日本は、国連外交・多国間外交を現在も外交政策の中で維持している。日本による国際機構を通じての外交を、さらに内実を伴った政策に結びつけて行くことがますます必要であろう。

　国際機構の能力を等身大で見たときに、全世界の諸問題を解決するには十分でないという現実的な見方は必要である。しかし、国際機構を独自の目的と必要をもって作られた機構として捉えるときに、多国間外交そのものの意義を再考する必要がある。国際機構に依存しなければならない国、支援を受けることしか選択肢がない人々があることを考慮に入れて、そうした国や人々を自立に導くことが結果的には問題を小さいうちに解決できるのではないか。国際機構の目的を実現するために協力する**「国際機構を生かす外交」**がより一層加盟国に求められている。

　問題が大きくなっているにもかかわらず、国益と国益の衝突が先鋭化して、国際機構が機能しないこともある。国連安保理において常任理事国の間で合意に達することができず、十分な措置が取られていないシリアはその一例であろう。合意なき多国間外交から合意と協調行動による多国間外交へ、国際機構を生かすため、日本は今後、国際機構において、いかなる役割を担うことができるのか、また担う意思があるのか、政策において示しまた実行していく必要があるであろう。

　民間企業と国際機構による活動の連携は重要な課題となってきた。企業からの調達、グローバルコンパクト（UNGC）の例、保健衛生分野の資金提供機関との連携などの例も学んだ。このような連携には、日本の企業も数多く参加している。さらに国際協力のもう1つのプロ集団でもある国際NGO、市民社会とのさまざまな分野での連携の強化も必要である。国際機構は、政府間の組織であり、設立基本文書では、NGOや企業についてほとんどふれていないが、今日の姿は、国際社会で活動するさまざまなアクターを取り込むグローバルな組織となっている。国際機構とさまざまなアクターとの連携も複雑化している。国連をはじめ国際機構の創設から長い年月を経て掲げた理念や原則、ルールを、さまざまなアクターが行動規範として自主的に取り入れる動きがあり、国際機構と価値の共有がなされてきた。国家以外のアクターによる国際機構を生かす外交も望まれる。

238

終章　国際機構と日本

　日本は、過去には国際連盟から脱退するなど、国際機構と反目することもあったが、国連への加盟を機に、歩みをともにしてきた。日本は、国際機構が掲げた理念やルールを主導すべき責任あるメンバーの一員である。平和をはじめとする国際機構の目的の実現のために、今後、どのように共通の目標に向かって多くのアクターとともに合意を形成し共同の行動を確保するのか。日本は、国際機構における経験ある国として大事な役目を果たせる地位にあり、日本の役割は今後もますます求められていくであろう。

**♣参考文献：**
明石康『国際連合――軌跡と展望』岩波書店、2006年
北岡伸一『国連の政治力学――日本はどこにいるのか』中公公論新社、2007年
神余隆博『多極化世界の日本外交戦略』朝日新聞出版、2010年
田所昌幸・城山英明編『国際機関と日本――活動分析と評価』日本経済評論社、2004年
日本国際連合学会編『日本と国連――多元的視点からの再考』国際書院、2012年

## あとがき

　国連創設70周年の2015年、国連は、将来世代も含めた人類共通の利益を守るための第一歩を未来に向けて踏み出した。2015年9月に持続可能な開発目標（SDGs）が国連総会で採択されたことがその1つである。同年12月には、国連気候変動枠組条約第21回締約国会合（COP21）においてパリ協定も採択され、2020年以降の温室効果ガスの削減の義務を196カ国・地域が受け入れた。国際機構が実効性をあげること、そして、国際機構とどのように協力するかは、世界中すべての人の運命と関わる関心事であることは昔も今も変わらない。

　国際機構の多様な機能や役割について理解するには、断片的ではなく、まとまった知識と理解が必要となる。本書の執筆者は、2つの視点を心がけた。

　1つめは、国連をはじめとする国際機構に共通する特徴を見出す視点である。それにより、国際機構の一般的な構造を理解できるようになる。国際機構の目的や権限が設立基本文書に定められていることを理解できれば、国際機構が実際にどのような活動ができるのかできないのか、わかる。本書はまた、職員、財政、意思決定など、政府間国際機構の共通する性格も紹介した。補助機関や専門機関といった混乱しやすい用語の整理もした。2つめの視点は、国際機構の多様性や主要な国際機構の独自性についての視点である。活動分野に関しては、国際機構の多様な機能を紹介することを心がけた。国際機構が積極的に問題に関与する分野と国家主権の裁量に任せる部分の多い分野とで国際機構の活動の様子は異なる。また、状況によって国際機構が効果的に活動できる場合とそうでない場合がある。読者の皆さんが国際機構について理解を深め、国際機構についてさらに興味をもっていただけたのであれば、執筆者一同にとってこれ以上の喜びはない。

　本書は、国際法、国際政治、国際関係論を専門とし、国際機構の研究や実務についても経験を積んでいる研究者が執筆した。専門分野の知識がなくても国際機構が理解でき、さらに国際政治や国際経済分野についても学べるように、

あとがき

本書は、書かれている。

　本書の企画において、監修者の横田洋三先生と編著者、法律文化社編集部の舟木和久氏は、初学者向けの国際機構のテキストを執筆するという基本的な構想を共有した。また国際機構の多様性を網羅するために、各分野の研究者に加わってもらった。さらに国際機構についての基本資料も巻末に掲載した。資料を作成してくださった本多美樹先生に感謝申し上げる。表紙デザインの許馥<sup>きょかおり</sup>さんにもお礼申し上げる。許さんは、学生時代、平和や国際関係について学んでおり、未来への希望を展望する明るい表紙を描いてくれた。

　読者の皆さんが、国際機構や国際機構が扱う問題に関心をもったのであれば、本書の参考文献（各章末・巻末）を利用して自分で調べてみてはどうだろう。また、仲間をつくって共に学ぶのもよい方法であろう。大学生向けの模擬国連や国際機構が主催するイベント・セミナーにも参加してみてはどうだろうか。

　国連創設70周年と日本の国連加盟60周年という節目にあたり、「われら人民（We the peoples）」と始まる国連憲章の前文を想起させる文章で本書をしめくくりたい。マララ・ユサフザイさんのノーベル平和賞受賞スピーチから、皆さんに伝えたい箇所がある。（YOMIURI ONLINE 2014年12月25日掲出の日本語訳、原文は英語。）


　「私たちは、21世紀という現代に生き、不可能なことは何もないと皆が信じています。……この21世紀において、全ての子どもたちが質の高い教育を受けられる夢の実現に向けて、私たちは決心しなくてはなりません。
　全ての人のために平等、正義、平和をもたらしましょう。政治家や世界の指導者だけでなく、私たち皆が貢献しなければなりません。私も、あなたも。これは私たちの義務なのです。
　ですから私たちは行動しなくてはなりません。待っていてはいけません。
　私は仲間の子どもたちに世界中で立ち上がろうと呼びかけます。
　みなさん、これで終わりにしようと決めた最後の世代になりましょう。
　誰もいない教室、失われた子ども時代、無駄になった潜在能力——これらを私たちで終わらせましょう。」

　　2016年3月30日

編著者一同

# 巻末資料

巻末資料

## 資料4 国連システム機構図

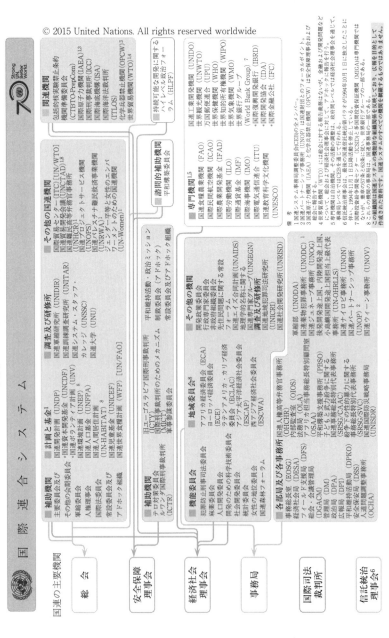

出典：国連広報局発行　DPI/2470 rev. 4-15-00040-July 2015（日本語版作成　国連広報センター/2015年9月）

資料5　国連PKOの展開状況

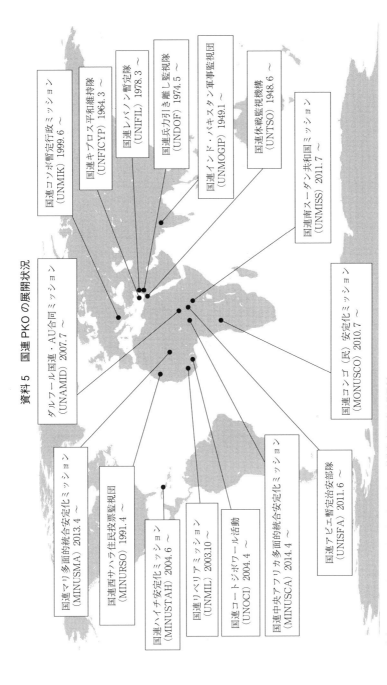

出典：United Nations Peacekeeping Operations, 外務省（2015年5月現在）

巻末資料

資料6 主要な地域的国際機構

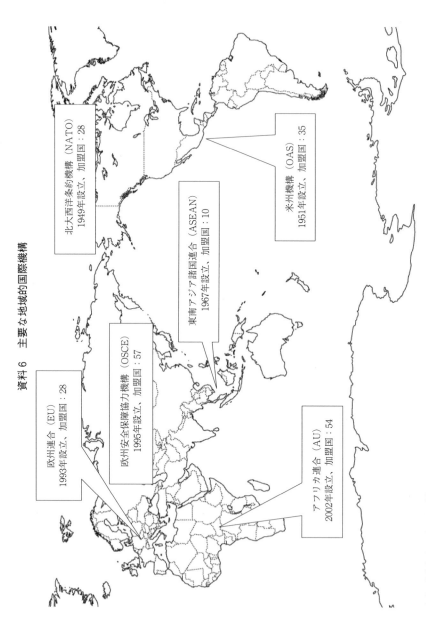

北大西洋条約機構（NATO）
1949年設立、加盟国：28

米州機構（OAS）
1951年設立、加盟国：35

東南アジア諸国連合（ASEAN）
1967年設立、加盟国：10

欧州連合（EU）
1993年設立、加盟国：28

欧州安全保障協力機構（OSCE）
1995年設立、加盟国：57

アフリカ連合（AU）
2002年設立、加盟国：54

出典：外務省（2016年1月現在）

# さらに学びたい人へ

## 国連の基本情報について知るために
明石康『国際連合——軌跡と展望』岩波書店、2006年

国際連合広報局『国際連合の基礎知識　2014年版』関西学院大学出版会、2015年

## 国際機構や国連の活動全般について知るために
内田孟男編著『国際機構論』ミネルヴァ書房、2013年

最上敏樹『国際機構論（第2版）』東京大学出版会、2006年

横田洋三編著『新国際機構論（上・下）』国際書院、2006年

横田洋三『国際機構の法構造』国際書院、2001年

財団法人平和・安全保障研究所「国連総会手続規則の事例調査」平成23年外務省委託調査、2011年

渡部茂己・望月康恵編著『国際機構論　（総合編）』国際書院、2015年

## 安全保障・紛争解決・軍縮について知るために
アマルティア・セン（東郷えりか訳）『人間の安全保障』集英社、2006年

稲田十一編『紛争と復興支援——平和構築に向けた国際社会の対応』有斐閣、2004年

長有紀枝『入門　人間の安全保障——恐怖と欠乏からの自由を求めて』中央公論新社、2012年

村瀬信也編『国連安保理の機能変化』東信堂、2009年

## 人権・人道について知るために
ジェームス・ハサウェイ（佐藤安信・山本哲史共訳）『難民の権利』日本評論社、2014年

広島市立大学広島平和研究所編『人道危機と国際介入——平和回復の処方箋』有信堂高文社、2003年

## 開発援助について知るために
勝間靖編著『テキスト国際開発論——貧困をなくすミレニアム開発目標へのアプローチ』ミネルヴァ書房、2012年

ブルース・ジェンクス、ブルース・ジョーンズ編著（丹羽敏之監訳）『岐路に立つ国連開発——変容する国際協力の枠組み』人間と歴史社、2014年

## 地球環境問題と法的規制について知るために
阿部泰隆・淡路剛久編『環境法（第4版）』有斐閣、2011年

松井芳郎『国際環境法の基本原則』東信堂、2010年

## 国際機構と他の主体とのパートナーシップについて知るために
江橋崇編著『企業の社会的責任経営——CSRとグローバル・コンパクトの可能性』法政大学現代法研究所、2009年

功刀達朗・野村彰男編著『社会的責任の時代——企業・市民社会・国連のシナジー』東信堂、2008年

## 国際機構と日本の関係について知るために
明石康・高須幸雄・野村彰男・大芝亮・秋山信将編著『日本と国連の50年——オーラルヒストリー』ミネルヴァ書房、2008年

大芝亮編『日本の外交　第5巻　対外政策　課題編』岩波書店、2013年

# 索　引

## あ　行

アジア開発銀行（AsDB）………… 24, 130, 224
アジア太平洋経済協力（APEC）………… 20
アジェンダ21 ………………………………… 129
アフリカ連合（AU）………………………… 107
アメリカ人職員解任事件 …………………… 39
安全保障理事会（安保理）………… 25, 26, 83
　　──改革 ………………………………… 231
　　──常任理事国 ………………………… 83
　　──での拒否権 ………………… 75, 83, 85
一国一票（制）…………………………… 71, 74
イマニュエル・カント …………………… 11
インドシナ難民 …………………………… 235
ウェスト＆ケネディ対ドイツ事件 ……… 45
ウェストファリア（講和）条約 ……… 5, 217
ウッドロー・ウィルソン大統領 ………… 9
エリック・ドラモンド …………………… 37
欧州安全保障協力機構（OSCE）………… 96
欧州審議会 ………………………………… 107
欧州連合（EU）………………… 4, 21, 124
オブザーバー ………………………… 32, 70
温室効果ガス ……………………………… 175

## か　行

外国為替取引 ……………………………… 125
改正国際保健規則 ………………………… 193
顧みられない熱帯病（NTD）…………… 195
化学兵器禁止機関（OPCW）……………… 94
核兵器廃絶決議 …………………………… 234
加重表決制 ………………………… 71, 127, 130
加重票 ……………………………………… 74
加　盟 …………………………………… 29-31
為替相場 …………………………………… 119
為替の安定 ………………………………… 127
環境と開発に関する国連会議（UNCED）… 129
環境と開発に関する世界委員会 ………… 155

環境と開発に関するリオデジャネイロ宣言
　………………………………………… 156
関税と貿易に関する一般協定（GATT）
　…………………………………… 14, 122, 141
環太平洋パートナーシップ協定（TPP）…… 125
規　格 ……………………………………… 172
基金およびプログラム …………………… 29
基軸通貨 …………………………………… 125
技術協力 …………………………………… 130
北大西洋条約機構（NATO）……………… 95
機能的統合論 ……………………………… 218
機能論 ……………………………………… 218
寄　付 ……………………………………… 57
旧ユーゴスラビア国際刑事裁判所 ……… 214
行財政問題諮問委員会（ACABQ）……… 53
緊急人道支援 ……………………………… 235
クマラスワミ事件 ………………………… 42
クラウド …………………………………… 180
グローバルヘルス ………………………… 201
軍事制裁 ……………………………… 83, 85
軍　縮 ……………………………………… 92
　　──会議（CD）……………………… 93
軍備管理 …………………………………… 92
経済協力開発機構（OECD）……………… 21
経済社会理事会 …………………… 26, 221
経済制裁 ……………………………… 83, 85
経済連携協定（EPA）…………………… 180
賢人会議（18人委員会）………………… 231
権利停止 …………………………………… 32
交　渉 ……………………………………… 204
国際海事機関（IMO）…………………… 166
国際海洋法裁判所（ITLOS）…………… 212
国際河川委員会 …………………………… 7, 36
国際機構を生かす外交 …………………… 238
国際行政裁判所 …………………………… 43
国際行政連合 ……………… 8, 36, 172, 218
国際経済 …………………………………… 120

249

索　引

国際刑事裁判所（ICC）………… 113, 212, 231
国際原子力機関（IAEA）……………………… 94
国際公務員 ………………………………… 35, 232
　──法 ………………………………………… 44
国際裁判所裁判官 ………………………………… 232
国際司法裁判所（ICJ）………… 28, 203, 210
国際審査委員会 ………………………………… 206
国際赤十字 ……………………………………… 216
国際通貨基金（IMF）……………………… 56, 127
国際通信連合（ITU）…………………………… 218
国際的に懸念される公衆衛生上の緊急事態
　（PHEIC）………………………………… 194
国際電気通信連合（ITU）……………………… 2
国際難民機関（IRO）…………………………… 110
国際標準 ………………………………………… 179
国際平和協力法（PKO 法）…………………… 234
国際保健機関（WHO）…………………………… 188
国際民間航空条約（シカゴ条約）…………… 175
国際連合（国連）………………… 3, 51, 54, 216
　──会計検査委員会（Board of Auditors）
　　………………………………………………… 61
　──開発グループ（UNDG）………………… 131
　──開発計画（UNDP）……………… 130, 225
　──環境開発会議（UNCED）……………… 156
　──環境計画（UNEP）……………… 160, 225
　──行政裁判所の補償裁定の効果事件 …… 44
　──グローバル・コンパクト（UNGC）… 225
　──軍縮特別総会 …………………………… 92
　──軍備登録制度 …………………………… 234
　──工業開発機関（UNIDO）……… 130, 225
　──合同エイズ計画（UNAIDS）………… 192
　──合同監査団（JIU）……………………… 61
　──小型武器行動計画 ……………………… 234
　──持続可能な開発委員会（CSD）……… 161
　──持続可能な開発会議（リオ＋20）…… 158
　──児童基金（UNICEF）…………… 188, 223
　──事務総長 …………………………… 27, 46
　──上訴裁判所 ……………………………… 46
　──人権委員会→人権委員会 …………… 101
　──人権小委員会（促進保護小委員会）→人
　権小委員会（促進保護小委員会）……… 103

　──人権高等弁務官 ………………………… 104
　──人権高等弁務官事務所（OHCHR）… 102
　──人権理事会→人権理事会 …………… 102
　──人口基金（UNFPA）…………………… 191
　──森林フォーラム（UNFF）…………… 162
　──総会 ………………………………… 25, 69
　──総会第 1 委員会 ………………………… 92
　──総会第 5 委員会 ………………………… 53
　──大学事件 ………………………………… 42
　──特権免除条約 …………………………… 41
　──難民高等弁務官 ………… 109, 220, 223
　──難民高等弁務官事務所（UNHCR）
　　…………………………………… 109, 220, 223
　──人間環境会議（ストックホルム会議）
　　………………………………………………… 154
　──紛争裁判所 ……………………………… 46
　──平和維持活動（PKO）………………… 231
　──貿易開発会議（UNCTAD）…………… 124
　──防災世界会議 …………………………… 236
　──捕鯨委員会 ……………………………… 170
　──薬物犯罪事務所（UNODC）………… 225
国際連盟 ………………………… 9, 37, 83, 220
国際労働機関（ILO）………… 9, 21, 69, 130, 225
　──の三者構成 ………………………… 10, 69
国連教育科学文化機関（UNESCO）
　　………………………………… 52, 130, 163, 222
国連システム …………………………………… 14
国連食糧農業機関（FAO）…………………… 130
国連大使 ………………………………………… 230
国連中心主義 …………………………… 13, 229
国家（加盟国政府）…………………………… 55, 61
　──安全保障と情報への権利に関する国際原
　則（ツワネ原則）………………………… 182
　──主権の尊重 ……………………………… 217
国家以外のアクター→非政府間機構（NGO）
　　………………………………… 16, 57, 63, 238
コンセンサス採択方式 ………………………… 72
コンディショナリティ ………………………… 190

## さ 行

債　券 …………………………………………… 58

250

索　引

サイバー空間 ……………………… 227
財務官（Controller）………………… 61
サンフランシスコ会議 ………… 13, 38
ジェンダー平等と女性のエンパワーメントのた
めの国際機関（UN Women）………… 225
事業収入 ……………………………… 57
資金協力 …………………………… 130
持続可能な開発 …………………… 225
──に関するヨハネスブルグ宣言 ……… 158
──のための2030アジェンダ …… 77, 197, 233
──目標（SDGs）………… 129, 159, 233
自発的拠出金 …………………… 56, 62
支払い能力（capacity to pay）………… 54
司法の解決 ………………………… 204
市民社会 …………………… 216, 238
事務局 ……………………………… 27
自由主義経済 ……………………… 120
周旋（斡旋）……………………… 206
集団安全保障 ……………………… 82
自由で公正な競争 ………………… 124
自由貿易協定 ……………………… 124
主権国家 …………………………… 217
──体制 ……………………………… 6
主権平等原則 ……………………… 12
出資金 ……………………………… 56
情報資本主義 ……………………… 176
女性の地位委員会 ………………… 102
除　名 ……………………………… 33
自立的補助機関 …………………… 191
人権委員会➡国連人権委員会 ……… 101
人権小委員会➡国連人権小委員会（促進保護小
委員会）…………………………… 103
人件費 …………………………… 61, 63
人権理事会➡国連人権理事会 ……… 102
──諮問委員会 …………………… 104
新興・再興感染症 ………………… 192
新国際経済秩序（NIEO）………… 124
審　査 ………………………… 204, 206
真実委員会 ………………………… 206
信託統治理事会 …………………… 27
政府開発援助（ODA）…………… 229

政府間国際機構（政府間機関）……… 15, 20, 216
セーフガード（緊急輸入制限）………… 118
世界遺産 …………………… 163, 222
世界エイズ・結核・マラリア対策基金（世界基
金）……………………………… 194
世界気象機関（WMO）…………… 165
世界銀行 ………… 56-58, 130, 190
世界人権宣言 ……………………… 101
世界貿易機関（WTO）………… 118, 203
世界保健機関（WHO）………… 24, 130
全会一致 …………………………… 73
専門家 …………………………… 232
専門機関 ………………………… 14, 172

た　行

大国一致原則 ……………………… 12
第三国定住 ………………… 112, 235
代表権問題（中国代表権問題）………… 31
ダグ・ハマーショルド ……………… 3
多国間援助 ………………………… 233
多国間外交 ………………………… 8, 230
多国間主義 ………………………… 235
多国籍企業 ………………… 119, 216
多国籍軍 …………………………… 86
多数決 ……………………………… 73
多数国間投資保証機関（MIGA）………… 224
脱　退 ……………………………… 33
たばこ規制枠組条約 ……………… 199
淡水国際会議 ……………………… 198
ダンバートン・オークス会議 ……… 13, 38
地域的国際機構 ………… 14, 21, 22, 204
地域的取極の利用 ………………… 204
地球環境ファシリティ（GEF）……… 161
知的財産権 ………………… 122, 199
仲　介 ………………………… 204, 207
中国人言語職員事件 ……………… 40
仲　裁 ……………………………… 209
──裁判 …………………………… 204
朝鮮国連軍 ………………………… 86
調達費 ………………………… 60, 63
調　停 ………………………… 204, 207

251

# 索　引

地理的配分 ………………………………… 49
通　貨 ……………………………………… 121
通過の自由 ………………………………… 172
通商摩擦 …………………………………… 175
継越し ……………………………………… 173
データベイランス ………………………… 181
デジタル時代におけるプライバシーの権利決議
………………………………………… 182
電波の国際的分配 ………………………… 176
東京アフリカ開発国際会議（TICAD）…… 233
投資紛争解決国際センター（ICSID）… 209, 224
東南アジア諸国連合（ASEAN）………… 20
投票権 ……………………………………… 52
特別政治ミッション（Special Political Mission）
………………………………………… 60

## な　行

内政不干渉 ………………………………… 217
内部機関 ……………………………… 24, 25
ナイロビ会議 ……………………………… 155
ナショナル・シッピング・ライン ……… 174
ナショナル・フラッグ・キャリア ……… 174
南北問題 …………………………………… 127
日本人職員 ………………………………… 232
人間の安全保障 …………………………… 234
　　──委員会 …………………………… 235
　　──基金 ……………………………… 231
ネガティブ・コンセンサス方式 …… 72, 208
能力主義（メリットシステム）………… 49

## は　行

ハーグ平和会議 …………………………… 9
パーソナルデータ ………………………… 182
パートナーシップ ………………………… 202
派遣制度 …………………………………… 40
万国郵便連合（UPU）…………………… 218
比較優位の原則 …………………………… 120
非政府間機構（NGO）　→国家以外のアクター
………………………………………… 15, 58
ビッグデータ ……………………………… 181
兵庫行動枠組 ……………………………… 236

貧　困 ……………………………………… 127
　絶対的な── …………………………… 129
フーゴ・グロティウス …………………… 220
普遍的国際機構 ……………………… 21, 22
プライバシー・バイ・デザイン（PbD）…… 185
プライバシー影響評価（PIA）…………… 184
プライマリヘルスケア …………………… 196
ブルーヘルメット ………………………… 87
ブレトンウッズ機構 ………………… 14, 231
紛争処理小委員会（パネル）…………… 207
分担金 ………………………… 51, 53-55
　　──不払い問題 ……………………… 51
分担率 ……………………………………… 54
米州機構 …………………………………… 107
平和維持活動（PKO）…………………… 205
平和活動 …………………………………… 89
平和構築 ……………………………… 90, 204
　　──委員会 …………………………… 91
平和のための結集決議 …………………… 78
変動相場制 ………………………………… 127
包括的核実験禁止条約（CTBT）………… 76
補完性の原則 ……………………………… 213
保護する責任 ……………………………… 47
補助機関 …………………………………… 28
ポスト兵庫行動枠組 ……………………… 236

## ま　行

マジル事件 ………………………………… 42
水供給と衛生の国際10年 ………………… 198
ミレニアム開発目標（MDGs）
…………………… 129, 194, 225, 233

## や　行

ヤキメツ事件 ……………………………… 40
ユニットエイド（UNITAID）…………… 201
ユニバーサル・ヘルス・カバレッジ（UHC）
………………………………………… 197
予　算
　　──滞納 ……………………………… 52
　コア──（通常資金）………………… 62
　通常── …………………………… 54, 59

252

ノン・コア──（その他の資金）············62
ヨーロッパ協調 ·····································9

### ら　行

リスク・コミュニケーション ···············185
リプロダクティブヘルス・ライツ（性と生殖に
　関する健康と権利）····························199
ルワンダ国際刑事裁判所·······················214
レインボウ・ウォーリア号事件···············47

### わ　行

ワクチンと予防接種のためのグローバルアライ
　アンス（GAVI）·······························202
忘れられる権利····································186

### 欧文

ASEAN 地域フォーラム（ARF）···············97
EC 委員会代表部事件····························42
G 8 ··················································235
　──サミット（主要 8 カ国首脳会議）·····194
HIV/ エイズ·······································192
ILO ·················································107
NGO ·····························16, 64, 216, 238
MDGs··························129, 194, 225, 233
ODA ···············································233
PKO ·············································86-89
PKO 予算··········································54, 60
SDGs·····························129, 159, 233
UNHCR ············································109
UNICEF ············································57
WHO 必須医薬品·································199

253

●監修者紹介

横田　洋三（よこた　ようぞう）
（公財）人権教育啓発推進センター理事長

●執筆者紹介（執筆順、※は編著者）

※滝澤　美佐子（たきざわ　みさこ）　桜美林大学リベラルアーツ学群教授　　　　　　　担当：第1章、12章、終章

※吉村　祥子（よしむら　さちこ）　関西学院大学国際学部教授　　　　　　　　　　　　担当：第2章、6章、終章

黒神　直純（くろかみ　なおずみ）　岡山大学大学院社会文化科学研究科教授　　　　　　　　　　担当：第3章

坂根　徹（さかね　とおる）　法政大学法学部教授　　　　　　　　　　　　　　　　　　　　担当：第4章

※望月　康恵（もちづき　やすえ）　関西学院大学法学部教授　　　　　　　　　　　担当：第5章、13章、終章

※富田　麻理（とみた　まり）　西南学院大学法学部准教授　　　　　　　　　　　担当：第7章、10章、終章

広瀬　訓（ひろせ　さとし）　長崎大学多文化社会学部教授　　　　　　　　　　　　　　担当：第8章、14章

西海　真樹（にしうみ　まき）　中央大学法学部教授　　　　　　　　　　　　　　　　　担当：第9章

太田　育子（おおた　いくこ）　広島市立大学国際学部教授　　　　　　　　　　　　　　担当：第11章

本多　美樹（ほんだ　みき）　早稲田大学社会科学総合学術院准教授　担当：巻末資料・さらに学びたい人へ

## 入門 国際機構

2016年5月15日　初版第1刷発行

| 監修者 | 横 田 洋 三 |
|---|---|
| 編著者 | 滝澤美佐子・富 田 麻 理<br>望 月 康 恵・吉 村 祥 子 |
| 発行者 | 田 靡 純 子 |
| 発行所 | 株式会社 法律文化社 |

〒603-8053
京都市北区上賀茂岩ヶ垣内町71
電話 075(791)7131　FAX 075(721)8400
http://www.hou-bun.com/

＊乱丁など不良本がありましたら、ご連絡ください。
　お取り替えいたします。

印刷：亜細亜印刷㈱／製本：㈱吉田三誠堂製本所
イラスト：kyon.
ISBN 978-4-589-03777-0
ⓒ2016 Y. Yokota, M. Takizawa, M. Tomita,
Y. Mochizuki, S. Yoshimura Printed in Japan

**JCOPY** 〈(社)出版者著作権管理機構 委託出版物〉

本書の無断複写は著作権法上での例外を除き禁じられています。複写される
場合は、そのつど事前に、(社)出版者著作権管理機構(電話 03-3513-6969、
FAX 03-3513-6979、e-mail: info@jcopy.or.jp)の許諾を得てください。

横田洋三編

# 国際人権入門〔第2版〕

A5判・272頁・2700円

国連人権理事会の普遍的定期審査など、国際人権法の新展開に即し全面的に内容を見直した。初学者が親しみやすいように、資料や設問を新たに盛り込む。個人通報制度の受諾問題をはじめ日本との関わりも意識的に取りあげる。

---

徳川信治・西村智朗編著

# テキストブック法と国際社会

A5判・238頁・2400円

高校の世界史や政経等、既習事項から出発し大学の国際法への橋渡しをする。国際関係をめぐる法の歴史や構造をおさえつつ、環境、人権、経済、平和など市民生活にもかかわる国際社会の問題を資料・図版をもとに解説する。

---

佐道明広・古川浩司・小坂田裕子・小山佳枝共編著

# 資料で学ぶ国際関係〔第2版〕

A5判・250頁・2900円

西欧国際体系の成立からウクライナ危機に至る国際関係の歴史と仕組みを学ぶうえで必須の資料を所収。各章の冒頭に解題を付して歴史的事象の全体像を解説する。歴史編の資料を厳選し、最近の国際情勢をアップデート。

---

山形英郎編

# 国 際 法 入 門
—逆から学ぶ—

A5判・436頁・2700円

難解な総論を後半に回し、各論から論じる初学者に配慮した構成とし、判例・条文をふまえて国際法が生きて働く姿を具体的に解説する。各章の冒頭に導入として簡単なクイズを設け、章末には学習到達度がわかるように確認問題を設けた。

---

小林友彦・飯野 文・小寺智史・福永有夏著

# WTO・FTA法入門
—グローバル経済のルールを学ぶ—

A5判・226頁・2400円

WTOとFTAのルールをバランスよく記述。自由貿易の基本原則と例外を扱う総論から、分野毎の規律と紛争処理、さらに各国FTA政策や投資・開発・知財・企業の海外展開まで視野に入れ、基本をコンパクトにわかりやすく概説する。

---

吉川 元・首藤もと子・六鹿茂夫・望月康恵編

# グローバル・ガヴァナンス論

A5判・326頁・2900円

人類は平和構築・予防外交などの新たなグッド・ガヴァナンスに希望を託せるのか。地域主義やトランスナショナルな動向をふまえ、グローバル・ガヴァナンスの現状と限界を実証的に分析し、求められるガヴァナンス像を考察する。

―――― 法律文化社 ――――

表示価格は本体（税別）価格です